Cordula Bachmann
Birgitta Kauffmann
Christiane Tewinkel

Das kleine Schwarze

Cordula Bachmann
Birgitta Kauffmann
Christiane Tewinkel

Das kleine Schwarze

Handbuch für die Frau

Mit Illustrationen
von Silke Schmidt

DUMONT

Erste Auflage 2009

Umschlag: Zero, München
Satz: Angelika Kudella, Köln
Gesetzt aus der Dolly und der Akkurat
Gedruckt auf säurefreiem und chlorfrei gebleichtem Papier
Druck und Verarbeitung: CPI – Clausen & Bosse, Leck
Printed in Germany
ISBN 978-3-8321-8087-4

Inhalt

Adam, Eva und der Apfel. So fing angeblich alles an.

Gott schuf den Menschen, und zwar als Mann und Frau. Oder, wie es in der *Bibel in gerechter Sprache* heißt, »männlich und weiblich hat er, hat sie, hat Gott sie geschaffen«. Anfangs war der Mensch noch allein auf der Erde. Gott ließ ihn in einen tiefen Schlaf fallen, entnahm ihm eine Rippe und schuf daraus Eva. Eva aber, überredet von der Schlange, aß vom Baum der Erkenntnis, und alle wurden bestraft: die Schlange damit, dass sie auf dem Bauch kriechen muss. Eva mit den Schmerzen des Gebärens. Und Adam mit der Mühsal, sich im Schweiße seines Angesichts zu ernähren.

Zur Geschichte mit der Rippe gehört, dass die Männer seit Jahrhunderten so tun, als seien sie zuerst da gewesen. Die Frauen dagegen, mit dem Makel der Schwachen, Sündigen behaftet, fügen sich in ihre Rolle und verlassen sich darauf, dass die Männer das große Ganze schon richten werden, dass Glück und Gerechtigkeit vom Manne kommt und er ihr außerdem die Welt erklärt.

Muss das Geschlechterverhältnis dermaßen verkorkst sein? Wir meinen: nein. Aber dafür müssten beide Seiten aufhören, sich gegenseitig ihre Schwächen an den Kopf zu werfen. Auf Augenhöhe müssten sie reden und nicht Zahn um Zahn. Das wäre mal etwas Neues. Das könnte paradiesisch werden. Gott hätte wohl nichts dagegen.

Der Apfel hingegen kam nur durch Zufall ins Spiel. Im Lateinischen heißt Apfel *malus*, was *schlecht* bedeutet und deswegen der schönen Sündenfalldeutung entgegenkam. Das Buch Genesis spricht allerdings nie von Äpfeln, sondern immer nur von Früchten – man sieht einmal mehr: Hier wurde viel herumgedichtet. Der Apfel zumindest hat das nicht verdient. Denn Äpfel sind ein Geschenk. Es gibt sie in einer unglaublichen geschmacklichen und optischen Vielfalt; sie tragen so herrliche Namen wie Ananasrenette, Roter Hauptmann, Schafsnase, Schöner aus Nordhausen, Westfälischer Gülderling, Winterrambour oder Zuccalmaglio.

So verschieden wie die Namen sind auch die Früchte: süß, säuerlich, grün, gelb, rot, weiß, saftig, knackig oder mehlig. Das typische Aroma, das durch eine enzymatische Umwandlung während des Kauens entsteht, setzt sich im Wesentlichen aus Ester, Aldehyden und Alkoholen zusammen. Die drei Apfelsorten, die Sie im Supermarkt finden, stellen dabei nur einen kümmerlichen Bruchteil des gesamten Spektrums dar, der vor allem den Transport- und Lagerungsanforderungen der industriellen Lebensmittelproduktion geschuldet ist. Sollten Sie aber einen Schrebergarten haben, aus dem Sie noch kein Kleingartenvorstand vertrieben hat, sollten Ihnen im Spätsommer die Äpfel tonnenweise auf den Kopf fallen, dann müssen Sie aktiv werden. Die vielen halbreifen, säuerlichen Früchte, die zuallererst am Boden liegen, eignen sich hervorragend für Apfelgelee, weil sie viel Pektin enthalten.

Apfelgelee ist schon deswegen toll, weil es Ihrer schludrigen Seite ebenso entspricht wie Ihrer damenhaften. Einerseits fallen jene lästigen Verarbeitungsschritte wie Schälen und Entkernen weg, denen sich die aufopfernde Hausfrau unterwirft, andererseits wirkt ein Apfelgelee viel feiner und weiblicher als eingekochte Marmelade, die doch immer einen großmütterlichen Touch behält. Apfelgelee ist klar und durchsichtig – wie der weibliche Erkenntnisdrang.

Sie vierteln also Ihre Äpfel und werfen sie in einen Topf. Kerngehäuse und Schale sollen mit hinein, denn sie enthalten besonders viel Pektin und fördern die Gelierfähigkeit des Safts. Dann geben Sie halb so viel Wasser dazu und bringen das Ganze zum Kochen. Rühren Sie nicht um, denn sonst wird das Gelee trüb. Sobald die oberen Äpfel zerfallen, gießen Sie die Apfelsoße in ein Sieb, in dem ein Geschirrtuch liegt. So ist gesichert, dass wirklich nur klarer Apfelsaft in die Schüssel läuft.

Den Apfelsaft gießen Sie zurück in den Topf und lassen ihn bei offenem Deckel 10 Minuten kochen; das reduziert den Saft und verstärkt das Apfelaroma. Nun müssen Sie die Menge des Saftes ermitteln, um die passende Menge Gelierzucker hinzufügen zu können: Für einen Liter Saft benötigen Sie 500 Gramm Gelierzucker im Verhältnis 2:1. Bei 3:1-Gelierzucker können Sie natürlich die dreifache Menge Saft nehmen. An diese Angaben müssen Sie sich sehr genau halten, sonst wird das Gelee zu flüssig oder zu fest; da muss mal kurz die pedantische Hausfrau und sorgfältige Dame in Ihnen die Oberhand gewinnen.

Dann kochen Sie den Apfelsaft mit dem Zucker ungefähr vier Minuten lang. Rühren Sie die ganze Zeit, erfreuen Sie sich aber auch am herrlich karamelligen Apfelduft, der aufsteigen wird. Sicherheitshalber machen Sie eine Gelierprobe: Geliert ein Löffel Saft auf einem kalten Teller, ist das Gelee fertig, wenn nicht, muss der Saft noch ein bisschen kochen. Zuletzt füllen Sie ihn in ausgekochte Marmeladengläser ab, stellen diese ein paar Minuten auf den Kopf und dann wieder zurück und lassen sie abkühlen. Der Anblick der Gläser wird Sie mit Freude und dem Gefühl erfüllen, die Früchte der Natur in eine höhere Form transformiert und ihrer Schönheit nicht nur ein i-Tüpfelchen aufgesetzt, sondern auch ihre Haltbarkeit verlängert zu haben.

Likör ansetzen

Männer trinken Schnaps, Frauen trinken Likör. Fürs Schnapsbrennen brauchen Sie eine regelrechte Maschinerie, deswegen sollten Sie sich gleich auf die Likörherstellung konzentrieren; wenn Sie Lust haben, können Sie ja während der Zubereitung ein wenig Korn oder Wodka schlürfen.

Für Aufgesetzten von Holunderblüten machen Sie sich im Mai oder Juni in die schöne Natur auf und pflücken mindestens zehn Dolden Holunderblüten. Zu Hause entfernen Sie die großen Stiele, waschen die Blüten und legen sie in anderthalb Liter kaltes Wasser. Fügen Sie 60 Gramm Zitronensäure-Pulver hinzu, das Sie in der Drogerie oder Apotheke gekauft haben, vielleicht auch bei den Backwaren im Supermarkt. Die Blüten lassen Sie nun 24 Stunden ziehen.

Am nächsten Tag seihen Sie das Ganze ab und behalten einige wenige Blüten zurück. Stellen Sie eine große Flasche oder ein großes verschließbares Glasgefäß bereit – notfalls nutzen Sie Cellophan als Deckel – und schütten Sie 750 Gramm weißen Kandis hinein, dann das Holunderwasser und die Blüten, die Sie zurückgehalten haben, obenauf schließlich 0,7 Liter 32-prozentigen Korn oder Wodka. Wenn Sie mögen, fügen Sie noch zwei Esslöffel guten flüssigen Honigs hinzu. Diese Mischung lassen Sie an einem kühlen, dunklen Ort stehen und ziehen, und zwar bis zum Herbst. Oder mindestens zwei Monate. Auf jeden Fall aber so lange, bis sich der Kandis gänzlich aufgelöst hat; um ihm Beine zu machen, können Sie das Gefäß dann und wann ein bisschen schütteln.

Dann gießen Sie den Aufgesetzten mit den Blüten darin (gute zwei Liter sind es bestimmt) in kleinere Flaschen um. Sie können ihn als Aperitif anstelle von Sherry verwenden, Sekt damit aufgießen oder mit Mineralwasser einen Longdrink daraus mixen. Ihre Gäste werden sich die Lippen lecken: ah, frisch! Ah, alkoholisch! Und so schön altmodisch.

Ein Schwein schlachten

Geschlachtet wird im späten Herbst und im Winter. Sie brauchen dafür ein Schwein, einen Schlachter, weil Sie einige Arbeiten wirklich nicht allein erledigen können, einen Veterinär, ein paar Helfer und insbesondere Ihre Frauenhände. Früher sagte man, ein Schwein zum Schlachten muss einmal Geburtstag gehabt haben, außerdem mochte man Tiere mit viel Speck. Heute bringen es die Bauern, die Schweine mästen, im Jahr auf zwei oder zweieinhalb Durchgänge. Ihr Schwein ist also ungefähr sechs Monate alt; Sie bezahlen es nach Gewicht und machen mit dem Bauern einen Termin aus, an dem er es Ihnen nach Hause bringt. Sie sollten deshalb eher nicht in einer Einzimmerwohnung in der Großstadt, sondern besser auf dem Land wohnen.

Rüsten Sie alles. Sie brauchen zum Beispiel einen Strick, mit dem das Schwein an einem Bein angebunden werden kann, damit es nicht zu sehr zappelt oder sogar wegläuft, wenn es abgestochen werden soll. Das »Strickhalten« war früher eine eigene würdige Tätigkeit beim Schlachten. Mit einem Bolzenschussapparat wird das Schwein dann betäubt, es mag verzweifelt quieken oder stille bleiben, das ist verschieden und hängt auch von der Ruhe ab, mit der Sie an die ganze Sache herangehen. Man legt es dann auf die rechte Seite. Der Metzger kniet sich auf den

Kopf und sticht das Schwein ab, er sticht mit einem Messer in den Hals und bis ins Herz.

Um das Blut aufzufangen, das sofort herausströmen wird, insgesamt vielleicht acht Liter, halten Sie einen flachen Holzbottich unter das Schwein. Damit auch der letzte Tropfen herauskommt, wird das linke Vorderbein bewegt wie eine Pumpe. Zu Ihrer Arbeit gehört hier, den Holzbottich immer mal wieder in einen bereitgestellten Eimer zu leeren und das Blut mit einem Löffel oder der Hand umzurühren, damit es nicht gerinnt. Sonst können Sie es nämlich nicht mehr zum Blutwurstmachen gebrauchen.

Inzwischen ist das Schwein wohl tot. Es wird in eine bereitstehende große Molle gelegt, aus Pappelholz zum Beispiel. In einem großen Kessel haben Sie zu diesem Zeitpunkt längst Wasser heiß gemacht, das Sie nun über das Schwein gießen, damit es sauber wird und die Borsten sich abschrappen und herausziehen lassen. Man legt das Schwein dann auf eine Leiter und schüttet kaltes Wasser darüber. Der Metzger schärft die Messer, damit man auch die letzten Haare und Borsten noch abnehmen kann. Auch Sie müssen jetzt damit rechnen, ein Messer in die Hand gedrückt zu bekommen; nehmen Sie den Rücken, das ist am einfachsten. Jemand zieht dem Schwein danach die Füße aus: Durch das heiße Wasser werden die Schalen an den Füßen

warm und setzen sich vom Knorpel ab, sodass man sie mit Haken abziehen kann.

Danach wird das Schwein an der Leiter auf den Rücken gelegt. Man sucht sich an den Hinterbeinen stramme Sehnen und zieht ein Krummholz hindurch, das man mit einem Strick an der Leiter befestigt. Die Leiter samt Schwein wird hochgehievt und an die Wand gestellt, fix und fertig ist das Tier, sauber und entborstet. Aufschneiden am Bauch von oben nach unten, die Därme werden aufgefangen, Innereien, Herz und Lunge herausgezogen, der Leib dann bis zum Kopf hin aufgeschnitten: Das Schwein ist leer.

Man zieht das Fett nun von den Rippen ab und hängt es auf. Der Metzger nimmt auch das Außenfett vom Mastdarm; alles wird gesammelt. Man wendet die Därme auf links, wäscht sie mit grobem Salz und zieht sie immer wieder durch die Finger oder durch eine Holzzwille, damit sie sauber werden: typische Frauenarbeit. Legen Sie die leeren, sauberen Därme anschließend in kaltes Wasser und fügen Sie eine Stange Porree zu, damit auch der letzte Geruch neutralisiert wird. Ähnlich wird es mit dem Magen gemacht, hier kann man, wenn es draußen schon winterlich ist, auch vor die Türe gehen und den Magen im Schnee reinigen.

Jetzt kommt Ihr Trichinenbeschauer und sieht sich das Fleisch unter dem Mikroskop an. Vielleicht kriegt er einen Schnaps, wie überhaupt beim Hausschlachten schon einmal getrunken wird. Mit dem Schlachten, dem Töten und Ausnehmen, sind Sie nun fertig. Leber und Fett werden separat gelegt, die Blase wird entleert, aufgeblasen, zugebunden und zum Trocknen aufgehängt.

Anderntags, wenn gewurstet wird, bekommen Sie sie zur weiteren Behandlung zurück. Sie müssen die Blase entzweischneiden und die Teile von Neuem zusammennähen, damit man Wurstmasse hineinfüllen kann. Nähen Sie die Blase von Hand oder setzen Sie sich an die Nähmaschine.

Das Schwein wird nun weiter auseinandergeschnitten, das Fett für Leberwurst, Grütze und Schmalz beiseitegelegt. Frisch braten und essen können Sie Filet und Rippchen. Der Schinken wird ganz gelassen, das Fleisch darum herum für Mettwurst oder Bratwurst verwendet. Das fettige Fleisch nimmt man für Sülze, Leber- oder für Blutwurst. Sie werden viel am Herd stehen müssen – Brühe, Pfeffer, Salz und Zwiebeln also, die Schwarten lassen die Sülze gelieren, Piment zufügen, Speckstückchen schneiden, die Masse in Gläser füllen, die dann eingekocht werden, würzen, rühren, aufpassen, dass die befüllten Därme im heißen Wasser nicht platzen. Wenn die Würste gekocht sind, schrecken Sie sie kalt ab und hängen sie auf. Sollten Sie keine Kühltruhe besitzen, hilft Ihnen der Metzger beim Einpökeln des übrigen Fleisches: all der Schinken, der Speck und natürlich die Kopfhälften.

Gurken einkochen

In sibirischen Dörfern hängen noch heute Räder aus gefrorener Milch. Japanische Sushi-Gerichte entwickelten sich aus dem Brauch, Fisch mithilfe von gesäuertem Reis zu konservieren; war die Lagerungszeit vorbei, nahm man den Fisch herunter und warf den Reisrest weg. Und bis weit ins 20. Jahrhundert hinein gab es Fleisch auch in unseren Breiten nur durchsalzen und wieder gewässert. Das Selbst-Konservieren von Nahrungsmitteln, all das Sülzen und Dörren und Einkochen, damit auch schlechte, hungrige Zeiten kommen dürfen, hat noch immer seine Vorteile. Erstens weiß man, was bei der Konservierung vor sich gegangen ist. Zweitens sind eigene Marmeladen, eingelegte Essiggurken oder Sirupgetränke günstiger als Ladenware. Drittens schmeckt das Selbst-Konservierte besser; dazu gehört, dass Sie ganz nach Belieben vorgehen können, ja sogar vorgehen müssen: Einmachen verlangt nicht nur Genauigkeit, sondern auch Seele. Für sklavisch an Berechenbarkeit und Vorhersehbarkeit Interessierte ist es nichts.

Außerdem verschafft die Arbeit, die Sie damit haben, kontemplative Momente, und wenn es nur jene sind, in denen Sie darüber nachdenken, was wohl falsch gelaufen sein könnte und wo genau in diesem Jahr wieder die Schwierigkeiten gelegen haben. Das Problem beim Einmachen ist nämlich, dass es Un-

wägbarkeiten gibt. Milligrammgenaue Mengen vorzuschreiben ist geradezu unmöglich. Auch auf zu saures Obst, auf schadhafte Glasdeckel oder unglücklich gemischte Gewürzmittel kann man sich nicht rechtzeitig einstellen. Einmachen lehrt Demut; flüssig gebliebene Marmelade, höllenscharfe Silberzwiebeln oder übers Jahr aufgegangene Gläser, deren Inhalt man nur noch wegwerfen kann, gehören zum Einmachwesen wie die Blüte zur Gurke, deren Konservierung wir uns nun zuwenden wollen.

In der Regel werden Gurken im Juli oder August reif. Sie können sie beim Gurkenbauern oder auf dem Markt kaufen oder sogar selbst anbauen. Zwar sind Gurken genügsam, sie brauchen nur gewöhnlichen Boden. Aber doch müssten Sie die Samen im Mai in die Erde legen und später damit zurechtkommen, dass die Gurken erst nach und nach reif werden. Das macht die Ernte mühsam und langwierig. Außerdem ist der Eigenanbau nicht ergiebig. Kaufen Sie also lieber 10 Kilogramm kleine, feine Gurken, dazu frischen Dill. Preislich günstiger, doch weniger elegant sind größere Gurken. Wer mag, nimmt dazu noch ein halbes oder ganzes Kilogramm Silberzwiebeln oder kleine Gemüsezwiebeln.

Neben den Gurken und Zwiebelchen benötigen Sie ungefähr zehn Einmachgläser à ein Liter mit Spangen und Einmachgummis oder gut ausgespülte alte Schraubgläser. Im Supermarkt kaufen Sie sich Gurkengewürz.

Nehmen Sie den Gurken ihre Enden, das eine von der Blüte, das andere vom Stiel. Sie können sie dann von Hand waschen oder in die Waschmaschine werfen, bei Kaltwäsche, für einen Spülgang. Die geputzten und gewaschenen Gurken legen Sie in einen Bottich und bedecken sie mit kaltem Wasser. Obenauf streuen Sie ein halbes Pfund Salz und lassen das Ganze für 24 Stunden an einem kühlen Ort stehen. Die Zwiebeln machen ein wenig mehr Arbeit, weil sie gehäutet und möglicherweise durchgeschnitten werden müssen, um nicht zu viel Platz in den Gläsern wegzunehmen.

Nun können Sie die Gläser vorbereiten. Sie sollten so gut wie steril sein. Es reicht zwar meist, die Gläser heiß zu spülen, sie dann auf einem frischen Geschirrtuch umgekehrt aufzustellen und trocknen zu lassen, doch können Sie die Gläser zum Trocknen auch in den heißen Backofen stellen. Als Nächstes gießen Sie das Salzwasser von den Gurken und überbrausen sie mit kaltem Wasser. Vom frischen Dill legen Sie ein wenig Dolde und Stiel in jedes der vorbereiteten Gläser. Danach schichten Sie die Gurken ein; die Zwiebeln stecken Sie einfach dazwischen.

Vom Gurkengewürz aus dem Supermarkt verwenden Sie einen Teelöffel pro Glas, den Sie von oben einstreuen. Fügen Sie einen knappen halben Teelöffel Salz hinzu. Wer sich das Gewürz lieber selbst zusammenstellt, nimmt vor allem Senfkörner, dazu Nelken, Wacholderbeeren, ganze Pfefferkörner und zerkleinerte Lorbeerblätter, womöglich auch noch Peperoni. Ein Blick in eine fertige Gewürztüte mag hier helfen.

Für den Sud lösen Sie ein Kilogramm Zucker in einem Liter heißem Wasser auf und schütten einen Liter fünfprozentigen

Wein- oder Gurkenessig hinzu. Dieser Sud wird noch heiß in die befüllten Gläser gegossen, sodass die Gurken bedeckt sind. Die Schraubgläser, für die Sie entsprechend weniger Salz und Gewürz verwenden, drehen Sie fest zu. Die Ränder der gewöhnlichen Einmachgläser wischen Sie sehr sauber ab, legen Gummiringe und den Glasdeckel auf, setzen die Spangen darüber, damit das Ganze schön abgeschlossen ist, und stellen alles miteinander auf einem Kuchenblech in den noch kalten Backofen, am besten auf den Boden oder auf die unterste Schiene. Die Gläser sollten sich nicht berühren. Auf das Blech gießen Sie einen guten halben oder einen Liter Wasser, sodass alle Gläser komplett im Nassen stehen. Wenn dann hundert Grad erreicht sind, lassen Sie die Gurken für zwanzig Minuten oder eine halbe Stunde im Ofen, je nachdem, ob die Gläser eher klein oder eher groß sind. Lassen Sie die Gurken nur zwanzig Minuten ziehen, bleiben sie sehr knackig, bleiben sie eine Stunde lang im Ofen, sind sie so weich, dass man sie lutschen kann. Man lässt sie danach im Backofen kalt werden. Auch die Spangen entfernt man erst dann von den Gläsern, wenn sie komplett erkaltet sind.

Brot backen

Stellen wir uns nur vor, ein aromatisch durchsäuertes Weizen-Roggen-Brot im Verhältnis 60:40 zu backen, eine Art Bauernbrot für den Hausgebrauch, so knusprig und freundlich im Geschmack, dass sogar Marmelade dazu passt. Der wohl aufwendigste Arbeitsgang ist zwar, den Sauerteig anzusetzen, doch ist das auf jeden Fall mehr *chichi*, als in einer Bäckerei um ein Sauerteig-Almosen zu bitten. Den Rest des selbstgefertigten Sauerteigs können Sie im Kühlschrank aufbewahren und später verwenden; die Kälte arretiert sein Wachstum, ohne die Bakterien abzutöten. Man sollte ihn nur von Zeit zu Zeit ein wenig nachfüttern.

Für das Ansetzen des Sauerteigs und das Backen des Brots braucht es insgesamt etwa eine Woche. Das hört sich stark an; anfangs werden Sie sich wundern, dass Ihr Brotteig Aufmerksamkeit braucht wie ein Haustier. Ingesamt werden Sie damit aber wenig Arbeit haben, vor allem warten und plötzlich handeln müssen, zufügen und umrühren also, wie überhaupt das Brotbacken vor allem mit Geduld und richtigem *timing* zu tun hat. Jede Form von Eile schadet ihm.

Sie brauchen insgesamt ungefähr anderthalb Kilogramm Weizenmehl, dazu etwa ein knappes Kilogramm Roggenmehl.

Am ersten Tag, zum Beispiel einem Mittwoch, rühren Sie

in einer Schüssel 125 Gramm ungebleichtes Weizenmehl, 125 Gramm Roggenmehl und 250 Milliliter lauwarmes Wasser zusammen. Am besten, das Mehl ist völlig unbehandelt oder sogar frisch gemahlen. Dann reagiert es besonders zuverlässig. Achten Sie jedoch darauf, kein allzu grobes Mehl zu nehmen, weil das den Teig beschwert und den Laib hart werden lässt; Type 550 wäre eine gute Sorte. Sie können hier aber auch verschieden feine Mehle miteinander mischen oder aber auf den Proteingehalt achten, der auf den meisten Packungen angegeben ist: Je höher der Gehalt, desto leichter und höher wird der Laib.

In diese Teigmischung hängen Sie einen zugebundenen Beutel aus Käseleinen oder grob gewebtem Baumwollstoff, in den Sie zuvor 125 Gramm sehr süße Weintrauben gelegt und dann zerquetscht haben, sodass die Früchte ihren Saft abgeben können. Ob es dunkle oder helle Trauben sind, ist egal, wichtig ist eher, dass es naturbelassene Früchte sind, damit keine weitere Chemie in die Gemengelage hineinfunkt.

Diese Mischung schließen Sie einigermaßen luftdicht ab, mit einer Plastikfolie oder einem Plastikdeckel, notfalls auch mit einer Tüte, und stellen sie dann an einen warmen Ort. Zimmertemperatur reicht oft schon aus. Nach zwölf Stunden wird das Ganze Ihnen bereits verändert vorkommen. Zwei Tage spä-

ter aber, am Freitag, ist der Vorteig wahrscheinlich schon größer geworden, wirft Blasen und ist schaumig an der Oberfläche. Anfangs riecht er ein wenig streng, später wird er ein saures, feines Aroma annehmen.

Immer wieder müssen Sie in diesen ersten Tagen ein wenig zugeben bzw. den Teig im Zaum halten: An diesem Freitag schütten Sie eine Hälfte des Sauerteiges weg, weil er Ihnen sonst buchstäblich über den Kopf wachsen würde. 300 Gramm bleiben zurück. Sie entnehmen auch das Säckchen mit den Trauben und fügen dem Teig stattdessen 75 Milliliter lauwarmes Wasser und 75 Gramm Weizenmehl zu. Dann lassen Sie die Mischung bei Zimmertemperatur wieder stehen. Am dritten Tag, dem Samstag, tun Sie dasselbe, am vierten wieder, vielleicht auch noch an einem fünften oder sechsten Tag, so lange auf jeden Fall, bis Ihr Sauerteig aktiv ist, luftig, zähflüssig und angenehm duftend.

Nun kann es ans Ansetzen des richtigen Brotteiges gehen, an den ersten großen Schritt. Am nächsten Mittwoch zum Beispiel?

Geben Sie 300 Gramm des Anfangsteiges in eine ausreichend große Schüssel – bedenken Sie immer, dass der Teig sich enorm vergrößern wird – und fügen Sie

150 Milliliter Wasser
150 Gramm Roggenmehl
150 Gramm Weizenmehl

hinzu. Diese Mischung rühren Sie gut durch und lassen sie acht Stunden stehen und gehen. Über Nacht ist es am einfachsten. Am nächsten Morgen, dem Donnerstag, sollte dieser Teig bereits sehr zäh geworden sein, grobfaserig und äußerst luftig. Nun fügen Sie diesem Teig in einem zweiten Schritt nochmals

700 Milliliter Wasser
225 Gramm Roggenmehl
450 Gramm Weizenmehl
5 Gramm Salz

zu und verrühren das Ganze mit einem Löffel. Bedecken Sie die Schüssel abermals und lassen Sie sie für vier Stunden bei Zimmertemperatur stehen. Wenn Sie wieder hineinschauen, hat sich das Volumen vermutlich stark vergrößert. Stellen Sie den Teig nun 6–10 Stunden in den Kühlschrank. Je länger Sie ihn dort stehen lassen, desto saurer wird das Brot. Achten Sie jedoch darauf, nicht allzu nah am Stundenmaximum zu operieren – irgendwann fällt der Teig in sich zusammen. Dann haben Sie zu lange gewartet. Das Backen ist dann immer noch gut möglich, das Brot ist auch genießbar, aber der Teig wird nicht mehr weiter so schön aufgehen.

Bevor Sie nun ans letzte Zufügen und Weiterbehandeln gehen, entnehmen Sie abermals 300 Gramm des Teiges. Diesen Teil mischen Sie mit 125 Millilitern Wasser und 170 Gramm Weizenmehl, lassen ihn zwei Stunden stehen und stellen ihn dann in den Kühlschrank, wo er bis zu sieben Tage lang weiterverwertbar bleiben kann, wenn Sie ein neues Brotbacken planen – hier beginnen Sie wieder an der Stelle, wo weiter oben vom »ersten großen Schritt« die Rede war.

Nun aber der dritte große Schritt. Hierfür brauchen Sie
den Teig, den Sie jetzt noch haben
125 Milliliter Wasser

225 Gramm Roggenmehl
600 Gramm Weizenmehl
20 Gramm Salz

Nehmen Sie nun einen wirklich großen Topf zur Hand. Verrühren Sie das Wasser mit dem Teig, fügen Sie Weizen- und Roggenmehl hinzu und streuen Sie am Ende das Salz über die fertig verknetete Teigkugel. Lassen Sie das Ganze 20 Minuten ruhen, derweil Sie ein wenig aufräumen. Wegen des Glutens ist es übrigens leichter, die Sachen mit kaltem Wasser zu reinigen als mit warmem, bei dem der Teig sogleich verklebt und dann immer schwieriger abzuwaschen ist.

Nun beginnen Sie, den Teig zu kneten. Eine Dauer von acht Minuten, während der Sie den Teig rollen und falten und zusammenlegen, sollte angepeilt werden. Überarbeiten auf jeden Fall kann man ihn nicht. Sie können ihn in der Schüssel kneten, wenn diese groß genug ist, bis er sich sauber von den Seiten löst, und ihn dann auf einer leicht bemehlten Arbeitsplatte weiter behandeln. Wenn der Teig dann einigermaßen glatt aussieht – ganz glatt wird er wegen des Vollkornmehls nie aussehen –, geben Sie ihn in eine leicht geölte Schüssel, sodass er später, beim Herausnehmen, nicht klebt. Bedecken Sie die Schüssel und lassen Sie den Teig abermals ruhen, bis er sich verdoppelt hat. Das dauert ungefähr zwei Stunden.

Wenn er doppelt so groß geworden ist, geben Sie den Teigkloß auf eine leicht bemehlte Arbeitsplatte und schneiden ihn mit einem scharfen Messer in zwei Teile. Reißen Sie ihn nicht, dadurch geht die Textur kaputt. Streichen und drücken Sie die beiden Laibe ein wenig an den Seiten, bringen Sie sie in eine schöne Form, legen Sie ein Tuch darüber und lassen Sie sie eine Viertelstunde lang ruhen, während Sie zwei passende Backformen mit etwas Roggenmehl ausstreuen. Die Backformen sind in diesem Fall nicht fürs Backen da, sondern dienen nur dazu, den Teig beim Gehen weiter zu formen. Wenn Sie keine Backformen haben, können Sie auch große Schüsseln mit Geschirrtüchern auslegen und diese ebenfalls mit Mehl bestäuben.

Geben Sie nun jedem der beiden Laibe – sie werden schon wieder etwas aufgegangen sein – eine runde Form und ziehen Sie dabei an der Oberfläche, bis sie straff ist, aber keinesfalls reißt. Wenn am Teig noch »Säume« vorhanden sind, ziehen Sie diese unter den Laib. Den Laib legen Sie nun mit der unteren, unschönen Seite nach oben – daraus wird später die Unterseite des Brotes – in eine Form. Das Gleiche tun Sie mit dem zweiten Laib. Bedecken Sie die beiden Formen mit den Laiben darin mit einem Tuch und lassen Sie sie abermals für ein oder zwei Stunden stehen.

Nach einiger Zeit heizen Sie den Backofen auf 250 Grad Celsius vor. Es ist wichtig, dass Sie einen leistungsfähigen Ofen haben; in einem nur unzureichend heißen Ofen kann das Brot nicht zu letzten Höhen aufgehen. Am besten, Sie haben außerdem einen Pizzastein, den Sie mit in den Ofen hineinlegen und auf dem Sie dann auch den Brotlaib platzieren. Wenn Sie keinen Stein haben, können Sie ein ganz normales Blech nehmen. Es sollte nur lange vorher im Backofen sein, weil die heiße Eingangstemperatur dafür sorgt, dass das Brot von unten sofort zubäckt. Stellen Sie auch ein altes, ofenfestes Förmchen auf den Backofenboden, in das Sie einen Eiswürfel geben, und zwar unmittelbar bevor Sie auch den Laib zum Backen in den Ofen geben. Der Würfel wird rasant schmelzen und Dampf abgeben, dies wiederum gibt dem Brot eine schöne Kruste.

Legen Sie sich aber nun neben dem Ofen eine dünne, bemehlte Platte bereit, vielleicht einen Springformboden oder eine Pizzaform, dazu ein scharfes Messer.

Wenn das Brot gut aufgegangen ist und die angepeilte Hitze im Ofen erreicht, stürzen Sie den einen Laib vorsichtig auf die Platte und ritzen Sie ihn etwa einen Zentimeter tief ein – Herz, Quadrat, schräge Streifen –, damit er beim Backen nicht reißen kann. Lassen Sie ihn mit einer sanften Bewegung auf das Blech gleiten. Geben Sie noch schnell einen weiteren Eiswürfel in das Schüsselchen am Boden. Schließen Sie die Backofentür und stellen Sie die Temperatur auf 220 Grad Celsius herunter. Versuchen Sie unbedingt, die Tür während der ersten zwanzig Minuten geschlossen zu halten! Danach können Sie hineinsehen, auch um zu prüfen, ob man das Brot vielleicht einmal drehen sollte, damit es gleichmäßiger bräunen kann.

Die Backzeit wird insgesamt ungefähr 45 Minuten betragen. Geben Sie das Brot danach auf ein Gitter zum Auskühlen, lassen Sie den Ofen wieder hochheizen und wiederholen Sie das Ganze mit dem zweiten Laib. So sehr es Sie auch verführen mag: Lassen Sie das Brot erst auskühlen, bevor Sie es anschneiden! Bedenken Sie, dass alte Haushaltsbücher sogar empfehlen, frisches Brot ein, zwei Tage liegen zu lassen, weil es dann bekömmlicher ist.

Auf einem alten Herd kochen

Die größte Schwierigkeit beim Kochen auf einem alten Herd, auch »Kochmaschine« genannt, besteht wohl darin, einen zu finden, auf dem es sich überhaupt noch ausprobieren lässt. Sind Sie in dieser glücklichen Lage, leben Sie im unrenovierten Osten Berlins oder auf einem alten Hof in der Eifel, sind Sie womöglich auf der Durchreise in unwirtlichen Gefilden und möchten trotzdem Ihrem Wunsch nach warmem Essen nachkommen, haben Sie also in Ihren Wirtschaftsräumen eine alte Küchenmaschine stehen, die Ihnen schon deswegen gut gefällt, weil sie so groß ist und die Bude so gut beheizt, gehen Sie folgendermaßen vor.

Sehen Sie nach, ob der Abzug funktioniert, und sorgen Sie im Herd für Sauberkeit. Sammeln Sie etwas kleines Holz, ein paar Reiser zum Beispiel. Diese stecken Sie in den Ofen, legen darauf etwas dickere Holzscheite oder Kohlebriketts und darunter ein wenig Papier, das Sie nun anzünden. Buche und Eiche brennt länger als Birke. Nachlegen können Sie von oben, von den Kochplatten aus, Sie müssen dafür nur die Ringe bzw. die Platte in der Mitte abnehmen. Das hat allerdings den Nachteil, dass Ihnen, wenn Sie die vordere Tür am Herd aufmachen, die ganze Asche entgegenkommen wird.

Legen Sie also Holz oder Kohle lieber von der Tür aus nach. Beim Kochen gehen Sie wie gewohnt vor, nur müssen Sie natürlich die gewünschte Temperatur aufmerksamer als sonst überwachen. Abgesehen davon aber hat Ihr alter Herd den Vorteil, dass es, wenn er einmal gut ans Laufen gekommen ist, in den Töpfen sprudeln wird wie verrückt. Außerdem macht er es einfach, mehrere Herdplatten auf einmal zu beheizen.

Wenn Sie den Backofen Ihres Herdes nutzen wollen, müssen Sie nachschauen, wie Sie die Hitze vermittels einer kleinen Drehvorrichtung am Schornstein zunächst von diesem fernhalten und erst einmal um den Herd laufen lassen. Außerdem sollten Sie beim Backen in einem alten Ofen permanent nachlegen, damit es genügend heiß bleibt für Brot und Kuchen. In besonderer Weise empfiehlt sich das Bewirtschaften einer Kochmaschine, wenn es ans Schlachten geht, weil Sie viel Platz brauchen und mehrere Stunden lang werden kochen müssen.

Heimwerken

Leider gibt es ja immer mehr Männer mit zwei linken Händen oder solche, die ungefällig sind. Das ist schade – eine geschickte Männerhand erspart viel Arbeit. Vielleicht haben Sie auch gerade zu wenig Geld, um die Handwerksbetriebe Ihrer Umgebung zu fördern. In diesen Notfällen müssen Sie sich wohl oder übel selbst Handwerkszeug zulegen. Lassen Sie sich einen ganzen Kasten davon schenken oder besorgen Sie sich: Zollstock oder Metermaß. Einen Zimmermannshammer, d. h. einen Hammer mit Klaue, und Schraubenzieher samt Nägeln, Schrauben und Dübeln in verschiedenen Größen. Maulschlüssel zum Anziehen und Lösen von Muttern und Sechskantschrauben. Zangen. Eine Wasserwaage, damit Sie Regale oder Bilder gerade aufhängen können, sowie einen Winkel, der Ihnen bei ähnlichen Mess-Arbeiten helfen wird. Eine kleine Säge und ein Teppichmesser. Schließlich das schwere Geschütz: einen Akkuschrauber und eine elektrische Bohrmaschine, mit der Sie so richtig schön phallisch in die Wände eindringen können.

Und dann geben Sie gut acht, denn weder wollen Sie sich verletzen noch kaputtes Handwerkszeug riskieren noch Ihre eigenen vier Wände beschädigen:

Hämmern Sie mit kurzen Schlägen einen Nagel in die Wand, bis er wirklich festsitzt; nehmen Sie dann die Haltehand weg und schlagen Sie den Nagel kräftig hinein. Achten Sie beim Dübeln darauf, nicht neben der Spur zu liegen, d.h. die Schraube genau mittig einzusetzen. Rechnen Sie damit, dass Wände und Fußböden nicht immer rechtwinklig gebaut sind und vertrauen Sie nie auf das eigene Augenmaß. Ihre Wasserwaage wird Ihnen gute Dienste leisten. Messen Sie mehrere Male nach, bevor Sie beginnen zu sägen. Bohren Sie niemals in der Nähe von Steckdosen oder Lichtschaltern. Die Bohrmaschine müssen Sie gerade halten und so langsam wie möglich bohren, außer bei Holz (dort so schnell wie möglich). Beim Fliesenbohren seien Sie besonders vorsichtig. Kleben Sie über die zu bohrende Stelle Klebeband und wählen Sie eine besonders niedrige Geschwindigkeit.

Jetzt machen Sie erst einmal eine Pause und fragen sich, wie modern Sie sein möchten. Vielleicht wäre dies der Moment, letzte abgelegte Unterschiede zwischen den Geschlechtern noch einmal hervorzukramen? Zumal dann, wenn Sie selbst ein wenig träge sind. Andererseits sollten Sie natürlich unbedingt gegen die schlimmsten Stereotype angehen. Vor Jahren haben sich die Box-Brüder Klitschko einmal über Frauen beim Reifenwechseln unterhalten. »Eine Frau muss einen Mann mit ihrem Charme, mit ihren Emotionen, mit ihrer Intelligenz und ihrem Sexappeal beeindrucken, aber doch nicht damit, dass sie einen Reifen wechseln kann«, sagte Vitali. Wladimir hingegen meinte, es komme ganz darauf an, was sie beim Reifenwechseln anhabe.

Auch wir haben keine Lösung für dieses Problem. Ob Sie die Souveränität über das harte Handwerk behalten oder diese Arbeiten lieber auslagern möchten, vielleicht tatsächlich an einen Mann, der sich die Finger danach leckt, in den nächsten Baumarkt zu fahren und die letzten Muskeln seiner durch Schreibtischarbeit verkümmerten Arme für Sie und Ihr Regal / Ihre Wand / Ihr ganz persönliches Zuhause einzusetzen, über diese Frage sollten Sie mehrere Faktoren entscheiden lassen: die Würde dieses Mannes, Ihr Zeitbudget, Ihre körperliche Kraft, Ihre Geschicklichkeit und, ja, auch Ihre Bequemlichkeit.

Eine Haushaltshilfe beschäftigen

Höchstwahrscheinlich sind Sie berufstätig, und Hausarbeit scheint Ihnen keine attraktive Gestaltung Ihres Feierabends zu sein. Vielleicht haben Sie auch die ewigen Diskussionen satt, die Sie mit Ihrem Partner über die Hausarbeit führen müssen, über die Reduzierung des häuslichen Chaos auf ein erträgliches Maß, die Betreuung der Kinder oder die Pflege der kranken Schwiegermutter. Die Kosten für die Auslagerung der häuslichen Dauerbelastung von 7 bis 12 Euro pro Stunde erscheinen Ihnen verhältnismäßig gering. Trotzdem sollten Sie bedenken, dass mit der Einstellungen einer Haushaltshilfe Anstrengungen anderer Art verbunden sind. Der Haushalt ist ein intimer Raum; er widersetzt sich der einfachen Verwandlung in einen erwerbsmäßigen Arbeitsplatz. Genau das aber haben Sie vor sich, wenn Sie sich überlegen, eine Haushaltshilfe einzustellen.

Außerdem befinden Sie sich im Zentrum einer heiklen Diskussion, denn höchstwahrscheinlich wird sich bei Ihnen eine Justina aus dem östlichen Europa oder eine Maria aus dem fernen Lateinamerika vorstellen. Beide haben voraussichtlich keinen legalen Status in Deutschland und bieten ihre Dienstleistung als Schwarzarbeit an: Sie werden also zur Arbeitgeberin in der sogenannten Schattenwirtschaft. Im Jahre 2005 betrugen die Remissionen – das Geld, das diese Migrantinnen aus aller

Welt in ihre Heimatländer zurückschickten – 167 Milliarden Dollar, deutlich mehr als das, was weltweit an Entwicklungshilfe gezahlt wird. Der Markt für haushaltsnahe, migrantische Dienstleistungen wächst. Das Europäische Parlament hat aus diesem Grund im Jahr 2000 einen »Entschließungsantrag über eine gesetzliche Regelung der Hausarbeit in der Schattenwirtschaft« auf den Weg gebracht. Dieser hatte das Ziel, den Status der immigrierten Haushaltsarbeiterinnen anzuerkennen und zu entkriminalisieren. Im Deutschen Bundestag aber wurde er nie diskutiert. Gleichviel: Auch eine legal in Deutschland lebende Hilfe mit einem Monatslohn bis 400 Euro müssen Sie über das Haushaltsscheckverfahren bei der Minijobzentrale anmelden. Damit wird neben einer kleinen Abgabe für Kranken- und Rentenversicherung die Unfallversicherung für die Haushaltshilfe übernommen. Für Sie ist das steuerlich absetzbar; damit rechnet sich auch die zusätzliche Abgabe in Höhe von etwa 14% allemal. Die unangemeldete Beschäftigung einer Haushaltshilfe bleibt in Deutschland illegal und wird zunehmend geahndet.

Wenn Sie eine Haushaltshilfe einstellen, reihen Sie sich zugleich in eine lange Tradition ein. Die Beschäftigung von Haushaltspersonal war im 19. und 20. Jahrhundert an der Tagesordnung. Das bezeugt die rechtliche Regulierung dieses Arbeitsfeldes in der Dienstbotenordnung. Vor allem aber die Klagen über das ach so faule, schlechte und unzuverlässige Hauspersonal füllten zahllose Bücher. In der umfänglichen Hausfrauenliteratur berieten sich Frauen gegenseitig, wie das Personal zu erziehen sei – Bildung und Ausbildung dieser Mädchen waren moralisch geboten.

Die Klage eines Dienstmädchens zeigt allerdings, wie überzogen dabei die Ansprüche der sogenannten Herrschaften sein konnten. »Ich ging, noch nicht 14 Jahre«, ist in einem 1902 erschienenen Buch zur *Lage der weiblichen Dienstboten in Berlin* nachzulesen, »in Stellung, war ein gesundes, kräftiges Mädchen und hing mit ganzer Seele an meinem Beruf. Ich kam mit 15 Jahren auf eine Stelle als Mädchen für alles. Ich hatte ein kleines Kind zu versorgen, zu kochen und sämtliche Hausarbeit. Nachmittags musste ich mit dem Kind ausgehen, sodass alles für den Abend liegen blieb. Die große Wäsche hatte ich allein zu besorgen und zwar die Nacht durch, und als nach einer solchen die Herrschaften eingeladen waren und nachts drei Uhr nach Hause kamen und mich schlafend fanden, da hagelte es Vorwürfe über Unzuverlässigkeit und was noch alles, und als ich mir erlaubte, zu sagen, ich hätte doch vorige Nacht gar nicht geschlafen, da hieß es: ›Solch eine Frechheit!‹«

Der Status von »La Putzfrau« in der globalisierten Welt ist um einiges unsicherer und komplexer als der eines Dienstmädchens im 19. Jahrhundert. Einer der wichtigsten Unterschiede ist die Bildung. Insbesondere die Frauen aus Osteuropa verfügen über Bildungsabschlüsse; nicht selten haben sie studiert. Die Arbeit als Haushaltshilfe bedeutet für sie einen sozialen Abstieg. Viele sind Mütter und müssen ihre Kinder wiederum in die Obhut anderer Familienmitglieder oder bezahlter Kräfte entlassen. Die Frauen verlassen ihren Haushalt, um ihn zu erhalten.

Nun ist die Hausarbeit eine Tätigkeit, die zwar wenig Prestige und Anerkennung erfährt, aber trotzdem Ansprüche stellt. Die Pflege der persönlichen Dinge, die Gestaltung der häuslichen

Ordnung bildet Ihr individuelles Wertesystem ab. Hausarbeit erfordert Geduld, Sorgfalt, Frustrationstoleranz, technische und psychologische Kenntnisse. Sie ist körperlich und emotional anstrengend. Wenn Sie diese Tätigkeiten einer bezahlten Kraft von außerhalb anvertrauen, verändert sich das Koordinatensystem Ihrer kleinen sozialen Welt. Die Grenzziehungen zwischen privatem und öffentlichem Raum, die normalerweise von Ihren vier Wänden übernommen werden, müssen Sie nun innerhalb Ihres Haushaltes vollführen.

Welche Bereiche sind für die Haushaltshilfe zu intim und müssen ihr vorenthalten werden? Und wie sollte das dann geschehen? Viele Frauen putzen zum Beispiel ihre Toilette, bevor die Haushaltshilfe kommt, weil es ihnen zu persönlich, vielleicht auch zu peinlich ist, diesen Schmutz einer fremden Person anzuvertrauen. Die Grenzziehungs- und Identitätsarbeit, die die Beschäftigung einer Haushaltshilfe mit sich bringt, spiegelt sich aber auch in der sozial asymmetrischen Situation, die vor allem vom illegalen Status der Hilfe bestimmt ist. Nicht immer gibt es Verträge, die Klarheit schaffen. Das Verhältnis zwischen Haushaltshilfe und Arbeitgeberin ist auf Vertrauen angewiesen und zugleich von Abhängigkeiten geprägt – eine heikle Kombination.

Die Haushaltshilfe bearbeitet Ihre intimsten und persönlichen Dinge, die Wäsche, das Geschirr, die Bücher. Vielleicht betreut sie sogar Ihre Kinder oder die alten Eltern. Dabei bringt sie automatisch ihre Vorstellungen von Ordnung, Sauberkeit, Kindererziehung, von Mutterschaft, Emanzipation und Partnerschaft mit ein. Wahrscheinlich unterscheiden sich ihre Vorstellungen von Ihren. Mit diesen Unterschieden müssen Sie umgehen lernen. In manchen Fällen gehen die nötigen Grenzziehungen jedoch mit Ethnisierung und Kulturalisierung einher: Die Perle benutzt viel zu viel Scheuerpulver? Hat daheim wohl noch nie davon gehört, wie Allergien entstehen, typisch. Solche Urteile sind kränkend und verschieben die Problematik anstatt sie aufzulösen.

Besprechen Sie deshalb so vieles wie möglich mit Ihrer Haushaltshilfe. Versuchen Sie, Ihre eigenen Vorstellungen möglichst genau zu artikulieren. Fragen Sie auch nach Wünschen und Vorstellungen: Welche Putzmittel benötigt sie? Wie viele Pausen? Was macht ihr die Arbeit unnötig schwer? Je genauer und offener Sie beide Ihre Vorstellungen austarieren, um so wahrscheinlicher ist es, dass ein zufriedenstellendes Arbeitsverhältnis entsteht.

Doch müssen Sie sich bei all dem als mittel- bis oberschichtige Dame fühlen, die es sich leisten kann, Nutzen aus dem ille-

galen Status einer weniger priviligierten Frau zu ziehen? Oder können Sie andererseits die Rolle einer fortschrittlichen Arbeitgeberin einnehmen, die es einer anderen Frau ermöglicht, durch Erwerbstätigkeit für sich und ihre Familie zu sorgen? Die Diskussion um migrantische Haushaltsarbeit ist polarisiert; die einen sprechen von »Refeudalisierung«, die anderen vom »Arbeitsmarkt der Zukunft«.

Wahrscheinlich muss man beide Fragen bejahen. Die Selbstständigkeit und globale Einsatzfähigkeit der migrantischen Haushaltshilfen beinhaltet große Unabhängigkeit, aber auch große Unsicherheit.

Fragen Sie sich deshalb, was Sie dafür tun können, dass Ihre Haushaltshilfe ihren Status legalisiert. Können Sie sie so gut bezahlen, dass auch sie für den Fall von Krankheit und Alter vorsorgen kann? Können Sie sie vielleicht darin unterstützen, dass sie an ihre qualifizierte Ausbildung anknüpfen kann und langfristig eine andere Berufsperspektive bekommt? Tun sie das! Und seien Sie ihr dankbar dafür, dass sie eine Arbeit übernimmt, die eigentlich auch Sie, die oft leider bequemen oder viel beschäftigten Männer, die schlecht erzogenen Kinder und abwesenden Großeltern leisten könnten. Denn lassen wir uns nicht täuschen: Die Haushaltshilfe hält uns auch einen Spiegel vor. Auf politischer Ebene wurden viele Chancen vertan, die Verteilung von Hausarbeit, Kinderbetreuung und Erwerbsarbeit angemessen zu regeln. Und auch auf privater Ebene scheint die Diskussion um eine gerechtere Aufteilung der Hausarbeit versiegt – vielleicht sogar dank »La Putzfrau«.

Gäste haben

Eine Tupper-, Dessous- oder Dildoparty organisieren

Das Besondere an einer Tupper-, Dessous- oder Dildoparty ist, dass sie monogeschlechtlich ist. Das unterscheidet diese Sorte Partys ganz grundlegend von anderen Festlichkeiten, bei denen doch immer beide Geschlechter anwesend sind und es auf die eine oder andere Art um »Paarbildung« geht. Eine Tupperparty ist eine reine Weiberangelegenheit, das macht ihren speziellen Reiz aus: Frauen unter sich benehmen sich anders – ungehemmter. Deshalb ist der Spaßfaktor natürlich groß. Wenn es dann womöglich nicht um Plastikschüsseln mit Deckel geht, sondern um Unterwäsche oder Sexspielzeuge, nimmt das Gegacker kein Ende. Ausreichende Mengen alkoholischer Getränke tun ihr Übriges.

Wenn Sie Gastgeberin einer Tupperparty werden wollen, googeln Sie im Internet »Tupperparty«. Dort finden Sie den Kontakt zu einer Tupperberaterin. Mit dieser vereinbaren Sie einen Termin und laden alle Ihre Freundinnen dazu ein. Alle Gäste bekommen als Willkommensgruß ein praktisches Produkt, angeblich, damit sie nicht mit leeren Händen dastehen, in Wirklichkeit aber, um sie in Kaufbereitschaft zu versetzen. Sie als Gastgeberin sammeln dagegen Sterne. Die Zahl der Sterne bestimmt, in welchem Umfang Sie sich »Tuppergeschenke« auswählen dürfen. Sie sehen, es wird sprachtechnisch viel dafür getan, um den ökonomischen Hintergrund zu verschleiern. Fakt aber ist, dass Sie – als Gastgeberin – davon profitieren, wenn Ihre Freundinnen und Bekannten viel bestellen und kaufen.

Tupperparties folgen einer banalen Verkaufsstrategie: Sie stellen Ihre privaten Kontakte, Ihr soziales Netz für ein Geschäft zur Verfügung. Das »Tuppergeschenk«, das Sie dafür bekommen, steht in keinem Verhältnis zu dem, was Sie geben: Das Vertrauen, von dem Freundschaften leben, entsteht über Jahre. Beziehungspflege kostet Zeit und Energie, von den Gefühlen gar nicht zu reden. Genau dies macht sich die Firma »Tupper« zunutze.

Wenn Sie also eine reine Frauenparty ohne professionelle Kaufinteressen organisieren wollen, bieten sich frauentypische Themen an: Klamottentauschparty oder Enthaarungsparty. In der arabischen Welt ist es üblich, dass sich Frauen treffen und gemeinsam ihre Körperhaare mit Halawa entfernen. Auch hier sollten Sie für ausreichend Alkohol sorgen, schon damit Sie einen kleinen Wettbewerb ausrufen können: Wer traut sich am meisten?

Viele Gäste

Bekanntlich essen Partygäste, die sich wohlfühlen, der Gastgeberin die Haare vom Kopf. Weil es nicht Sinn der Sache sein kann, den Gästen das Wohlfühlen zu verbieten, und es traurig wäre, ihre Zahl vorbeugend gering zu halten, hilft es allein, überlegt an die Verköstigung heranzugehen und um aufkommende Probleme herumzulavieren, zum Beispiel um die eher kleine Haushaltskasse, ein schmales Zeitbudget oder ungenügend Geschirr, Besteck und Sitzgelegenheiten.

Denn auch Sie möchten sich hoffentlich vom Prinzip der *bottle party* entfernen. Zumindest ab einem gewissen Alter. Für jüngere Menschen mag es angehen, Listen auszugeben und Wochen vorab virtuelle Buffets zusammenzustellen. Etwas gereiftere Personen können sich an zwei Fingern abzählen, dass es sich nichts tut, ob sie sechsmal im Jahr zu »einem schönen Salat« oder, ganz wichtig, zu *mousse au chocolat* verpflichtet werden. Oder ob sie ein einziges Mal in den sauren – eigentlich süßen Apfel – der Verantwortlichkeit beißen dürfen: Heute Abend entscheide ich, was die Gäste essen und trinken. Wer kommt, muss nichts mitbringen, soll nicht spülen müssen und darf einfach nur genießen. Für das bisschen Arbeit, das ich damit habe, kann ich mich fünfmal im Jahr auf anderen Festen verwöhnen lassen.

Schaffen Sie eine Basis aus Kohlehydraten, die Ihren Gästen den ersten großen Hunger nimmt. Wenn Ihnen Nudel- oder Kartoffelsalat zu gering erscheinen, Sie zudem kein unnötiges Aufkommen an dreckigem Geschirr wünschen, bietet sich Baguette mit mehreren Aufstrichen an – Frischkäse, Kräuterbutter, Avocadomus, Tzatziki, Obatzda oder weiche Butter, mit Kaviar oder Sardellen vermengt. Ein Komplement dazu sind kleine Schnitzel, die Sie gebraten, Hackbällchen oder Würstchen, vielleicht auch Blätterteigtaschen, die Sie mit Brät, geräuchertem Fisch oder Spinat und Schafskäse befüllt haben.

Sollten Sie aus ähnlichem Grunde keinen grünen Salat anbieten wollen, weil Sie nämlich auch dafür Teller brauchen würden, können Sie zu rohen Gemüse-Schnitzen greifen, zu denen Sie verschiedene Saucen reichen. Damit hätten Sie nicht nur die Ernährungspyramide perfekt ausgestaltet. Sie schlössen sich auch an die US-amerikanische Variante des europäischen Party-Buffets an: rohes Gemüse, an dem man sich festhalten kann, sollte man neu in der Runde sein, lauter knabbernde und dippende Gäste, Handlungszwang und unzählige Gelegenheiten, ins Gespräch zu kommen.

Ähnliches bieten Ihnen die anderen Versionen des global inspirierten *finger food*. Maischips erfüllen den Zweck, ebenso Windbeutel aus Brandteig. Sushi zuzubereiten, zumal in vegetarischer Gestalt, ist ebenfalls weniger kostenintensiv und zeitaufwendig, als man zunächst denkt. Auch die vielen weiteren asiatischen Röllchen, Täschchen und Säcklein, die Sie selbst herstellen oder aber in Dutzender-Packungen tiefgekühlt in Asien-Läden finden können und die über Wasserdampf zu garen sind, reißen keine Löcher in die Haushaltskasse. Sie schmecken fein, schmieden die Gästeschar zusammen und ersparen Ihnen viele Stunden am Spülbecken.

Die europäische Variante dazu besteht zum Beispiel im Backen von Waffeln und Anishörnchen. Vor den Augen Ihrer Gäste, versteht sich. Sie können die Hörnchen mit Eis füllen. Oder mit Schokoladensahne? Hierfür sollten Sie einige Stunden zuvor eine Tafel Bitterschokolade langsam in Sahne geschmolzen und die gut abgekühlte Flüssigkeit frisch geschlagen haben.

Stellen Sie überdies etwa zweieinhalb Liter Getränke für jede Person bereit; je mehr da ist, desto mehr wird getrunken. Sorgen Sie für Musik. Ultimativ zusammenschmiedend sind Sie dann tätig, wenn Sie Ihre Gäste liebenswürdig miteinander bekannt machen, eine Ansprache halten oder zu einem kleinen Intermezzo mit künstlerischen Darbietungen einladen.

Es reicht nicht, Essen bereitzustellen und darauf zu warten, dass Stimmung aufkommt. Das ist die niedere, unelegante Variante deutscher Gastfreundlichkeit, bei der einzelne Gäste trotz einer Verweildauer von mehreren Stunden mit wirklich niemandem ins Gespräch kommen. Helfen Sie Ihren Gästen auf. Sie müssen zwar damit rechnen, nur begrenzt Einfluss darauf zu haben, wie wohl sie sich bei Ihnen fühlen. Nur 50 Prozent, so sagen Kommunikationstrainer, macht der Anteil aus, den Sie daran haben, Ihr Fest in Gang zu bringen. Doch tun Sie all das fürs Gelingen, was in Ihrer Macht steht. Sorgen Sie dafür, dass die Getränke fließen. Nötigen Sie den Gästen Essen auf. Setzen Sie Gespräche in Gang. Entspannen Sie selbst ebenfalls frühzeitig. Mischen Sie sich unter die Feiernden, sehen Sie sich ab einem bestimmten Zeitpunkt des Abends als Gast auf der eigenen Party.

Sich die Arbeit erleichtern

Auch Sie werden sich schon gefragt haben, was Sie tun müssen, um weniger zu arbeiten. Ohne Fleiß kein Preis, sagt das Sprichwort zwar und befindet sich damit in Analogie zum Prinzip des »großer Sieg erst nach totalem Krieg«. Noch schöner wäre es freilich, nicht erst durch dunkle Mühsals-Tunnel kriechen zu müssen, bevor die Lebensfreude beginnen kann.

Die Möglichkeiten, die sich Ihnen beim Umgang mit der täglichen Arbeit eröffnen, bestehen einerseits in einer Reduktion der Arbeitslast. Dazu möchten wir Sie unbedingt ermutigen; schließlich brauchen Sie Zeit zum Beispiel für das Nichstun. Zweitens können Sie die gefühlte Qualität Ihres Tuns verändern und sich die eigene Arbeit schöner gestalten. Lassen Sie sich vom Prinzip der vorbereiteten Umgebung anregen, wie es die italienische Pädagogin Maria Montessori ersonnen hat, ein geradezu märchenhaft anmutendes Konzept, das die Erledigung jeder Aufgabe angenehmer werden lässt. Zunächst hatte Montessori an Kinder gedacht, die sich, treffen sie auf eine Umgebung, die ihnen den selbstständigen Umgang mit den Dingen erlaubt – ein Steckspiel, ein Set aus Gewürzen oder Steinen zum Sortieren, ein zu Perlen gewordenes, plastisches Zählsystem, das man für sie bereitgestellt hat – tief in ihr Tun versenken können und gebildet daraus hervorgehen.

Doch auch erwachsenen Personen nützt dieses Prinzip, kommt doch eine günstig vorbereitete Umgebung einem Tischlein-deckdich gleich, an das man sich setzt, um sich dann auf das Wesentliche konzentrieren zu können. Je mehr von diesen Tischlein Sie besitzen, desto besser, desto paradiesischer. Es geht dabei nicht so sehr um die Zeit, die Sie sparen. Unter Umständen dauert es sogar eine Weile, die eigene Umgebung dergestalt vorzubereiten, dass Sie ohne Behinderung Ihren Wünschen und Vorhaben nachgehen können. Viel eher zählt der Gedanke, dass diese Umgebung auf Sie als jene Person abgestimmt wird, die sich in ihr bewegen möchte. Insofern ist das Montessori-System ein besonders kluges Ordnungskonzept, das Ihnen das Engagement von professionellen Schreibtisch-Aufräumern und Arbeitsprozess-Optimierern erspart.

Wenn Sie sich das System der vorbereiteten Umgebung zu eigen machen, stehen Ihnen alle Möglichkeiten zur Verfügung, Ihre Arbeit in idealer Weise zu erledigen. Zu einem früheren Zeitpunkt haben Sie längst alles gerichtet. Sie müssen deswegen nicht räumen, wenn Sie eigentlich beginnen möchten, schon gar nicht aufräumen, nichts zusammensammeln, nichts suchen und auch keine Werkzeuge umwidmen, weil Ihnen die echten mal wieder abhanden gekommen sind. Zur vorbereiteten Umgebung gehört, dass alles im Wortsinne vorhanden ist, längst vor den Händen liegt, um ergriffen und verwendet zu werden.

Das kann sich aufs Kartoffelschälen beziehen ebenso wie aufs Putzen oder die Erledigung von Schriftsachen. Denken Sie bereits vorab darüber nach, was Sie für diese Tätigkeiten brauchen werden, damit der entstehende Arbeits- und Ideenfluss nicht unterbrochen werden muss. Schaffen Sie jede Ablenkung aus dem Weg. Wenn Sie Kartoffeln schälen, überlegen Sie, welche Messer und Schüsseln Sie brauchen, nehmen Sie bereits dieses Stadium des Kartoffel-Schäl-Prozesses ernst. Verlassen Sie sich auch beim Putzen auf vorab geleistete Arbeiten; öffnen Sie Ihren Schrank und finden Sie in Fächern, Schubladen und an eigens angebrachten Häkchen lange zuvor gerüstete Tücher, Flaschen und Besen.

Es soll keinerlei Eingangshürde für Sie geben. Das nimmt Ihnen zwar nicht die Mühe des – bleiben wir beim Putzen – Sich-Bückens, des dämlichen Hin- und Her-Wischens oder des Nachpolierens-bis-zum-Quietschen. Doch immerhin sieht es fast so aus, als hätte Ihnen jemand die Werkzeuge hingelegt, sodass Sie nur noch zugreifen mussten, um die letzten Handgriffe zu erledigen: sehr angenehm.

Oder Sie haben Dutzende von Pflanzen, die Sie in wechselnden Abständen gießen, düngen und pflegen müssen. Wenn Sie es ungeschickt anstellen, verfahren Sie nach einem losen Zeitraster. Sie füllen Ihre Gießkanne und machen sich irgendwie auf den Weg durch die Wohnung. Sie düngen nach Gefühl und ärgern sich ohne Maßen, weil Ihnen immer wieder Pflanzen durch das Raster rutschen und eingehen. Im Sinne der vorbereiteten Umgebung würden Sie handeln, wenn Sie sich genau aufschrieben, welche Blume wann was benötigt. Sie würden verschiedenfarbige Stifte benützen und sich für jede Pflanze Eintragungen in Ihrem Kalender machen. Um den Gieß- und Düngevorgang als solchen noch anzuhübschen und zu erfüllen, würden Sie sich eigens ein Tablett herrichten und dazu noch einen Lappen, falls Sie etwas verschütten sollten.

Dass Sie etwas »eigens« tun, genau und individuell abgestimmt, und in das Vorbereiten einer Umgebung, die Sie zu einem zukünftigen Zeitpunkt erst nutzen, ein großes Maß an Achtsamkeit stecken, schafft mehr als Klarheit und Arbeitserleichterung. Es stimmt Sie früh ein auf das, was Sie eigentlich möchten. Es macht Sie frei – von Tätigkeiten, die Sie gar nicht vorhatten auszuführen. Wenden Sie Zeit und Sorgfalt auf für jegliches Aufräumen und Vorbereiten, damit Sie sich danach, in einem zweiten, abgekoppelten Schritt, auf das Wesentliche konzentrieren können.

Sofern Sie sich von diesem Prinzip noch weiter anstecken lassen, werden Sie selbst den unscheinbarsten Notizblöcken, Tellern, Radiergummis und Shampooflaschen ihren Platz geben wollen. Vielleicht sogar ein Deckchen darunterlegen? Denn wie Ihr Tisch, Ihr Bett oder Ihr Schreibtisch Plätze für Sie selbst und Ihren Körper sind, so können auch Gegenstände einen eigenen Ort für sich erhalten. Im Gegenzug werden Sie andere, tote Dinge, die in diesem System keinen Ort haben, auf einmal doppelt überflüssig finden.

HANDARBEIT

Nähen

Von allen Handarbeitstechniken wird Ihnen das Nähen am häufigsten begegnen: abgerissene Knöpfe, Säume, die zu kürzen, oder Flicken, die auf schadhafte Stellen zu setzen sind. Vielleicht möchten Sie sich auch einmal eine Hose nähen oder ein Oberteil. Stellen Sie sich für diesen Fall darauf ein, dass das größte Kompliment, das Sie einheimsen werden, darin besteht, anzuerkennen, dass es »gar nicht aussieht wie selbstgemacht«. Solche etwas verunglückten Sätze sind das Los jeder Hobby-Schneiderin.

Zu den Sekundärtugenden, die das Nähen zeitigt, gehört, Aufwand und Ergebnis schon im Vorhinein einer Arbeit aufeinander abstimmen zu können. Es lohnt kaum, einen Parka mit zahllosen Taschen und Klappen zu nähen, weil er viel preiswerter und ansehnlicher zu kaufen ist. Vielleicht haben Sie auch Dutzende Stunden in das Handnähen einer Seidenbluse investiert und müssen am Ende feststellen, dass der billige Stoff den Aufwand nicht wert war: Ihre Bluse sieht nicht aus wie von Yves Saint Laurent abgenickt, sondern einfach nur selbstgemacht beziehungsweise selbst versucht. Akzeptieren Sie daher, dass nur etwa die Hälfte Ihrer Projekte wirklich gelingt; der Rest bleibt Trost und Verheißung in grauen Stunden, Futter für die Vorfreude-Nerven, irrelaufende Kreativität. Im Laufe der Zeit werden Sie immer besser wissen, was realisierbar ist und was nicht.

Nähen können Sie von Hand und mit der Maschine. Wenige Arbeiten sind so zeitraubend, so anachronistisch und dabei so authentisch wie das Nähen von Hand, das Sie mit einem Stolz erfüllen wird, der vergessen macht, dass die Anfertigung ungefähr 65-mal so lange dauert wie mit der Maschine. Denken Sie während dieser Zeit an die sprichwörtlich armen Schneider und Näherinnen, die bis weit ins 19. Jahrhundert hinein mehr schlecht als recht davon zehrten, dass die Nähmaschine, von denen es erste Modelle bereits um 1800 gab, viele Jahrzehnte brauchte, bis sie voll ausgereift war. Oder halten Sie sich an die Frauen, von deren manueller Geschicklichkeit die französische *haute couture* noch heute abhängig ist. Tatsächlich lassen sich teure Stoffe mit der Hand viel sorgfältiger behandeln als mit der Maschine. Ecken sind besser zu bearbeiten, Nähte wirken dezenter als maschinell eingestanzte, Sie können Ihre Arbeit besser kontrollieren.

Für das Handnähen und das Maschinenähen gleichermaßen müssen Sie oft ans Bügelbrett treten. Gut gebügelt ist halb genäht; alle Nähte und Säume, die Sie verfertigen, sollten Sie außerdem vorab mit Stecknadeln fixieren oder mit großen Stichen zusammenheften. Danach bügeln Sie Ihr Stück und gehen erst dann ans richtige Zusammennähen. Ist eine Naht fertig, ziehen Sie den provisorisch gesetzten Faden wieder heraus und bügeln nochmals nach.

Handgezogene Nähte scheinen zunächst weniger stabil und dicht als mit der Maschine genähte. Deswegen müssen Sie sie besonders fein arbeiten. Befestigen Sie Ihren Faden anfangs gut in der Arbeit, am besten mit einem kleinen Knoten und mehreren Rückstichen. Auch das Fadenende müssen Sie fixieren. Für ganze Nähte nutzen Sie den Rückstich, der Genauigkeit erlaubt und die Nähte flexibel hält. Für Säume, die Sie umlegen und von außen kaum sichtbar fixieren möchten, nehmen Sie den Hexenstich, für einen Seidenstoff, dem Sie einen schönen Rand geben möchten, rollieren Sie die offenen Kanten – all dies, wie auf den Abbildungen gezeigt.

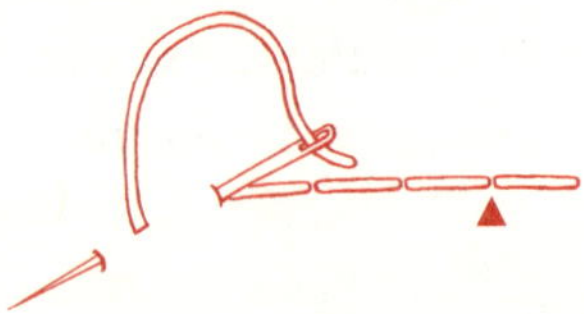
Rückstich

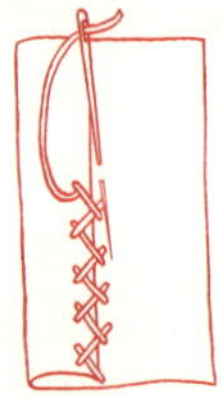
Hexenstich

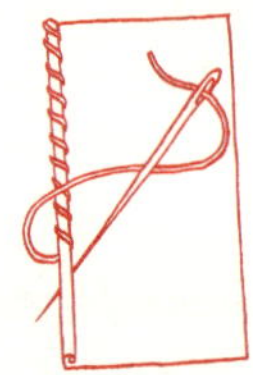
Rollieren

Größere Modelle von Hand zu nähen wird Sie womöglich zornig machen. Es dauert wirklich sehr lang. Bis Sie nur die eine Seite eines Bezugs für Ihr Sommeroberbett von Hand genäht haben, ist schon der Winter ins Land gezogen. Dabei ist gerade das Bettwäschenähen ein lohnendes Geschäft. Jedenfalls wird – zumal, wenn Sie ein schönes Leinen verwenden – etwas Hochwertigeres entstehen als bei gekaufter Ware, für die Sie zudem viel mehr bezahlen müssten.

Nutzen Sie aber hier die Nähmaschine. Heutzutage bieten Nähmaschinen alle möglichen Extras an, Dutzende verschiedener Zierstiche zum Beispiel oder ein riesiges Stickprogramm. Davon brauchen Sie fast nichts. Streng genommen benötigen Sie sogar nur zwei Stiche, den Geradstich und den Zickzackstich. Und was nützt Ihnen ein Stickprogramm? Maschinenbestickte Ware kann man sich auch gleich kaufen; handgefertigte Stickereien haben eine andere Ausstrahlung als maschinell hergestellte.

Eine so simple Nähmaschine werden Sie freilich nur noch finden, wenn Sie eine Maschine aus ungefähr achter Hand kaufen, eine mechanische mit Fußantrieb zum Beispiel. Sie sollten diese nur erwerben, wenn sie einwandfrei funktioniert. Dann aber haben Sie ein unverwüstliches Stück. Zwar müssen Sie sich bei Knopflöchern mit eng und kurz gestellten Zickzack-Raupen behelfen, auch wird die Maschine vermutlich kapitulieren, wenn die Nadel durch mehrere Schichten Stoff stechen muss. Möglich aber ist es auf jeden Fall, anständig damit zu nähen. Komfortabler ausgestattete elektrische Maschinen haben mehr Kraft. Sie bieten Ihnen außerdem einige Annehmlichkeiten, Knopflochstiche, Jersey-Stiche oder die Möglichkeit, einen Saum festzunähen, ohne dass der Faden von der Außenseite aus sichtbar wird.

Modelle, die Sie auf Ihrer Nähmaschine gut verfertigen können, ohne in ein Missverhältnis von Kosten, Aufwand und Nutzen zu kommen, sind Kissenbezüge (mit einer offen gelassenen Seite, durch die Sie das Füllkissen stecken und die Sie dann von Hand zunähen), Gardinen, Bettwäsche, Tischdecken, Servietten oder fertige Handtücher, die Sie mit Litzen und Spitzen besetzen, ferner Überzüge für die Wärmflasche oder das Kirschkernkissen, Täschlein für Wäsche und Tampons. Sie können sich aus rechteckigen Seidenstoff-Stücken ein feines Unterhemd nähen oder Ihrer Freundin zum Geburtstag ein Seidentuch schenken.

Die Maße für solche Stücke nehmen Sie am besten selbst ab. Vertrauen Sie Ihrem gesunden Menschenverstand, lassen Sie sich von Handarbeitszeitschriften anregen, doch keinesfalls entmündigen. Manchmal setzen diese für einfachste Modelle seitenlange Anleitungen auf, die nichts als Verwirrung schaffen.

Wenn Sie sich Kleidung nähen möchten, achten Sie auf hochwertige Materialien. Sie werden viel Mühe mit dem Bearbeiten haben – die Qualität des Ausgangsmaterials sollte dem entsprechen. Ein angenehmer Stoff wird Sie zudem inspirieren. Kaschmir oder das Leuchten einer schönen Seide, der Griff in einen Feincordstoff, die kühle Schlichtheit eines Leinenstücks können Sie regelrecht scharf aufs Bearbeiten machen, wie überhaupt die Freude am Selbernähen früh beginnt, schon beim Aussuchen eines Modells, dem Einkauf der Zutaten, beim Träumen davon, wie schön das Ganze am Ende aussehen wird.

Meiden Sie anfangs Hemdkrägen, Knopfleisten, Manschetten sowie komplizierte Taschen. Warten Sie auch mit dem Bearbeiten von Leder ab, von sehr schweren oder leichten, transparenten Stoffen. Etwas weniger schwierig, doch noch immer anspruchsvoll sind eingesetzte (statt angeschnittene) Ärmel, verdeckte Reißverschlussnähte an Hosen oder Reverskrägen. Als Anfängerin fahren Sie am besten mit Fledermausärmeln, mit einfachen Röcken, Hosen und Wickelkleidern mit angesetzten Ärmeln. Die Schnitte für diese Modelle sollten Sie sich kaufen, weil es zu riskant ist, sie selbst herzustellen. Mit dem Schnitt erwerben Sie auch gleich eine detaillierte Anleitung.

Vielleicht möchten Sie sich auch auf das Projekt »eine alte, gut sitzende Hose nachnähen« einlassen? Ein besonders hübscher

Weg, tätig zu werden, ohne sich in den Markt der vorgefertigten Modelle für Hobby-Schneiderinnen zu begeben. Zerschneiden Sie dafür einfach ein eigenes Stück. Am besten funktioniert das mit alten Jeanshosen und dann, wenn Sie schon ein wenig Erfahrung haben. Sie bekommen also: ein Vorderbein, ein Rückbein, eine aufgesetzte Tasche hinten, Taschenbeutel für vorn, den Bund mit Gürtelschlaufen und die Maße für den Reißverschluss. Wie ein verdeckter Reißverschluss zu arbeiten ist, inwiefern also Ihr Zuschnitt dafür erweitert werden muss, entnehmen Sie am besten einer Nähzeitschrift wie *burda moden*.

Fragen Sie sich allerdings stets, ob es angesichts überaus preiswerter Kleidung lohnt, Kosten und Mühsal der Selbstverfertigung auf sich zu nehmen. Behalten Sie andererseits in Erinnerung, dass es zu der Leichtigkeit, mit der in Westeuropa Kleidung gekauft und weggeworfen wird, nur deswegen kommen kann, weil Abertausende von Frauen und Mädchen in Billiglohnländern für uns an den Nähmaschinen sitzen. Selber zu nähen ist von Zeit zu Zeit schon deshalb geboten, um sich das krasse Missverhältnis von Preis und Leistung, das hier entstanden ist, wieder ins Bewusstsein zu rufen.

Überdies werden Sie schon beim Zuschneiden und Nähen selbst Freude haben, außerdem feststellen, dass Ihr selbstgefertigtes Stück nicht weniger haltbar und verlässlich ist als ein gekauftes. Unverwechselbar aber sind Sie mit einem solchen Modell garantiert. Sollten Sie sich also fürs Selbernähen entscheiden und dann auch noch die guten 50 Prozent erwischen – dann beglückwünschen wir Sie schon jetzt und möchten am Ende unbedingt noch anmerken, dass es wirklich aussieht wie gekauft.

Stricken

Der Hype um strickende Hollywoodstars und ihr subkulturelles Pendant, die Strickpartys in Londoner Clubs unter dem Motto »knitting is fun«, währt nun auch schon so lange, dass man unbehelligt wieder zur Stricknadel greifen kann, ohne in den Verdacht zu geraten, glamourös, cool oder trendy sein zu wollen. Es scheint in der Logik der Vermarktungsmaschinerie zu liegen, dass jede noch so unschuldige und überflüssige Tätigkeit vereinnahmt wird. Seit zwei Jahren also ist das Stricken dran.

Was war geschehen? Julia Roberts hatte sich die Wartezeit beim Dreh mit ein wenig Strickerei verkürzt, war dabei beobachtet worden, und schon hatten die Magazine einen neuen Trend ausgemacht. Das mag alles noch Lifestyle-Tagesgeschäft sein. Überraschend war dann aber doch, wer alles zu stricken begann: Amerikanische Mütter strickten Schals für Straßenbäume oder Mützen für Verkehrsschilder. Die Berlin-Prenzlauer-Berg-Designer-Fraktion strickte mit ironischer Distanz und politisch subversiver Absicht an Angorabikinis – weil man die eben gar nicht braucht. Das Spektrum zeigt die Wahllosigkeit des Hypes, spricht aber anderseits für die Vielseitigkeit des Strickens als Kulturtechnik.

Das Stricken ist zwar schon seit der Antike bekannt, wurde

aber zwischenzeitlich vergessen und erst im südlichen Europa oder nördlichen Afrika wiederentdeckt.

Seit dem ausgehenden Mittelalter strickte vor allem die arme ländliche Bevölkerung, um durch diesen Nebenerwerb ihre Existenz zu sichern. Die armen Stricker und Strickerinnen machten sich ihre Tätigkeit so angenehm wie möglich. Wahlweise konnte das Zubehör in einem Körbchen mitgeführt oder am Kragen festgesteckt werden. Die Nadeln wurden in einer Strickscheide am Gürtel getragen, so war man mobil und konnte beim Stricken stehen, gehen und schwatzen. Anderen war solch entspanntes Treiben nicht recht; die Stricker seien müßig und trieben »alles, wozu eine lockere, und durch schwere Arbeit nie ermattete Lebensweise sie anreizt,« schimpfte ein gewisser Kommissar Baldauf aus der Gegend um Schwabmünchen noch um 1804.

Das Leben professioneller Strumpfstricker war nicht leicht, waren sie doch von größeren Händlern abhängig. Dramatisch aber änderte die Erfindung der Maschine ihr Leben. Die erste Strickmaschine, von dem Engländer William Lee womöglich in Reaktion auf eine strickwütige junge Frau entwickelt, die sich seinem Werben widersetzt hatte, revolutionierte das Strickwesen. Die Textilindustrie und mit ihr das Stricken wurden eine der produktivsten Branchen der beginnenden Industrialisierung.

Damit hatte das Handstricken als Erwerbstätigkeit seinen Sinn verloren. Der Weg war frei, es zu jener häuslichen, weiblichen Tätigkeit zu stilisieren, als die es bis heute begriffen wird: ein wesentlicher Bestandteil bürgerlicher Mädchenerziehung. Das Stricken gab nicht nur der Hausfrau den Anstrich permanenten Beschäftigtseins, es diente auch dazu, junge Mädchen zu disziplinieren, ihre Energien zu kontrollieren und sie auf die Rolle der dienenden Ehefrau und Mutter vorzubereiten. Schon kleine Mädchen wurden mit Wunderknäueln und der Aussicht, wie sehr sich der Vater über die Socken zu Weihnachten freuen würde, angehalten, die Mühsal des Strickens auf sich zu nehmen, während die gleichaltrigen Brüder im Garten herumtoben durften: »Ein jeder gern aufs Mädchen blickt, / Wenn es hübsch fleißig näht und strickt«. Außerdem hoffte man, die jungen Damen damit von ihren sexuellen Gelüsten abzulenken. Ob das gelang, ist fraglich. Einige Mädchen entdeckten durch das stundenlange Herumsitzen erst recht Stuhlkanten und wiegende Sitztechniken als stimulierende Ergänzung zur langweiligen Handarbeit und freuten sich monatelang auf den Höhepunkt handarbeitlicher Wollust: dem Vater an Weihnachten die fertigen Strümpfe überzustreifen. So viel zum Ursprung weiblicher Hysterie und Neurose in der bürgerlichen Klasse.

Lange bevor das Stricken zur Trendsportart erklärt wurde, nämlich Anfang der 1980er-Jahre, strickte die Kölner Künstlerin Rosemarie Trockel Playboy-Bunnies und Hakenkreuze. Die Strickbilder und Objekte begründeten ihren internationalen Ruhm und dienten als Vorbilder für alle nachfolgenden Strickerinnen mit politischem Anspruch. Die Irritation, die der Anblick von Trockels gestrickten Hakenkreuzen schafft, wird allerdings von ihren Nachahmerinnen kaum erreicht.

Strickwerk ist Erinnerungsarbeit. Das wusste Frau Trockel ebenso wie es Ihre eigene liebe Tante weiß. Sollte Ihnen also der Kopf schwer von unausgegorenen Gedanken sein, wäre Stricken nicht die schlechteste Therapie: zum Beispiel ein Schal über dem

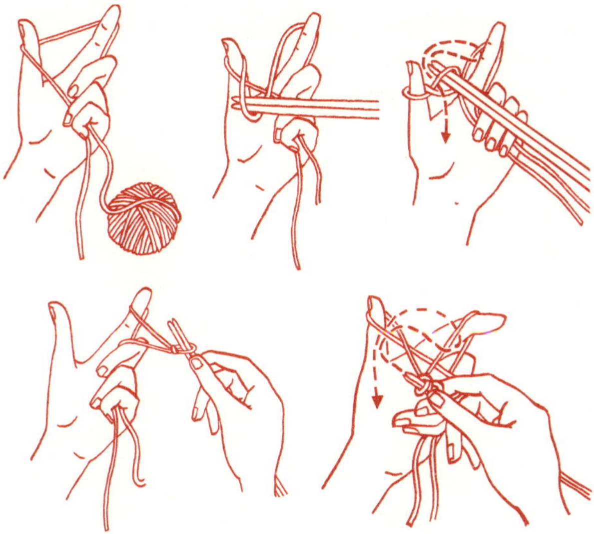

Grundmuster 2 links, 2 rechts. Fertigen Sie eine Maschenprobe an, bevor Sie sich ausrechnen, wie breit Ihr Schal werden soll. Oder ein Rollkragenpullover in Ihrer Augenfarbe. Der wird Ihnen immer ausgezeichnet stehen. Oder doch ein Paar gestrickte Strümpfe?

Vielleicht hätte der Beruf der Strumpfstrickerin in der modernen Dienstleistungsgesellschaft auch schon wieder eine Zukunft. Sollten Sie diesen Weg beschreiten wollen, empfiehlt sich die Anschaffung einer Ziege oder eines Schafs, früher »Eisenbahnerkuh« genannt. Sie liefert Ihnen Milch und Garn und hält Sie arme Strickerin am Leben. Denken Sie derweil daran, was das Haushaltungsbuch *Das häusliche Glück*, das im 19. Jahrhundert zahlreiche Neuauflagen erlebte, den Leserinnen ans Herz legt: »Selbst eine viel beschäftigte Hausfrau muss stets einen Strickstrumpf zur Hand haben, um jede freie Zeit mit Stricken auszufüllen, denn Strümpfe gibt es in einem Haushalt nie zu viel.«

Strümpfestricken ist allerdings nicht ganz einfach. Auch müssen Sie penibel sein, wie überhaupt das Stricken flatterhafte Geister abstraft. Wer nicht zu Regelmaß und Beständigkeit in der Lage ist, den wesentlichen Voraussetzungen für die Herstellung Hunderter, ja Tausender gleicher Maschen, wird sich schon bald mit schiefen und löchrigen Flächen herumschlagen müssen. Versuchen Sie also, Ihr Strickzeug mit Takt und Gemessenheit zu behandeln. Auf der anderen Seite mag es Sie beruhigen, dass das Stricken auch nur gemäß der binären Methode funktioniert. Mehr als Rechtsmaschen und Linksmaschen gibt es kaum; alles, was die fertige Strickware an Noppen, Knötchen, Zöpfen und systematisch eingezogenen Löchern überzieht, besteht bloß aus abgewandelten Rechts- und Linksmaschen.

Für einen einzelnen Strumpf müssen Sie anfangs mit etwa acht Stunden rechnen. Wenn Sie etwas geübter sind, werden Sie ein Paar an vier Abenden fertigstellen können. Gehen Sie als Erstes in einen Strickladen und versuchen Sie, an den vie-

rechte Maschen

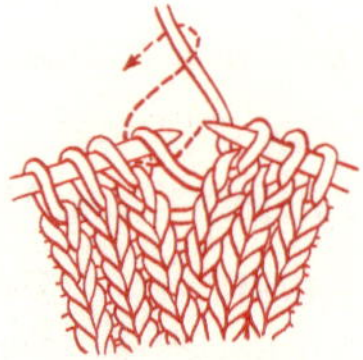

Maschen zunehmen

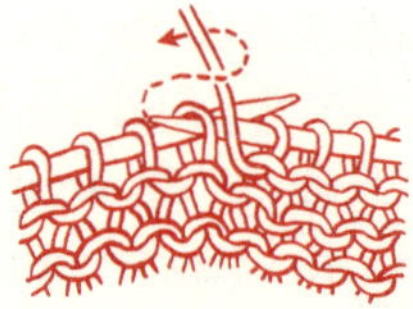

linke Maschen

len geschmacklosen Varianten von Strumpfwolle vorbeizusehen. Die Garnhersteller sind inzwischen so weit, Ihnen das Ringelstricken durch spezielle Einfärbungen zu ersparen. Nehmen Sie nur hochwertige Wollgarne. Alles andere verfilzt oder führt zu Schweißfüßen, und mit Baumwolle gestrickte Socken sehen zwar frisch und schön aus, fühlen sich aber beim Tragen unangenehm an.

Im Wesentlichen besteht das Strümpfestricken aus sieben Arbeitsschritten. Im ersten Schritt stricken Sie das Bündchen. Nehmen Sie ein fünfteiliges Nadelspiel zur Hand, stellen Sie sich auf ein Rippenmuster von 2 rechts, 2 links ein und wählen Sie eine Maschenzahl, die sich durch vier teilen lässt. Verteilen Sie die Maschen schon beim Anschlagen gleichmäßig auf alle vier Nadeln, nehmen Sie dann die fünfte Nadel zur Hand und beginnen Sie im Kreis zu stricken. Bei Schuhgröße 38 und einer Nadelstärke von 2,5–3,5 arbeiten Sie zum Beispiel über einer Runde von 60 Maschen. Für andere Schuhgrößen und Garnstärken gibt es spezielle Tabellen, die Sie sich im Handarbeitsladen geben lassen können. Das Vorgehen im Ganzen aber ist immer identisch.

Sie fangen also oben am Socken an. Stricken Sie das Bündchen so lang, wie Sie es wünschen – Sie können auf dem Weg nach unten auch zu einem glatt rechten Muster wechseln –, und legen Sie, wenn Sie glauben, die Zeit für die Ferse sei allmählich gekommen, die 30 Maschen zweier nebeneinanderliegender Nadeln still. Lassen Sie diese Maschen auf den Nadeln, beachten Sie sie nicht weiter. Die anderen 30 Maschen nehmen Sie auf eine einzige Nadel und stricken immer hin und her. Ist Ihnen die äußere Seite des Sockens zugewandt, stricken Sie rechte Maschen, bei der inneren linke. Dieser neue Abschnitt gleich nach dem Bündchen lässt am Ende die Ferse entstehen. Stricken Sie ihn etwa ein oder zwei Zentimeter länger, als Ihr Fersenteil breit ist. Zählen Sie dabei die bereits gestrickten Reihen, damit Sie den zweiten Socken später genauso arbeiten können. Sie können sich hier dafür entscheiden, für die Stärkung der Ferse einen zusätzlichen Faden mitlaufen zu lassen, damit Sie nicht bei erstbester Gelegenheit dazu verdammt sind, eine weitere typische Frauenarbeit zu verrichten, das Stopfen.

Wenn Sie mit diesem zweiten Schritt fertig sind und eine neue rechte Reihe unmittelbar bevorsteht, teilen Sie die Maschen der Fersennadel in Gedanken in drei Teile auf. Die Aufgabe besteht nun darin, diese freie Fläche des Fersenteils wieder mit dem bisher gestrickten Schaft zu verbinden; man muss jetzt das Fersenteil quasi um die Ecke bringen.

Stricken Sie die ersten 19 der 30 Maschen rechts ab und die folgenden beiden rechts zusammen. Die noch übrigen 9 Maschen in der Reihe ignorieren Sie, drehen stattdessen das Strumpfteil um und stricken mit linken Maschen zurück, bis Sie wiederum vor den letzten 11 Maschen stehen. Dann stricken Sie die nächsten beiden links zusammen. Drehen Sie die Arbeit nun wieder und stricken Sie abermals zurück. Von nun an verbinden Sie auf die bekannte Weise die Maschen vor und nach der Lücke, so lange, bis es keine Einzelmaschen mehr und stattdessen nur noch ein größeres Stückchen gibt. Damit ist die Ferse fertig und der Weg für eine neue Röhre frei, die für den Fuß selbst.

Im vierten Schritt müssen Sie die nun offenen Seiten zu dieser Röhre schließen. Von nun an stricken Sie nur noch rechte

Maschen. Dafür teilen Sie die Maschen der bisherigen Fersenkappe auf zwei Nadeln auf (zusammen 10) und stechen beim Weiterstricken mit beiden Nadeln außerdem noch in die regelmäßigen Löcher an den beiden Seiten des Fersenteils. Ziehen Sie den Faden dort hindurch und auf die jeweilige Nadel, um neue Maschen aufzunehmen. Nehmen Sie so viele auf, dass Sie wieder auf 60 sind, vielleicht bekommen Sie sogar ein paar mehr Maschen auf die beiden Nadeln, das wäre gar nicht schlecht. Steuern Sie am besten eine Neuaufnahmezahl von ungefähr 34–36 Maschen auf beiden Nadeln an. Die überzähligen Maschen sollten Sie allerdings im Laufe der nächsten Reihen wieder durch Zusammenstricken von je zwei Maschen loswerden; sie sind nur jetzt sinnvoll, weil Sie gerade über die stärkste Stelle des Fußes, den Spann, stricken.

Nun nehmen Sie wieder Verbindung zu den stillgelegten Maschen des Schafts auf und beziehen Sie sie wieder in Ihre Arbeit mit ein. Stricken Sie dann erst einmal drei Runden. Dann stricken Sie auf den Nadeln, auf denen zum Beispiel 17 plus 17 Maschen sind, je zwei Maschen zusammen, und zwar an den beiden Fußseiten, außen und innen – also einmal am Ende der 17er-Nadel, einmal am Anfang. Jetzt haben Sie nur noch 16 Maschen auf den beiden Nadeln. Nun stricken Sie wieder drei Reihen zum Ausgleichen und nehmen auch noch die letzten beiden überzähligen Maschen weg. Wenn Sie einen besonders elfenhaften Frauenfuß haben, nehmen Sie nach drei Reihen von allen Nadeln noch jeweils eine Masche herunter.

Stricken Sie nun immer weiter. Ziehen Sie bei Gelegenheit den Strumpf schon einmal über Ihren Fuß. Wenn Sie an die Wurzel Ihres kleinen Zehs gelangt sind, der Fuß also schon fast bedeckt ist, beginnen Sie mit dem Abnehmen für die Spitze.

Sie haben jetzt noch 60 Maschen auf der Nadel oder 15 auf jeder einzelnen der vier Nadeln (wenn wir annehmen, dass Sie zu den Normalfüßigen gehören und nicht eigens noch Maschen abgenommen haben). Stricken Sie nun am Ende jeder Nadel zwei Maschen zusammen, das gibt minus 4, und fügen Sie dann eine normal laufende Runde ein. In der nächsten Runde nehmen Sie wieder vier Maschen ab. Das alles tun Sie so lange, bis Sie nur noch sechs Maschen auf jeder Nadel haben. Nun stricken Sie in jeder Runde die zwei letzten Maschen zusammen. Passen Sie auf, dass Ihnen die Nadeln nicht herunterfallen! Sie werden kaum noch Halt haben. Wenn Sie nur noch acht Maschen haben, reißen Sie den Faden schon einmal vorsorglich ab, auf ungefähr 15 cm Länge. Stricken Sie alle Maschen ab, indem Sie den Faden einfach ganz hindurchziehen. Legen Sie die Nadeln zur Seite, ziehen Sie den Faden an und vernähen Sie ihn gut mit einer großen Nadel, damit auch das letzte Löchlein in der Mitte zugezogen wird und später nichts mehr aufgehen kann.

Sticken

Das Sticken möchten wir zur Königsdisziplin der Handarbeit ausrufen. Es ist besonders überflüssig. Es erfordert Sorgfalt und gepflegte Hände. Es ist preiswert, kostet aber viel Zeit, ja, es nimmt von allen Handarbeitstechniken womöglich am meisten Zeit in Anspruch. Denn auch wenn das Sticken einfach ist: An einer Tischdecke oder einem Bild können Sie gut und gerne während eines halben Jahres mehrere Stunden täglich sitzen. Entspannung geht anders. In den Zeiten der Beschäftigung mit Ihrer Stickerei wird es Ihnen zudem kaum möglich sein, Gespräche zu führen oder auch nur Radio zu hören. Weil erst kompliziertere Vorlagen wirklich schöne Motive ergeben, werden Sie sich sehr konzentrieren müssen.

Zugleich bietet das Sticken der Ästhetik suchenden Seele substanzielle Nahrung. Nichts ist dem Gefühl vergleichbar, mit den Fingern über ein fein gearbeitetes Kreuzstichmotiv zu streichen, zu sehen und zu spüren, wie eng die Farbtöne beieinanderliegen, wie plastisch sich das Muster vom Grund abhebt, wie fest es sitzt und wie lange es dauern würde, das Ganze wieder aufzutrennen: viel länger als das Anfertigen der Stickerei.

Es gibt Trilliarden von Sticktechniken. Sie können Linien, Flächen oder Pixel nadelmalen, Löcher in den Stoff schneiden und die entstehenden Kanten umsticken, mit stumpfem oder glänzendem, dickem oder dünnem Faden arbeiten, dabei Perlen, Spiegelstücke oder Pailletten einfügen oder weitere kleine Stoffstücke aufsticken und bei all dem Seide, Baumwolle, Frauenhaar oder synthetisches Material verwenden.

Für den Anfang mögen Sie es mit einem Stielstich, einem glatten, dichten Stoff und farbigem Faden versuchen. Sie können den Rückstich wie eine schöne Handschrift oder eine ruhige Zeichenhand verwenden, er eignet sich hervorragend für Monogramme, mit denen Sie Taschentücher besticken oder überhaupt ganze Kleidungsstücke personalisieren können, für Schriftzüge, die Sie längs auf Hosenbeine setzen oder für Blumenornamente, mit denen Sie größere Flächen verzieren.

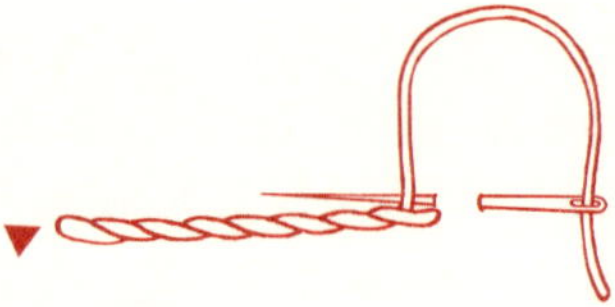

Stielstich

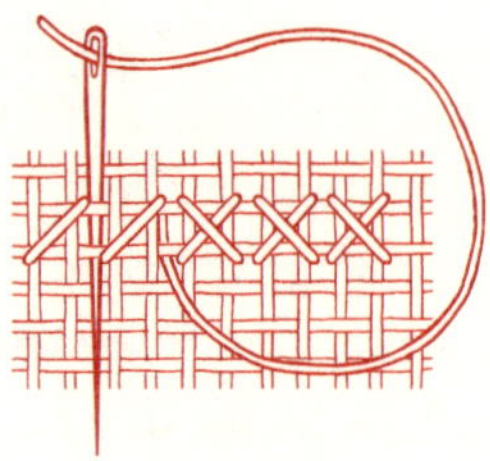

Kreuzstich

Achten Sie schon hier darauf, der größten Gefahr zu entgehen, die beim Sticken droht – der Geschmacklosigkeit. Gehen Sie nur einmal an einem Handarbeitsgeschäft vorbei und sehen Sie auf die Stickpakete, die man Ihnen in Restepostenkörben zum Kauf vorwirft. Nehmen wir nur an, Sie möchten eine Tischdecke mit Kreuzstich besticken. Der Ausbund an Hässlichkeit wäre dann erreicht, wenn Sie sich von solcherart Stickereiwesen an der Nase herumführen lassen würden und mehrere Dinge, die einer Stickarbeit nicht gut tun, miteinander kombinierten: auf eine maschinenumnähte Decke von geringer Qualität und grässlicher Farbe ein am Computer entworfenes großes Kreuzstichmuster bügelten und fürs Sticken selbst billiges Perlgarn verwendeten.

Die Schönheit einer Stickerei liegt in ihrer Feinheit und in ihrer Hochwertigkeit. Sie muss schon dem Material eigen sein. Weil Sie von der Qualität eines gelungenen Stücks Jahrzehnte zehren, sollten Sie von Anfang an investieren. Kaufen Sie sich für Ihre Tischdecke ein hochwertiges Stück Leinen. Längs- und Querfäden sollten gleichartig sein, damit das Muster nicht in die Länge gezogen wird. Achten Sie auch darauf, dass die Fäden des Stoffes gleichmäßig gesponnen sind; wenn der Leinenfaden unregelmäßig verläuft, ist das zwar schön, weil lebendig. Aber über dicke Stellen können Sie nicht gut hinwegsticken.

Wenn der Stoff bereits gesäumt ist, sollte es ebenfalls sorgfältig gemacht sein. Schließlich möchten Sie nicht, dass es auf Ihrer Decke eine schreiende Diskrepanz gibt zwischen Handarbeit und Massenfertigung. Zum Beispiel sollten die Ecken nicht zu rechten Winkeln umgeklappt und mit der Maschine festgetackert, sondern spitz zulaufend zusammengenäht sein. Wenn Sie eine Decke mit Hohlsaum kaufen oder einen Hohlsaum selbst anfertigen können – noch besser, noch stilechter.

Einfache grafische Muster können Sie selbst entwerfen. Sie finden sie auch in alten Stickbüchern und -zeitschriften oder in den zahllosen Neueditionen dieser Bücher, die Handarbeitsverlage anbieten. Diese Muster sehen oft ein wenig bäuerlich aus. Sollten Sie zu Hause Holzmöbel stehen haben, Eichentruhen und gewachste Kiefernschränke, kann sich das sehr gut machen.

Delikater wird das Ganze, wenn Sie sich auf großflächige figürliche Muster einlassen. Die Hochzeit des figürlichen Kreuzstichs ist das europäische Biedermeier. Wochen-, ja monatelang müssen Frauen gesessen und an Blumen und Füllhörnern, Parklandschaften und Blütenkränzen gearbeitet haben. Es gab eigens ausgebildete Maler, die die Vorlagen mit Dutzenden von Farben auf Millimeterpapier tupften. Noch immer können Sie diese Muster erwerben und nacharbeiten, viele von ihnen liegen ebenfalls in modernen Editionen vor. Notfalls gehen Sie in eine Bibliothek in Ihrer Nähe und leihen sich die ältesten Handarbeitsbücher aus, die dort zu finden sind. Oder Sie nutzen unser Alphabet.

Jedenfalls sollten Sie sich, zumindest beim Kreuzstich, nicht auf aufbügelbare Muster einlassen. Solche Muster sind die Pest. Sie ignorieren die Beschaffenheit des Stoffs und zwingen den einzelnen Kreuzstich, seine Beinchen bald über drei, dann über vier Fäden auszustrecken oder sich blind auf einem viel zu feinen Stoff zurechtzufinden. Im Ergebnis sieht das fast immer furchtbar aus. Zählen Sie Ihr Kreuzstichmotiv daher unbedingt auf dem Stoff aus; für gewöhnlich arbeitet man über zwei mal zwei Fäden. (Stoffe, die die Auszählbarkeit nicht hergeben, sollten Sie meiden – die Behelfe, die man für sie gefunden hat, taugen nichts.) Aufbügelbare Muster gehen aber auch ihrer Größe wegen an der Faszination des Kreuzstichs vorbei. Er wirkt nämlich erst, wenn gar nicht mehr richtig zu sehen ist, dass sich ein Muster aus kleinen Kreuzchen zusammensetzt. Aus diesem Grund können Sie für jedes Bild, das Ihnen vor Augen schwebt, selbst eine Vorlage anfertigen. Sie müssen dafür nur in Pünktchen denken, die in der Masse ein Bild ergeben.

Trotzdem möchten wir Sie davor warnen, Vorlagen am Computer zu entwerfen. Selbstverständlich können Sie ein Portrait Ihres Cockerspaniels pixeln und es dann auf Stoff bringen. Aber zur Aura des Kreuzstiches passen die delikaten Motive alter Zeit besser, auch wenn sie hie und da ein wenig aus der Form geraten oder nicht ganz symmetrisch erscheinen. Anders gesagt: Gerade den Motiven der Handarbeitszeitschriften, all den perfekten Gürkchen und Äpfelchen, Kindchen, Sönnchen, Tierchen und Engelchen, die man nun in leuchtenden Farben nachsticken soll, sieht man auf den ersten Blick an, dass sie nicht kunstvoll getupft, sondern bloß aus dem Computer gezogen worden sind.

Einen Bikini häkeln

Ein Häkel-Bikini ist sexy, witzig und nur ein ganz bisschen langwierig in der Herstellung. Der nächste Verwandte des Häkel-Bikinis ist übrigens der Topflappen. Dreieckige Topflappen mit Strippen dran: *too hot to touch*! Männer denken hier als Erstes an Luftmaschen – wenn schon Gehäkel, dann bitte mit Löchern. Frauen dagegen wissen, dass es nicht viele Lebenslagen mit genügend Zeit und Energie für einen Häkel-Bikini gibt.

Entweder machen Sie gerade Karriere und versuchen, die Chefin durch besonderen Arbeitseinsatz von Ihrer Qualifikation zu überzeugen. Oder Sie sind berufstätige Hausfrau, Mutter und Selbstverwirklicherin, sitzen in der Fleißfalle und versuchen die Drei- bis Vierfach-Belastung durch Multitasking und effizientes Zeitmanagement in den Griff zu kriegen. Sollte dies auf Sie zutreffen, können Sie sofort mit dem Lesen aufhören, denn ein Häkel-Bikini kommt für Sie nicht in Frage. Sie hätten ja nicht einmal die Zeit, sich ein Garn dafür auszusuchen.

Sollten Sie sich aber zufälligerweise genau zwischen diesen beiden Phasen befinden und erstmalig schwanger sein? Hatten Sie etwa vorzeitige Wehen und müssen nun bis zur – möglichst späten – Niederkunft das Bett hüten? Und haben *Anna Karenina* längst gelesen? Dann wären Sie eine Kandidatin. Ihre Zweckbestimmung ist es nun sowieso, ein Brutkasten zu sein und alle anderen Ziele vorerst abzuhaken. Der richtige, sehr lange Moment, um einen Bikini für die Zeit nach der Schwangerschaft zu häkeln. Für einen Bikini in Größe 34–36 benötigen Sie Nadeln der Stärke 2,5–3,0 und ein Baumwollgarn mit einer Lauflänge von 120 Meter auf 50 Gramm.

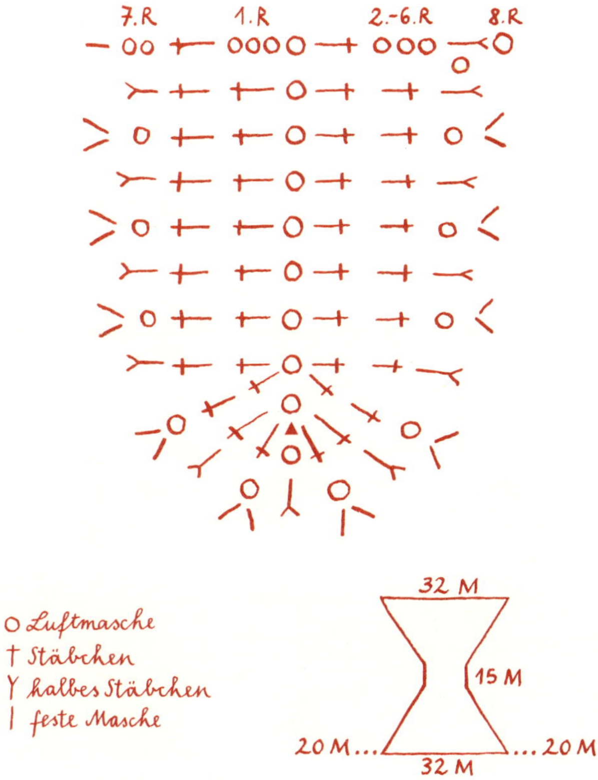

Für das Oberteil schlagen Sie zunächst zwölf Luftmaschen inklusive drei Luftmaschen zum Wenden an. In der ersten Reihe häkeln sie Stäbchen in die Luftmaschen, dazu wie abgebildet am Ende der Reihe für die Mitte zwei Stäbchen, eine Luftmasche und zwei Stäbchen arbeiten und zurückhäkeln. Für die zweite Reihe zum Wenden drei Luftmaschen und in der Mitte wieder zwei Stäbchen, eine Luftmasche und zwei Stäbchen arbeiten. So arbeiten Sie weiter bis Reihe sechs. Für Reihe sieben machen Sie nur zwei Luftmaschen zum Wenden, dann ein halbes Stäbchen, eine Luftmasche und ein halbes Stäbchen stets wiederholen, dabei in jede zweite Masche der Vorreihe stechen, wie abgebildet.

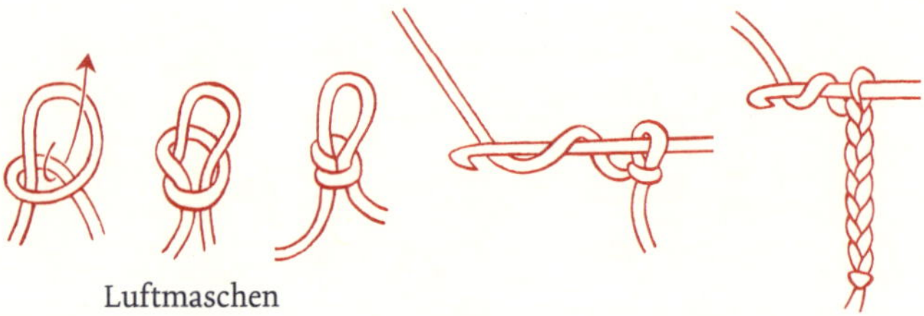

Luftmaschen

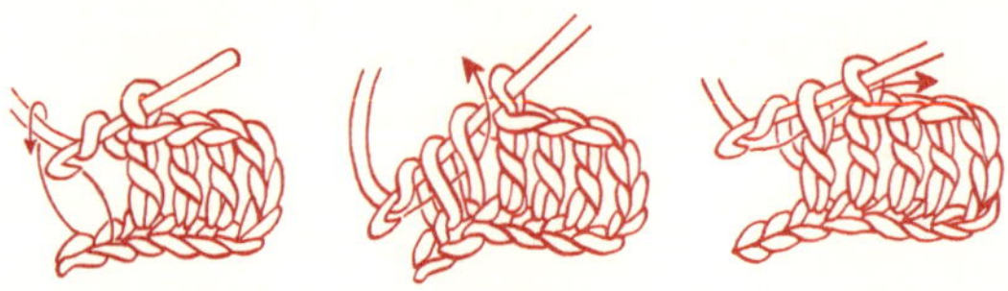

Stäbchen

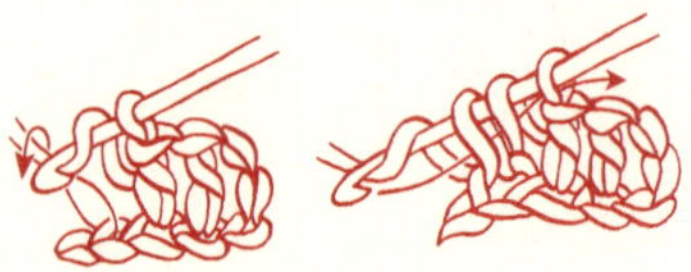

halbe Stäbchen

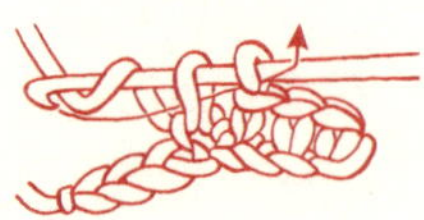

feste Maschen

Für die achte und letzte Reihe machen Sie eine Luftmasche zum Wenden und arbeiten dann je zwei feste Maschen in die Luftmaschen der Vorreihe. Dann kommt das Gegenstück.

Für die Verbindung der Teile arbeiten Sie an der Unterkante des einen Teils zunächst eine Luftmasche und eine feste Masche im Wechsel, dabei die festen Maschen in jede Randmasche der schon gearbeiteten Teile stechen. Zwischen den beiden Teilen häkeln Sie sieben Luftmaschen. Und rüber geht's an das andere Teil. Am Ende der Reihe arbeiten Sie zehn Maschen für die Schlaufe und zum Wenden, dann, zurück die Kante entlang, jeweils eine feste Masche und eine Luftmasche im Wechsel, dabei die festen Maschen in die Luftmaschen der Vorreihe stechen. In der dritten Reihe, die eigentlich eine Weiter-Reihe ist, weil Sie sie über die Brustteile nach oben führen, fertigen Sie zuerst zehn Luftmaschen für die Schlaufe und zum Wenden eine feste Masche, dann wieder abwechselnd in die Luftmaschen der Vorreihe und die Maschen der ersten Reihe stechen. Häkeln Sie genauso über das Mittelstückchen und weiter über das andere Brustteil, vernähen Sie am Ende das Garn. Und am Ende fertigen Sie genügend lange Schnüre aus Luftmaschen, die Sie direkt über den beiden Brustteilen beginnen lassen. Durch die Bindetechnik wird Ihr Dekolleté optimal in Szene gesetzt. Und mit zusätzlich aufgehäkelten Blüten wirkt das Ganze noch üppiger.

Nun kommt die Hose: Zuerst schlagen Sie 32 Luftmaschen an, dann häkeln Sie Stäbchen und wie gehabt zum Wenden stets drei Luftmaschen. 17 Reihen häkeln, dabei am Ende jeder Reihe zwei Maschen zusammenhäkeln = 15 Maschen. Es folgen zwei Reihen ohne Zu- oder Abnahme. Dann arbeiten sie gegengleich weiter: 17 Reihen = 32 Maschen: Dabei am Anfang jeder Reihe eine Masche zunehmen.

Zum Verbinden von Vorder- und Rückteil häkeln Sie je 20 Luftmaschen und drei Reihen Stäbchen über alle Maschen. Am Schluss wird das Gummi umhäkelt. Dafür benötigen Sie zwei Hosengummis für die Beinöffnungen und eines für die Hüfte. Schneiden Sie diese zu und verbinden Sie sie. Dann wird das Gummi ausreichend mit festen Maschen umhäkelt. Um das Gummi am Bikinihöschen zu befestigen, häkeln Sie um das Gummi herum je zwei bis drei feste Maschen in jede Masche der Vorreihe. Ist die Vorreihe eine Randmasche, wie bei dem Dreieck an der Beinöffnung, dann stechen Sie vier Mal in jede Randmasche ein.

Während Sie nun Masche um Masche häkeln, haben Sie genügend Zeit, über die Verschwendung derselben nachzudenken. Die Uhrzeit ist eine kulturgeschichtlich sehr junge Erfindung. Erst Ende des 19. Jahrhunderts setzte in den USA ein Prozess ein, der die Sychronisierung der Zeiten zum Ziel hatte, angetrieben von den Eisenbahngesellschaften und den Meteorologen, die für ihre Arbeit darauf angewiesen waren. Die synchronisierte, exakte Zeitmessung bildet die Grundlage für den ökonomischen Erfolg der früh industrialisierten Länder Westeuropas und Nordamerikas und wurde zu einem gewaltigen, weltumspannenden Kontrollinstrument, das *efficiency engineering* zum Maßstab der industriellen Produktion. Dazu maß man sämtliche Arbeitsprozesse, stellte für jeden Arbeitsschritt ein Zeitmaß fest, zog überflüssige Tätigkeiten wie Nasebohren, Kaffeetrinken, Quatschen, Nachziehen des Lippenstifts ab und kam schließlich auf ein Standardzeitmaß für die Herstellung eines Produkts.

Mit der Uhrzeit als Maßstab und Organisator des öffentlichen Lebens gewann aber auch die Disziplinargewalt eine neue Dimension: Durchs Ticken der Uhr und den Pausengong sprach auch die Stimme der Fabrikdirektion. Pünktlichkeit, Regelmäßigkeit, Ordnung wurden zu Kardinaltugenden. Zeit wurde Geld. Und Bummelanten Zeitverschwender. Wer sich der neuen Zeit unterwarf, die Uhr im Auge behielt und pünklich zur Arbeit erschien, wurde mit sozialem Aufstieg belohnt. Proteste gegen die neue Herrschaft der Uhrzeit im Namen einer natürlichen, menschlicheren Zeit konnten den Siegeszug der synchronisierten Uhrzeit nicht wirklich aufhalten.

Die Tatsache, dass ein solcher Umgang mit Zeit tief in unserem Unbewusstsein verankert ist, sollte jedoch nicht darüber hinwegtäuschen, dass global gesehen mehr Menschen nach einem ereignis- und prozessorientierten Rhythmus leben und über unsere Uhrzeitbesessenheit nur den Kopf schütteln können. »Auch die Zeit braucht Zeit«, sagt man in Afrika.

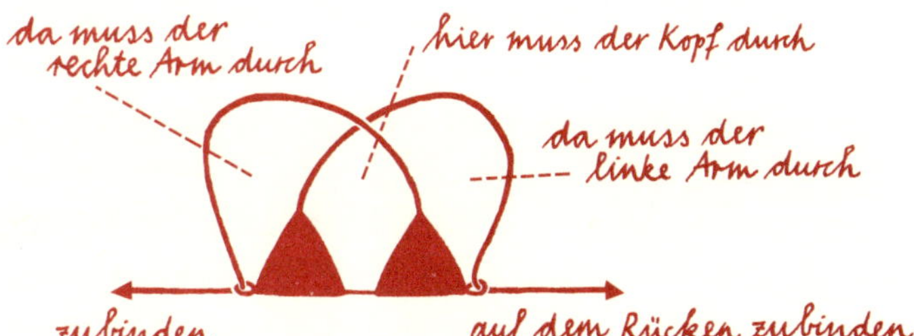

Lassen Sie also den Dingen ihren Lauf, nehmen Sie sich etwas von der Zeit. Aber genau das tun Sie glücklicherweise gerade. Sie häkeln, Sie denken vielleicht an Ihr süßes Baby. Und wissen nicht, dass dieses süße Ding ein Attentat auf Ihre Zeit darstellen wird. Während Sie noch einem letzten ununterbrochenen Handlungsbogen folgen, können Sie sich indessen darauf vorbereiten, dass Ihnen ein Bruch der Zeiterfahrung bevorsteht, der Sie an die Grenzen Ihrer intellektuellen und persönlichen Identität bringen wird. Sie meinen, das wird Ihnen nicht passieren, weil Sie wohlorganisiert sind und außerdem genau das wunderbar pflegeleichte Baby bekommen, das Sie verdienen? Wir sprechen uns wieder, wenn Sie zum ersten Mal beim Pinkeln Ihr Baby auf dem Schoß sitzen haben.

Höchstwahrscheinlich sind ununterbrochene Handlungsbögen noch eine solche Selbstverständlichkeit in Ihrem Leben, dass Sie noch nie näher darüber nachgedacht haben: Morgens bereiten Sie sich ein Frühstück zu. Im Büro wird zunächst die Post gelesen und beantwortet, bis Sie sich Ihrer eigentlichen Arbeit zuwenden. Auch den Zeitpunkt für den Aufbruch zum Mittagessen bestimmen Sie selbst – zumindest innerhalb eines bestimmten Zeitfensters. Sollten Sie am Abend dann ein Buch lesen, lesen Sie vermutlich so lange, bis Ihre Konzentration erlahmt oder Sie Lust auf ein Glas Bier verspüren, das Sie sich noch kurz vorm Zubettgehen gönnen.

Diese Art von Rhythmus ermöglicht es Ihnen, sich als Frühstückende, Arbeitende, Lesende, Denkende, Trinkende, Liebende zu erleben. Sie haben sich und Ihre Bedürfnisse mit der hier herrschenden Uhrzeit synchronisiert.

Wenn Sie ein Kleinkind betreuen, zerbricht dieser Rhythmus. Möchten Sie frühstücken, wacht das Kind auf und hat die Hosen voll. Wenn Sie ihre E-Mails beantworten wollen, krabbelt es zu Ihren Füßen und zerrt am Stromkabel. Während seines Mittagschläfchens wollten Sie eigentlich arbeiten, aber nun müssen Sie erst einmal die Küche aufräumen und Wäsche aufsammeln, die in der Wohnung verstreut ist. Am Abend schläft das Kind – vielleicht. Und Sie könnten sich überlegen, ein Buch zu lesen. Tatsächlich aber haben Sie seit drei Tagen nicht geduscht.

Sie haben verstanden: Wir erleben uns in unseren Handlungen und in den Früchten unserer Tätigkeit. Das permanente Unterbrochenwerden, das uns ein Kleinkind zumutet, untergräbt unsere Handlungsautonomie.

Dank Bikinihäkeln sind Sie zum Glück auf diese Situation vorbereitet. Sie haben über den Sinn von Zeit und die Notwendigkeit von Handlungsbögen nachgedacht. Sie haben Ihre erwachsenen Ziele und effizienten Planungen schon jetzt fahren lassen. Es wird Ihnen leichtfallen, sich auf die kindliche Bummelei und das sinnfreie Trödeln Ihres Babys einzustellen. Die Säuglingszeit geht schnell genug vorbei; dann haben Sie immer noch viele Jahre vor sich, in denen Sie sich effizient organisieren können.

Die Häkelei hat ihre Wirkung entfaltet. Ihr Bauch hat sich beruhigt, Ihr Geist auch. Sie werden pünktlich von einem wunderschönen Baby entbunden. Ihr Bikini ist nicht nur fertig, Sie hatten sogar noch die Zeit, ein passendes Höschen für das Kleine zu produzieren. Nun liegen Sie am Strand, Ihr Mann holt schon wieder einen Cocktail, und Sie folgen dem Rhythmus der wenigen Ereignisse und backen Sandkuchen.

Puppen machen

Sie sind Patentante Peggy. Ihr Patenkind Polly wird fünf und wünscht sich von Ihnen eine Barbie zum Geburtstag. Das stürzt Sie nun in Gewissenskonflikte, denn Sie sind natürlich gegen Barbie und wissen auch, dass die ökologisch engagierte Kindsmutter – Ihre beste Freundin – von diesem Verkaufsschlager ebenfalls nichts hält. Dunkel erinnern Sie sich an Ihre kulturkritisch-feministische Lektüre zum Thema: Das mit der Puppe spielende Mädchen spielt nicht bloß ein unschuldiges Spiel. Es ist ein Spiel mit sich selbst. Das Mädchen identifiziert sich mit der Puppe und entwirft in ihr sein zukünftiges Ich. Wenn nun aber diese Puppe ihm in Gestalt von Barbie ein völlig überzogenes Schönheitsideal vorspiegelt, wird hier der Grundstein für ein lebenslanges Gefühl des Mangels und Ungenügens gelegt, denn dem verzerrten Idealbild einer Barbie wird kein Mädchen je entsprechen.

Wollen Sie das Ihrem kleinen Patenkind antun? Und dann fällt Ihnen auch noch Cindy Jackson ein – die fleischgewordene Barbie. 38-mal ließ sie sich operieren, um ihrem Ideal ähnlicher zu werden. Dieses Schicksal wollen Sie Ihrem Patenkind ersparen. Andererseits will sie unbedingt eine Barbiepuppe, und haben Sie selbst nicht auch mit Barbies gespielt? Und – hat es Ihnen geschadet? Das wissen Sie eben nicht so genau.

Deshalb ist die beste Lösung, Sie machen Ihrem Patenkind eine Puppe – oder noch besser, Sie machen eine mit ihr zusammen, denn dann haben Sie beide eine wunderbare Zeit zusammen, und das ist sowieso das beste Geschenk, das man Kindern machen kann. Die Puppe wird am Ende zwar aussehen wie ein Pferd oder eine Ente, aber das ist egal: Da kann die Kleine ihren Playmobil-Cowboy draufsetzen.

Sie benötigen: einen schönen, griffigen Stoff, der nicht zu elastisch ist, Nadel und Faden, Füllmaterial wie zum Beispiel Zauberwolle, Stickgarn, vielleicht ein paar Knöpfe, ein bisschen Filz und Wollreste.

Nun setzen Sie sich mit der Kleinen an einen Tisch und überlegen gemeinsam, was für ein Tier sie gerne hätte. Das wird dann auf ein Blatt Papier gemalt. Dieses Tier wird ausgeschnitten, dabei lassen Sie alle kleinteiligen Dinge wie Ohren, Schwanz, Füße weg. Nur die großen runden Umrisse schneiden Sie aus. Legen Sie den Stoff rechts auf rechts zusammen. Das ausgeschnittene Papiertier kommt obendrauf und wird festgesteckt. Nun umfahren Sie die Umrisse mit Schneiderkreide oder der Kante eines Seifenstücks und geben dabei einen Zentimeter für die Naht zu. Schneiden Sie den Stoff aus, immer entlang der Markierung. Wenn das geschehen ist, nähen Sie an der Papierkante entlang. Mit einer Nähmaschine geht das blitzschnell; Sie können danach ins Kino gehen und Popcorn essen. Mit der Hand tut es ein einfacher Rückstich. Das dauert etwas länger, klappt aber genauso gut: Sechs- bis Siebenjährige können ihn schon ausführen. Eine Fünfjährige wird vielleicht ungeduldig.

Lassen Sie beim unteren Teil des Tiers eine drei Zentimeter große Lücke in der Naht. Durch diese wird der Stoff umgekrempelt. Mit dem Stiel eines Kochlöffels stopfen Sie dann die Zauberwolle in alle Ecken des Kuscheltiers, bis es schön prall ist. Das macht besonders viel Spaß, denn nun wird sich zeigen, ob das Pferd wie ein Pferd aussieht oder doch wie ein Kamel und ob die Giraffe vielleicht etwas Entenhaftes hat. Ist genügend Zauberwolle drin, sticheln Sie das kleine Loch zu. Nun kommen die entscheidenden Fragen: Was für Augen, was für einen Schwanz, welche Beine soll das Tier bekommen? Ein Pferd zum Beispiel kann einfache Kordelbeine haben oder welche aus geflochtener Wolle. Als Ohren nähen Sie ein paar Filzecken an. Die Augen können Sie aufsticken oder aus kleinen Knöpfen aufnähen. Den Gestaltungsmöglichkeiten ist keine Grenze gesetzt und das Vieh garantiert einmalig!

Konversation betreiben

Auch wenn sich der Verdacht aufdrängt, dass das Fach »Konversation« seinerzeit nichts als den Versuch darstellte, das Bestreben nach Bildung durch die Handreichung von Bildungs-Versatzstücken zu vereiteln, damit die jungen Frauen keine Fisimatenten anstellten à la »Ich will aber Ärztin oder Altphilologin werden« und stattdessen alle Fähigkeiten erwarben, ihrem Ehemann und dessen Gästen freundlich ums Maul zu streichen: Sogar vor diesem Hintergrund sollte man sich der Vorteile geschmeidigen Konversierens bewusst sein.

Nach wie vor nämlich ist die beste Unterhaltung die gute Unterhaltung, besser auf jeden Fall ist sie, als es der Ausdruck *small talk* je wird vermitteln können. Konversation kann umstandslos beginnen und nachhaltig wirken, sie fordert die Beteiligten zu höchsten emotionalen und intellektuellen Leistungen auf, sie kann allein über das gesprochene Wort eine geradezu erotische Nähe herstellen.

Wenn sie gelingt. Oft jedoch muss man einen hohen Preis dafür bezahlen. Konversation macht Sie womöglich müde. Sie zwingt Sie, mit verhassten Menschen zu sprechen. Sie kostet Sie furchtbare Anstrengung, weil nichts von dem, worüber Sie sprechen und was Sie sich anhören müssen, freundlich-fraulich lächelnd und empathisch, Sie wirklich interessiert.

Nun missversteht man damit allerdings auch das Wesen der Konversation, das in der gütigen Einverständnisnahme damit besteht, dass nicht zu allen Zeiten substanzielle Gespräche möglich sind. Hingegen sollte allezeit die Möglichkeit geschaffen werden, inhaltsreichen Gedanken Raum zu gewähren. Diese Schwebehaltung macht die Krux jeder Konversation aus; nach welcher Seite aber das Pendel ausschlägt, ist von den Beteiligten zu beeinflussen, von Ihnen also und Ihrem Gegenüber.

Für gewöhnlich werden an dieser Stelle jene Bereiche genannt, denen man sich beim Konversieren keinesfalls zuwenden sollte: Politik, Religion, Sex oder Krankheiten. Stattdessen solle man das Wetter zum Thema machen oder die jeweilige Anreise – »Hatten Sie eine gute Fahrt?« – »Ja, klar, bla bla ... nein, Stau, bla bla«. Schön und gut, aber tatsächlich bloß *small talk*, ein Jonglieren mit Stellvertreter-Themen. Das Maß wäre dieser Regel zufolge erreicht, wenn man etwa über religiöse Gründe für die Verbreitung von Aids in Afrika sprechen würde. Ein solches Themenverbot zu verhängen ist allerdings absurd. Und andererseits, bedenkt man etwa die in steter Frequenz durch die TV-Kanäle geblasenen Äußerungen der Fürstin von Thurn und Taxis, keineswegs ohne Sinn.

Der tiefere Sinn der Themenvermeidung liegt an anderer Stelle, und zwar in der Sorge darum, dem Gegenüber mit Urteilen und Wertungen zu nahe zu treten. Tatsächlich unterscheiden Sprachwissenschaftler zwischen Kulturen, in denen alles darauf angelegt ist, Distanz zu den Mitmenschen zu wahren und solchen, in denen gerade das Sehen und Wahrnehmen des Gegenübers geschätzt wird. In diesen Kulturen, zu denen wir auch die unsere zählen möchten, geht es nicht an, grußlos auseinanderzugehen oder im täglichen Miteinander Höflichkeit und Schmeichelei zu vermeiden. Das Gesicht des anderen – und Gesicht kommt nun einmal von »sehen« – will wahrgenommen sein, genauso, wie es selbst dazu dient, andere wahrzunehmen.

Es geht also um Interesse und Aufmerksamkeit. Nun haben Sie vielleicht gar kein Interesse, oder doch zumindest nicht an der Person, mit der Sie im Augenblick gezwungen sind, Konversation zu betreiben? Das möchten wir unbedingt bestreiten.

Denn sofern Sie nicht unter schwerer Depression leiden, sollten Sie permanent an irgendetwas interessiert sein: dem Design von Schreibtischlampen; dem neuen Freund Ihrer Nachbarin; der Literaturgeschichtsschreibung in der DDR; der Qualität des Kaschmirpullovers, den die Dame trägt, die Ihnen gerade beim Geschäftsessen gegenübersitzt.

Es kommt bei der Konversation darauf an, das, was Sie tatsächlich interessiert, mit dem zu verknüpfen, was Ihr Gegenüber anzubieten hat. Sie wollen sich ja nicht langweilen, und die beste Möglichkeit, dem zu entrinnen, besteht nun einmal darin, sich im Wortsinne unterhalten zu lassen. Wenn Ihnen eine Bademeisterin gegenübersitzt, fragen Sie also nach geretteten Nichtschwimmern, wenn Ihnen jemand erzählt, gerade eine Fortbildung zu besuchen, lassen Sie sich die Modalitäten nennen.

Überhaupt sind es Detailfragen, die, zurückhaltend formuliert, Ihrem Gegenüber besonders leicht die Zunge lösen. Betrachten Sie den Gesprächsfluss anderer deswegen nie als Zumutung, sondern als Beweis dafür, dass Sie alles richtig gemacht haben. Nur wer sich wohlfühlt, wird offen und ausführlich zu Ihnen sprechen – und schließlich Sie interessant finden. Das Kuriose am Interesse ist nämlich eine gewisse Objekt-Subjekt-Vertauschung: Interessant wirkt, wer interessiert ist.

Entsprechend sollten Sie auch Verbindungen zwischen Gesprächspartnern stiften. Überlegen Sie, was Person X mit Person Y gemeinsam hat. Ziehen Sie hervor, was Stoff für einen heiteren Einstieg bietet: »Dorothea, das ist Klaudia. Sie findet Goethe einen der größten Chauvinisten überhaupt. Ich habe ihr erst letzte Woche deine preisgekrönte ›Faust‹-Arbeit zu lesen gegeben.«

Grundsätzlich stimmt es Personen positiv, wahrgenommen zu werden. Denken Sie hier auch daran, dass gute Verkäufer niemals damit beginnen, ihre Ware anzupreisen, wenn Sie ihr Geschäft betreten, sondern als erstes Komplimente verteilen. »Das ist aber eine schöne Handtasche«, sagt Ihnen die Verkäuferin in der Edelboutique, und der Goldschmied lobt die Ohrringe, die Sie von Ihrer Großtante geerbt haben. Es nützt der Atmosphäre dagegen wenig, wenn Sie sich zu Dingen äußern, die Ihnen negativ aufgefallen sind. Das wird nur dann zu einem offenen Gespräch führen, wenn Sie die Balance zwischen Frotzelei und aufrichtigem Interesse geschickt zu halten wissen.

Nun gibt es natürlich trotz allem auch Probleme. Zum Beispiel Menschen, die zu viel reden oder die Sie unbedingt belehren wollen. Mit ihnen seien Sie geduldig. Betrachten Sie ihre Logorrhö als eine Art Krankheit. Außerdem wird auch dieser Kelch beziehungsweise dieses anstrengende Mittag- oder Abendessen an Ihnen vorübergehen. Dann wiederum gibt es störrische Gesprächspartner, die Sie spüren lassen, dass es ihnen zuwider ist, sich über Belanglosigkeiten auszutauschen. Diese Menschen haben nicht verstanden, dass es nichts schlechthin Belangloses gibt. Überdies scheinen sie in jener infantilen Phase gefangen, in der es galt, in jeder Situation aufrichtig zu sein und sich keinesfalls zu verbiegen. Dabei ist das Biegen und Beugen eine herrliche Sache – lassen Sie solche Menschen nach einer Weile der Prüfung und des guten Willens, den Sie ihnen gegenüber an den Tag legen, stehen. Sie sind nicht gezwungen, alle Schwachen und Kranken zu sich kommen zu lassen, mithin die Mühsal, die gesprächsfaule Menschen Ihnen aufladen, über einen längeren Zeitraum hinweg zu ertragen.

Das bedeutet andererseits nicht, dass Schweigepausen stets gefüllt werden müssen. Manchmal brauchen die Dinge ihre Zeit, wie bei einem Abendessen, für dessen Gelingen Sie alles getan haben und dessen Ausgang Sie dennoch nicht kontrollieren können. Lächeln Sie, warten Sie ab, was passiert. Lassen Sie, wenn Ihnen nicht danach ist, andere entscheiden, wie das Ganze gelöst werden soll.

Manchmal wird es geschehen, dass Sie mit Menschen *wirklich* nicht gut zurechtkommen, weil diese schwierige Gesprächspartner sind. Sie langweilen Sie mit ihren Ausführungen über den letzten Urlaub; sie stellen eine schreckliche Naivität zur Schau; sie merken nicht, dass Sie nur noch mit leiser Ironie auf ihre Worte reagieren. Hier können Sie nur mit Weltwissen reagieren, mit einer großen Freude daran, was es alles gibt im menschlichen Panoptikum. Blicken Sie aufmerksam auf die Situation. Lassen Sie Ihr Gegenüber weiterhin ins Messer rennen und dummes Zeug reden. Sammeln Sie, verwerten Sie das Gehörte innerlich, denken Sie an einen ersten Roman oder ein Drehbuch. Fühlen Sie sich überlegen.

Eine schöne Stimme bekommen

Egal, ob Sie mit der Freundin schnattern, ob Sie flirten oder einen Vortrag halten, das wichtigste Ausdrucksmedium ist Ihre Stimme. Sprechen ist ein gutes Beispiel dafür, wie eng Körper und Geist miteinander verwoben sind: Etwas wird gesagt, in einem bestimmten Tonfall, laut oder leise, knarzend oder gehaucht, piepsig oder im Brustton der Überzeugung. Eine keifende Stimme kann zur Belästigung werden, während eine angenehm schwingende für sich einnimmt; Babys beruhigen sich, wenn sie die Stimme der Mutter oder des Vaters hören; schöne Sätze, im richtigen Moment gesprochen, können das Leben verändern. Nur ein Bruchteil der Botschaft, die beim Zuhörenden ankommt, liegt in der Bedeutung der Worte selbst.

Die Stimme stellt eine unmittelbare Beziehung her. Das lässt sich konkret dort erfahren, wo man jemandem zuhört, der einen Frosch im Hals hat: Unwillkürlich möchte man sich räuspern, um diesen stimmlich-körperlichen Missstand abzuschütteln, obwohl es gar nicht der eigene ist. Im Idiom der Experten heißt dieses Phänomen »Übertragung«; es beschreibt das interaktive und suggestive Potenzial des Sprechens und der Stimme.

Betreiben Sie also ruhig ein wenig Stimmhygiene. Hören Sie beispielsweise auf, sich zu räuspern: Die Stimmbänder werden gereizt und produzieren nur noch mehr Schleim, der dann wieder reizt. Besser ist es, den Schleim durch einen kräftigen Hustenstoß zu lösen. Versuchen Sie auch, die Atemluft feucht zu halten; trockene Heizungsluft ist schlecht für die Stimme. Und atmen Sie durch die Nase. Die eingeatmete Luft sollte warm und feucht auf den Kehlkopf treffen, damit die Schleimhäute geschmeidig bleiben. Gut ist es im Zweifelsfall, mit Meersalz zu inhalieren und Salzpastillen zu lutschen. Weniger zu empfehlen sind ätherische Öle und Kamillendampfbäder, weil diese die Schleimhäute austrocknen.

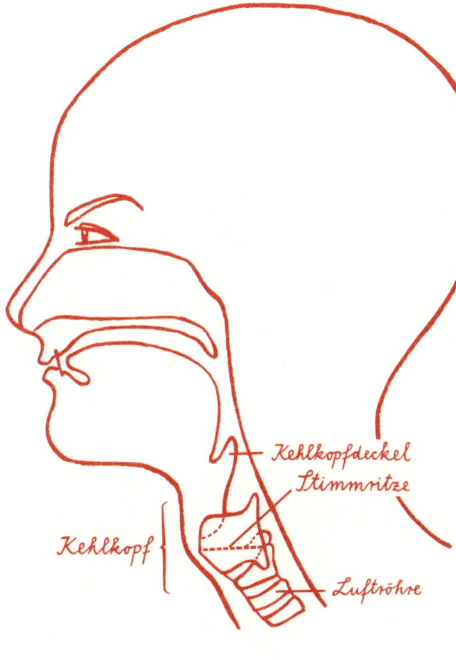

Die wichtigste Voraussetzung für schönes Sprechen ist indessen eine entspannte Atmung. Normalerweise liegt das Verhältnis von Einatmung und Ausatmung bei ungefähr 1 zu 1,5. Dazwischen gibt es eine Atempause. Beim Sprechen verschiebt sich das Verhältnis: Das Einatmen erfolgt schneller, die Phase des Ausatmens wird zugunsten des Sprechvorgangs länger. Unökonomisch und anstrengend wird die Sprechatmung dann, wenn sie zu stark von der Ruheatmung abweicht. Sprechphasen werden dann endlos lang, sodass alle Atemluft verbraucht ist, dann wird mit großem Druck und unter Einsatz der Brustkorbmuskulatur eingeatmet – nicht gut. Besser ist es, Sprechpausen zu machen.

Stellen Sie zunächst fest, wie Sie atmen. Dazu stehen oder sitzen Sie ganz locker und legen eine Hand auf den Brustkorb und eine auf den Bauch. An welcher Hand spüren Sie die Atembewegung deutlicher? An Brust oder Bauch? Die Atmung sollte in Bauch, Rücken und Flanken gehen. Legen Sie auch dort einmal Ihre Hände hin und stellen sich dann vor, Ihre Einatmung schiebt die Hände weg.

Wenn Sie genau wissen wollen, wo der Atem hinfließen soll, legen Sie sich flach auf den Bauch und lassen die Hände auf der Sitzfläche eines Stuhls ruhen, der vor Ihnen steht. Die Stirn liegt auf dem Boden. Spüren Sie nun, wie sich Rücken, Flanken und Bauch beim Atmen bewegen. Wenn Sie das eine Weile gemacht haben, drehen Sie sich auf den Rücken und legen ein schweres Buch auf den Bauch. Bewegt sich das Buch im Atemrhythmus auf und ab? Gut! Das Wichtigste ist, richtiges Atmen bewusst wahrzunehmen.

Die Lautbildung dann ist ein komplexes Geschehen, an dem sich der ganze Körper beteiligt. Ton und Tonhöhe entstehen im Kehlkopf. Die Stimmlippen im Inneren des Kehlkopfes bilden einen Spalt, durch den die ausgeatmete Luft strömt – wie wenn das Mundstück eines Luftballons auseinandergezogen wird, die Luft entweicht und sich ein quietschender Ton bildet. Um Töne und Klang zu erzeugen, bedarf es aber auch einer gewissen Körperspannung. Auch deshalb verrät die Stimme so viel über die innere Verfassung: Ein schlapper Körper wirkt sich anders auf Sprechen und Stimme aus als ein ausgeruhter, angenehm gespannter.

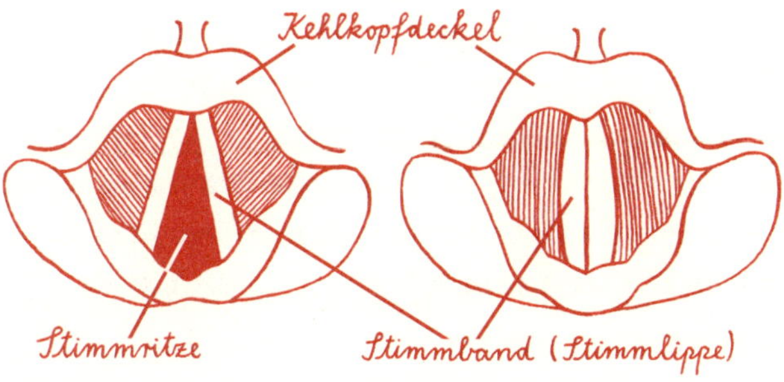

Ein schöne Stimme schöpft außerdem Ihr persönliches Potenzial aus. Sie liegt auf einer Tonhöhe, die Ihren Gegebenheiten adäquat ist. Der Profi spricht von der »konstitutionell begründeten mittleren Sprechstimmlage«. Bedingt durch die unterschiedliche Größe des Kehlkopfes und der Stimmlippe ist sie bei Männern und Frauen verschieden. Männliche Stimmen bewegen sich auf einer Frequenz zwischen 90 und 130, weibliche zwischen 190 und 250 Hertz. Eine lebendige Stimme bezieht ihre Variation dabei aus tiefen Brust- und hohen Kopftönen. Die meisten Menschen aber schöpfen ihr Potenzial gar nicht aus: Das typisch männliche Stimmdefizit besteht im zu tiefen Sprechen, bei dem die Stimme anfängt zu knarren. Typisch weiblich ist das zu hohe Sprechen – der Stimme fehlt der brustige Klang.

Die Stimmprobleme, die Menschen zur Stimmarbeit und in Sprech-Seminare treiben, sind vielfältig: zu leise, zu verhaucht, atemlos, zu hoch, zu gepresst. Oft ist es so, dass sich in bestimmten Situationen, zum Beispiel beim Sprechen vor größeren Gruppen, die damit verbundene Anspannung auf die Stimme überträgt. Die Arbeit an der Stimme, die solche Probleme lindern soll, kostet zwar Kraft und Selbstüberwindung, lohnt jedoch in jedem Fall; Stimmarbeit als körperliche Erfahrung berührt und verändert auch die mentale und psychische Verfassung. Bis Sie den richtigen Workshop gefunden haben, können Sie aber schon einmal anfangen, die Ohren zu spitzen: Hören Sie hin, wie jemand spricht. Was schwingt da mit? Ein Brustton der Überzeugung oder ein leichtes Zittern der Unsicherheit?

Um Ihre eigene gesunde Stimmlage zu finden, stellen Sie sich locker hin und klopfen mit den Fäusten auf Ihren Brustkorb. Dadurch geraten die Stimmlippen ins Vibrieren. Nun beginnen Sie auf »mhm« zu summen. Setzen Sie mit dem Klopfen aus, lauschen Sie weiter auf Ihr Summen und setzen Sie dann wieder ein. Hören Sie den Unterschied? Durch das Klopfen entspannen sich die Stimmlippen und das »mhm« rutscht in eine Tonhöhe, die Ihrer mittleren Stimmlage nah ist.

Wenn Sie das eine Weile gemacht haben, machen Sie mit geschlossenem Mund Kaubewegungen. Denken Sie an etwas besonders Schmackhaftes und setzen Sie wieder mit dem »mhm« ein. Wenn Sie sich gut eingekaut und gesummt haben, hängen Sie an das »mhm« verschiedene Vokale an: o, u, i – immer schön weiter kauen. Legen Sie die kleinen Finger an die Nasenflügel. Sie können die Vibration spüren. Drücken Sie die Nase zu: Der Ton ist schlagartig weg. Das zeigt aber auch, dass der Ton genau dort sitzt, wo er soll, nämlich vorne in der Nase.

Stimme ist indessen auch ein kulturelles Phänomen. Das zeigt sich insbesondere beim Geschlechterspiel. Wenn Sie einmal in einer amerikanischen Hausfrauenrunde gesessen haben, wissen Sie, was gemeint ist: Das Tonhöhen- und Gestikulationsniveau ist ein anderes. Auch sind die Stimmen der Frauen in den letzten 30 Jahren tiefer geworden, was mit großer Wahrscheinlichkeit daran liegt, dass die Kleinmädchenstimme durch Emanzipationsbewegung und Berufstätigkeit weniger positives Feedback erfährt als zuvor.

Ein Klassiker der linguistischen Geschlechterforschung ist das Phänomen »Frageintonation«. Es handelt sich dabei um eine Gestaltung der Satzmelodie, die statt einer Aussage eine Frage anzeigt, sodass es sich am Ende anhört, als sei die Befragte sich selbst nicht so ganz sicher:

»Woher kommst du eigentlich?«

»Aus Wuppertal?«

Gerade wenn Frauen so sprechen, entsteht der Eindruck, dass sie sich permanent infrage stellen und die Bestätigung ihres Gesprächspartners suchen. Außerdem treibt es die mittlere

Sprechstimmlage in die Höhe, was unphysiologisch und anstrengend ist. Und das Frauenbild, das auf diese Weise transportiert wird, bedarf sowieso keiner weiteren Diskussion.

Doch auch die entgegengesetzte Empfehlung, nämlich besonders tief und rauchig zu sprechen, weil das erotisch sei, ist Unsinn. Bei der Schlafzimmerstimme liegt Luft im Ton, weil die Stimmlippen nicht vollständig geschlossen sind. Wenn man dann auch noch eher monoton spricht, klingt das eher schwachsinnig als erotisch. Auch die sexy wirkende Stimme muss eine klangvolle sein, eine, bei der Brust- und Kopftöne mitschwingen. Um sie auf diese Weise einzufärben, ist es besser, Ereignisse gedanklich vorwegzunehmen: Die innere Präsenz der erotischen Spannung teilt sich dem anderen über die Stimme mit.

Der richtige Gebrauch Ihrer Stimme nützt Ihnen aber auch beim lautstarken Streit mit einem männlichen Partner. Frauentypisch ist das hysterische Umkippen der Stimme aufgrund des geringeren Bruststimmanteils – daran können Sie arbeiten. Natürlich hat nicht Recht, wer lauter brüllt. Aber manchmal muss man eben laut werden, und dann ist es unvorteilhaft, wenn die Stimme versagt.

Dichten

Gedichte eignen sich hervorragend für das Gründeln in Gefühlen. Mit dem Dichten kann man sich zudem in eine Reihe großer Frauen stellen; denken Sie nur an Annette von Droste-Hülshoff, Ingeborg Bachmann oder Friederike Mayröcker, notfalls sogar an die 1955 geborene Kristiane Allert-Wybranietz:

Einsamkeit, negativ

Musikgesprächsrauschschwadenstimmung,
viele Menschen laufen
nebeneinander her
allein
inmitten vieler.

Allert-Wybranietz begründete ihren Ruhm mit der Vertriebsmethode des Gedichte-Umsonst-Weggebens, wie sich Gedichte überhaupt hervorragend als Geschenke machen, mithin günstige Alternativen zu Schmeichelsteinen, Wohlfühltees oder Geburtstagsbriefen mit aufgeklebten Schokomarienkäfern darstellen. Auch Sie werden Frauen kennen, die in unmöglichen Momenten hinter sich greifen, um ein liebevoll präpariertes Geschenk hervorziehen. Manche von ihnen sammeln das ganze

Jahr über Geschenke, mit denen sie dann die Umwelt beschämen. Ihnen können Sie es jetzt mit einem selbstverfassten Gedicht zeigen.

Gedichte sind garantiert unverwechselbar. Ein Loblied lässt sich mit ihnen ebenso gut singen wie sich zwischen den Verszeilen Häme anbringen lässt. Ein weiterer Vorzug besteht darin, dass Gedichte nicht mehr als ein paar Stunden Zeit kosten sowie die Anschaffung eines Reimwörterbuchs, das Sie sich an die Seite legen, während Sie Gedanken zu der zu bedichtenden Person oder Sache sammeln.

Leider kann das Dichten auch misslingen. Ein Blick in die Familienanzeigen der Lokalzeitung reicht, um den größten Fehler zu identifizieren, den moderne Poeten machen können: Sie verwechseln das Dichten mit dem Reimen. Lyrikerinnen wie die Erich-Fried-Preisträgerin Brigitte Oleschinski hingegen entziehen sich dem Reim gleich ganz und schreiben frei: »das Gras / läuft überland, hügelan, hügelab, wird Reis / und Tee und wieder Gras –«. Solcherart Dichten können Sie natürlich auch pflegen. Doch weil es viel schwieriger ist, den Umgang mit Metaphern und einer frei dahinströmenden, dennoch fein gebundenen Sprache zu erlernen, als ordentliche Zeilen und Reime aufzusetzen, sollten Sie lieber ein wenig weiter unten anfangen und sich zunächst am Sonett und am Distichon erproben.

Das mag hart erscheinen, gelten doch beide Formen als streng. Allerdings verspricht gerade das Spaß. Die Formen sagen Ihnen, wo Sie Ihre Reime setzen müssen, wie viele Silben Sie verwenden dürfen und wo Sie die Moral von der Geschicht' platzieren. Nehmen wir nur das Sonett in der Shakespeare'schen Form: zwölf

Zeilen in Viererpäckchen im Kreuzreim, dazu ein Zeilenpärchen, in dem man das bisher Gesagte noch einmal zusammenfassen oder neu bespiegeln kann.

Die Reimform lautet abab cdcd efef gg. Für die einzelnen Zeilen brauchen Sie jeweils fünf Betonungen innerhalb der Zeile. Angenehm ist es zudem, die Zeilen immer auftaktig beginnen zu lassen, weil das besser klingt als ein stumpfer volltaktiger Beginn.

Nehmen wir an, Sie möchten für Ihren Bekannten ein Sonett schreiben. Ludwig ist Single, er hat grüne Augen und Übergewicht, er spricht etwas eigentümlich, findet Hühnerbücher entsetzlich, liest aber gern dicke historische Romane und denkt schon seit einiger Zeit darüber nach, seinen Beruf als Informatiker aufzugeben und eine Weiterbildung zum Heilpraktiker zu machen. Zudem vermuten Sie, dass er im Internet nach einer Freundin sucht. Das finden Sie richtig: Soll der Junge endlich mal zu Potte kommen mit seinen Laufbahn- und Privatwünschen. Sammeln Sie solche Details und teilen Sie Ihre Zeilen entsprechend auf: ein Vierzeiler fürs Aussehen, einer für die Gewohnheiten, einer für die heimlichen Wünsche, schließlich Ihr Senf dazu.

Achten Sie schon beim ersten Zeilenquartett darauf, dass die Silbenzahl der einzelnen Wörter nicht genau jener der Nachbarzeilen entspricht, sonst klappert und leiert es. Und lassen Sie Ihre Gedanken auf der Suche nach ungewöhnlichen Wendungen frei schweifen. Notfalls nehmen Sie ein Synonymwörterbuch zur Hilfe; schließlich wollen Sie ein Sonett und kein Arbeitszeugnis schreiben.

Dicker Echsen grüne Augen glänzen,
Testosteron bewirkt das schöne Haar,
Beim Fernsehen lässt es sich gut schlenzen
Und Schrulligkeit durchzieht sein Vokabular.

Das kann aber noch besser werden. Die letzte Zeile rumpelt. Das Wort »schlenzen« heißt nicht »ausruhen«, sondern eher »schleudern«. Vor allem aber sind die Wörter nicht genügend poetisch. Außerdem könnte Ludwig sich schon fast beleidigt fühlen. Versuchen wir es mit ein wenig mehr Charme:

Wilder Echsen grüne Augen glänzen
Und drüber schopft sich herrlich schönes Haar,
Beim Fernsehen übt Ludwig Faulenzen
Und sammelt Schrullen fürs Vokabular.

Das wiederum ist geschichtsklitternd. Ludwig hat seine Schrullen schließlich von seiner Mutter. Außerdem sind die Silbenbetonungen in der dritten Zeile falsch. Aber wir üben noch. Das zweite Quartett geht schon etwas flüssiger, ebenso das dritte:

Obwohl ein Muttersohn, beliebt er gar nicht,
Sich Frauenliebesschnulzen durchzulesen.
Er klettert lieber ins Historiendickicht
Als sich durch Hühnerbücher durchzufräsen.
Indessen, vierzig bald, plant Ludwig doch,
Die kalten Zahlen gänzlich aufzugeben

Für eine zarte neue Volte noch –
das Heilen und das Liebe-Leben.

Auch diese Zeilen kann man kritisieren. Schön wäre es zum Beispiel, die kurzen Wörter in den letzten Zeilen durch mehrsilbige zu ersetzen. Wir fügen außerdem noch schnell einen Zeilensprung ein:

Indessen, vierzig nun, denkt Ludwig doch
Daran, die schnöden Zahlen aufzugeben
Zugunsten zweier neuer Volten noch –
Der Kugelheilkunst und des Herzens Beben.

»Herzens Beben«, schreibt kein Mensch mehr. Außer uns. Aber die Zeit drängt. Und jetzt fehlt bloß noch eine abschließende Sentenz, in der Sie mit Adlerblick auf Ludwigs Situation sehen:

Gut, dass so gern er vorm Computer sitzt.
Amor auch virtuell die Pfeile spitzt.

Ein bisschen schlicht. Versuchen wir es etwas überheblicher, zugleich auffälliger:

Gefragt sei bloß: Wo ist dies Weib zu finden,
Ihn in des Lebens Ganzheit zu entbinden?

Oder, mit leicht genervtem Unterton:

Mensch, Ludwig, mach mal hinne, sonst wird nie
Aus Deinen Träumen mehr als Fantasie.

Der Venusfliegenfalle hingegen, die wir Ludwig statt eines Rosenstrauches überreichen, könnten wir gut ein Distichon beigeben. Das Distichon ist eine Form, die aus nur zwei Zeilen besteht. Das Ausfüllen ist heikel, doch spart man sich dafür die Einfügung eines Reimes. Die Zeilen des Distichons sind sechshebig, die zweite hat einen markanten Schnitt in der Mitte. Sie könnten für Ihr Geburtstagsmitbringsel begleitend dichten:

Was ein gewöhnliches Sträußlein platt durch die Blume Dir sagte,
Meint dies hier mit offener Klappe; stille schon wissend ums Glück.

Oder, wenn es doch bei einem normalen Blumenstrauß bleiben soll:

In des Stadtgartens Schatten rankten sehr üppige Rosen,
Die auf dem Markt waren dünner; von Herzen sind aber auch sie.

Leider ist es gar nicht so einfach, den einem Distichon angemessenen hohen Ton zu erreichen und zu wahren.

Schwenken wir daher um und versuchen uns an Poesiealbumdichtung. Seit Jahrzehnten, wenn nicht seit Jahrhunderten unter Mädchen in Umlauf, gibt diese sich moralisch besonders wertvoll und ist daher des Umarbeitens unbedingt würdig. Umschreiben kostet zudem viel weniger Mühe als das Aufsetzen eines neuen Gedichtes; schließlich muss man nur auf die passenden Schwerpunkte und Reime achten und darf ansonsten tun, was man will: »Bleib wahr und gerecht, unschuldig und rein«, heißt es in einer bald zweihundert Jahre alten Quelle, »sei gütig und fromm, flieh Lügen und Schein; / so ziert dich die sittliche Milde.«

Dichten Sie um:

Bleib frisch und gewandt, gelassen und frei,
Sei ruhig und mach nicht in Arschkriecherei;
So ziert dich echt weibliche *coolness*.

Oder:

Sei wie das Veilchen im Moose,
Bescheiden, sittsam und rein,
Nicht wie die stolze Rose,
Die immer bewundert will sein.

Sei wie das Springkraut am Wegrand,
Das gern auch mal explodiert,
Nicht wie das blöde Veilchen,
Das stumm alles akzeptiert.

Schönschreiben

Die vornehmste Aufgabe eines Buchstabens besteht darin, lesbar zu sein. Schön soll er auch noch aussehen. Eng hängt das Thema der Handschrift daher mit anderen Themen zusammen, dem der Schönheit beispielsweise oder dem der schriftlichen Gattungen: Ein Brief zum Beispiel entfaltet besondere Wirkung, wenn er handgeschrieben ist.

Unsere Handschrift beruht im Wesentlichen auf der Schrift, die wir in der Schule gelernt haben, und trotz aller Bemühungen, die die Früherziehung in Sachen »termingerechte Gewöhnung an Computerarbeit« unternimmt, werden auch heutige Fünf- oder Sechsjährige noch darin unterwiesen, einen Stift zur Hand zu nehmen und Spazierstöcke, Kreise und Schlaufen zu ziehen. Nach dieser ersten Phase des Schreibenlernens kommen die wenigsten Menschen dazu, sich eine weitere Handschrift beizubringen; die in der Schule erworbene Ausgangsschrift bleibt das Modell für alle späteren Schönheiten und Zumutungen unserer Schreibweise.

Die Schulausgangsschrift selbst geht historisch auf die italienische Renaissance-Kursive zurück, die ein wenig gezierter anmutet, nicht zuletzt wegen des anderen Werkzeugs, das man seinerzeit verwendete. Früher schrieb man mit breit geschnittener Gänsefeder, heute dagegen nutzen die meisten von uns eine

Kugelspitzfeder, wie sie an modernen Füllhaltern sitzt. Ihr verdankt sich das schlichtere, klarere Aussehen der Schulausgangsschrift.

Der ärgste Feind der schönen Handschrift hingegen besteht nicht nur in einigen bewegungsmäßigen Untugenden, zum Beispiel im grobmotorischen Hämmern auf allerlei Tastaturen oder in der Reduktion des Schriftbilds auf quasi-druckschriftliches Aussehen. Noch mehr Gewicht hat das verwendete Schreibgerät. Schon die Kugelspitzfeder eines gewöhnlichen Füllhalters macht es nahezu unmöglich, zwischen feineren und fetteren Strichen zu unterscheiden. Allerdings zwingt der Widerstand, den sie der schreibenden Hand auferlegt, immerhin noch zu etwas Disziplin. Den wahren Zerstörer alles Wahren, Guten, typisch Handgeschriebenen sehen Kalligrafen aber im Kugelschreiber. Weil der Kugelschreiber der Hand keine »Schiene« bietet – auf einer Kugel balanciert es sich nun einmal schlecht. Der Kuli lässt sich widerstandslos in jede Richtung ziehen, mehr noch, er scheint ganz von selbst in jede Richtung zu rutschen. Außerdem schmiert er schnell, was wahrscheinlich daran liegt, dass die Tinte dickflüssig ist und in einem Röhrchen sitzt, das nur mit einem Bällchen verschlossen ist.

Besser scheint es, sich ein paar von jenen Widerständen zu bewahren, die das Schreiben mit der Hand seit jeher begleiten. Eine schöne Schrift hat

viel mit Disziplin zu tun. Am besten wäre es daher, wenn Sie auf dem Weg zur Schönschrift mit etwas schrofferem Papier begännen, das Ihnen mehr Führung und Kontrolle bietet als überglattes, plastikähnliches Material. Auch sollten Sie sich ein Schreibgerät mit leichter Breitfeder beschaffen. Der wechselnde Strich verleiht einen Kontrast, der Ihre Buchstabenbilder bereichern wird und zum besseren Verständnis der Schrift beiträgt. Möchten Sie später, nach etwas Übung, einen noch größeren Effekt erzeugen, wählen Sie eine besonders breit geschnittene Feder.

Die Kultiviertheit eines Schriftbildes ergibt sich derweil vor allem aus seinem Gleichmaß. Achten Sie deshalb nicht nur auf den Neigungsgrad Ihrer Schrift oder auf gleichartig verlaufende Ober- und Unterlängen, sondern auch auf die Weißräume: Buchstaben-, Wort und Zeilenabstände, die komplett eingeschlossenen Formen und jene, die sich erst schließen würden, wenn man sich eine Linie unter der Zeile hinzudenkt, wie beim m zum Beispiel. Für Anmut und Lesbarkeit Ihrer Schrift sind diese weißen Gegenformen wichtiger noch als die Striche selbst. Wie zu viele weiße Stellen, so stören auch »schwarze«, solche also, an denen Sie zu dick oder zu eng aufgetragen haben.

Entscheiden Sie sich auch dafür, einzelne Buchstaben stets gleich zu formen. Es tut nichts zur Sache, ob Sie dabei eigenwillig werden; es gibt keine Regeln dafür, ob Sie die Schlaufe vom großen oder kleinen g schließen, wie Sie Ihr z gestalten oder wie viele Buchstaben pro Wort Sie miteinander verbinden. Doch wird es Ihrer Schrift nicht stehen, wenn Sie mehr als ein oder zwei Varianten pro Buchstabe verwenden.

Wichtig ist, dass jeder einzelne Buchstabe eindeutig identifizierbar bleibt. Keinesfalls aber wollen wir Ihnen empfehlen, sich dies per unendlicher Wiederholung anzutrainieren. Erstens reihen Sie in Ihren Texten nicht einzelne a aneinander, sondern komplette Wörter. Zweitens wäre es kinderleicht, gleiche Buchstaben hintereinanderzusetzen. Die Herausforderung beginnt, wenn Sie verschiedene Elemente zu einem großen, gleichmäßigen Muster zusammenfügen, ohne dass die Form der einzelnen Elemente darunter leidet. Drittens aber wird es Ihnen in besonderem Maße helfen, sich alte Kursivschriften anzusehen und, etwa beim a, festzustellen, dass der umschlossene Binnenraum hier keineswegs rund ist, auch nicht gleichmäßig oval, sondern eine ganz eigene, schräg gelegte Form bildet. Schauen Sie viel, schreiben Sie viel. So lernen Sie die Schrift auf die natürlichste Weise kennen.

Ideal fürs Schönschreiben ist eine gute Balance zwischen Leichtigkeit und Können. Beginnen Sie zu schnell und zu gelassen, sieht das Geschriebene schludrig aus. Verkrampfen Sie, wird Ihre Schrift ebenfalls wunderlich wirken: Manchen Schriften sieht man an, dass sie mit stockender Hand geschrieben wurden. Andere nehmen gerade wegen ihres Schwungs für sich ein. Lassen Sie Ihrem Schreiben also freien Lauf.

Nun planen Sie vielleicht, sich ein eigenes handschriftliches Monogramm zu entwerfen. Das ist gar nicht so einfach. Übergeben Sie diese Aufgabe am besten einem Profi. Sie werden staunen, was sich aus den Anfangsbuchstaben Ihres Namens machen lässt. In einer guten Handsatzdruckerei wird man das Monogramm dann auf Ihren persönlichen Drucksachen anzubringen wissen. Reizvoll aber ist auch die Verbindung, die sich an dieser Stelle zwischen dem Schreiben und der Nadelmalerei ziehen lässt.

Ihre neu erworbenen Schönschrift-Fähigkeiten können Sie nämlich auch in den Dienst des Personalisierens von Wäschestücken stellen. Das Sticken legt Ihnen allerdings von selbst Steine in den Weg; ein zu kunstvolles Monogramm verbietet sich beim Handarbeiten. Sie dürfen also schlicht bleiben, und deswegen können Sie sich hier auch ohne Weiteres selbst versuchen. Der Rückstich ist die geeignete Technik; mit der einheitlichen Breite der Linien entspricht er am ehesten dem Effekt, den die Kugelspitzfeder schafft.

Probieren Sie sich zunächst darin, Ihre Initialen miteinander zu verschränken. Kein Buchstabe soll unter der Nähe des anderen leiden; bei aller Ornamenthaftigkeit darf die Verschränkung nicht zulasten der Lesbarkeit gehen. Sie können sich zum Beispiel dafür entscheiden, einen Buchstaben etwas größer als den anderen zu gestalten. Vermeiden Sie es, fette Balken zu kreuzen, jene Teile der Buchstaben also, die beim Gebrauch einer Breitfeder einen breiten Strich bekommen. Schöner sieht es aus, wenn Sie schlanke Linien übereinanderlegen oder eine schlanke über eine fette laufen lassen. Achten Sie auch darauf, knappe Überlappungen zu meiden, weil das schnell aussieht wie ein Fehler. Wo sich Linien tatsächlich kreuzen, sollten Sie es möglichst im rechten Winkel tun. Legen Sie einzelne Elemente zusammen, wenn es sich ergibt, etwa dort, wo Buchstaben einen Schaft haben wie das K, das R, das B oder T: Hier können Sie zwei Buchstaben an derselben Linie teilhaben lassen. Sollte Ihnen all das schwerfallen, besinnen Sie sich auf das Nächstliegende und stellen Sie Ihre Buchstaben einfach nebeneinander – »Monogramm« bedeutet nicht zwangsläufig »verschlungen«. Das fertige Monogramm übertragen Sie mit einem wasserlöslichen Stift auf den zu bestickenden Stoff, ziehen die Linien mit Nadel und Faden nach und werden noch während der Arbeit darüber nachdenken wollen, wie und für wen Sie das nächste Monogramm gestalten.

Ein Instrument lernen

Als höhere Tochter des 19. Jahrhunderts hätten Sie das Klavierspielen erlernen müssen, allein schon, um als Kandidatin auf dem Heiratsmarkt zu bestehen. Heute wollen Sie vielleicht gar nicht heiraten. Oder Sie sitzen längst am Klavier und fragen sich eher, ob der Mann, den Sie gerade kennenlernen, überhaupt gut genug Saxofon, Violoncello oder Blockflöte spielt, um als Duopartner für Sie infrage zu kommen. Oder Sie sinnen auch ganz ohne Mann seit Längerem darüber nach, ein Instrument zu erlernen. Welches aber darf es sein? Wenn Sie die Tradition lieben, also ganz und gar weiblich vorgehen möchten, wählen Sie die Querflöte, die Harfe oder die Geige, am besten aber das Klavier, weil es selbstgenügsam ist, zugleich Pracht und Glanz entfalten kann. Sie können sich natürlich auch für die Tuba, den Kontrabass oder das Dirigieren eines ganzen Orchesters entscheiden: typische Männerdomänen.

Tatsächlich lässt sich schon anhand der Besetzung von Orchestern und mit Blick auf Musikschulen und Musikhochschulen feststellen, dass es eine geschlechtsspezifische Instrumentenwahl gibt. Dies wird besonders dort prekär, wo Männerorchester ausnahmsweise einmal Frauen brauchen, weil sie für die Bedienung bestimmter Instrumente – etwa der Harfe – keinen Geschlechtsgenossen finden.

Ihnen soll alles offenstehen. Gehen Sie zu Anfang allein nach dem Lustprinzip vor. Die einen mögen den sonoren Klang einer Bratsche, anderen tut es die Klarinette an. In diesem Stadium ist es nicht von Belang, ob Sie sich die Anschaffung eines Instrumentes leisten können. Es stimmt zwar, dass eine exzellente Geige so viel wie ein Eigenheim kosten kann, und sicherlich bedeutet auch der Besitz einer Flöte aus reinem Gold eine finanzielle Belastung. Doch Sie können immer auch zu preiswerten Alternativen greifen.

Lassen Sie sich ausführlich beraten: Als Anfängerin sind Sie darauf angewiesen, dass Ihr Instrument es Ihnen leicht macht. Trotzdem wäre es verfehlt, von Anfang an riesige Summen in teure, hochsensible Instrumente zu investieren. Viele Ausbildungsinstitute und Musikalienläden bieten deswegen Leihinstrumente an, wie Sie überhaupt in dieser oder jener Schule oder bei privaten Lehrern und Lehrerinnen jederzeit Probestunden nehmen können. Es ist wichtig, dass Sie in Ihrer Nähe eine Person finden, mit der Sie gut auskommen, der Sie vertrauen und die Sie auch bezahlen können.

Verschaffen Sie sich früh eine Vorstellung davon, wie leicht oder schwer ein Instrument zu spielen ist. Bei einigen müssen wir nämlich ein knochenhartes Vorurteil bestätigen: sehr schwierig für Erwachsene. Zu diesen Instrumenten gehört etwa die Geige. Vierjährige mögen gut damit zurechtkommen, für ein oder zwei Jahre nur kratzige Töne hervorzubringen – als erwachsene Frau fällt Ihnen dies vermutlich schwerer. Bedenken Sie auch, wie viel Zeit Sie in das Üben investieren können. Es nützt nichts, wenn Sie sich wöchentlich nur einmal mit Ihrem neuen Hobby beschäftigen; stellen Sie sich lieber auf viele Stunden ein, die Sie wöchentlich beim Üben verbringen, mindestens aber eine Viertelstunde oder zwanzig Minuten täglich.

Es wird vermutlich ein wenig dauern, bis Sie etwas Richtiges spielen können. Einerseits kommt es darauf an, wie begabt Sie sind und wie geschickt Sie sich anstellen. Vielleicht können Sie bereits nach kürzester Zeit Stücke spielen, ohne dass Sie lange dafür üben mussten. Andererseits machen es Ihnen manche Instrumente leicht. Wenn Sie sich beispielsweise für das Fagott entscheiden, können Sie damit rechnen, bereits nach einem Jahr fürs Orchesterspiel fit zu sein.

Zur Spielbarkeit gehört auch die Frage, wie viel Repertoire es für einzelne Instrumente gibt. Wenn Sie sich für die Barockposaune entscheiden, haben Sie weniger Auswahl als beim Klavier, wo es Ozeane von Literatur aller Zeiten, Stillagen und Schwierigkeitsgrade gibt. Auch die Kompatibilität mit anderen Instrumenten sollte Ihnen wichtig sein. Das Klavier können Sie zwar gut und gerne allein bespielen, ebenso ein Akkordeon oder eine Orgel. Doch wenn Sie eine Triangel geschenkt bekommen, haben Sie wohl erst dann Spaß daran, wenn Sie in ein Orchester gehen. Außerdem klingt es besser, mit anderen zusammenzuspielen. Das Ensemblespiel verfälscht Ihr Können positiv: Ein Dutzend kratziger Geigen, die zusammenspielen, kann aus sonderbaren Gründen weich wie Engelsgesang klingen; im Orchester geht der Klang einzelner Instrumente eben nicht nur auf, sondern glücklicherweise auch manchmal verloren.

Denken Sie schließlich darüber nach, wie Sie aussehen möchten bei Ihrer neuen Lieblingsbeschäftigung. Dieser Aspekt geht weit darüber hinaus, dass sie sich elegant ans Klavier setzen, das Cello zwischen die gespreizten Beine klemmen müssen und beim Tubaspiel recht robust aussehen werden. Sind Sie Links- oder Rechtshänderin? Würden Sie unter der Last eines Kontrafagotts zusammenbrechen? Haben Sie die Transportmöglichkeiten für ein Violoncello? Im Falle von Blasinstrumenten müssen Sie sich zudem jede Verwendung von Lippenstift abschminken; wenn Sie Harfe oder Klavier spielen wollen, sollten Sie Ihre Vorliebe für künstliche Nägel hinter sich lassen; nach einigen Jahren des täglich stundenlangen Spiels auf der Geige werden Sie einen Geigerfleck bekommen, eine knutschfleckartige Verfärbung an der linken Seite des Halses.

Aber ein bisschen Schwund ist immer. Dafür gewinnen Sie viel. Ein Instrument zu spielen entspannt und fordert zugleich. Es erweitert die Sinne, verschafft Zugang zu Ensembles und Orchestern und lässt Sie in Kontakt mit Kunst kommen.

Wenn Sie sich all das trotzdem nicht zutrauen und allen Unwägbarkeiten aus dem Weg gehen möchten, versuchen Sie es doch einmal mit dem Chorsingen. An die Stelle von Gesangsunterricht, den Sie ganz allein nehmen, kann es zwar nicht treten. Aber das Chorsingen ist preiswert und verhilft Ihnen zudem zu einem guten Körpergefühl, es öffnet die Atem- und Resonanzräume und schult Ihren Stimmapparat.

Einen Blog anlegen

Der Begriff »Weblog« setzt sich zusammen aus *Web* und *Logbuch*. Es handelt sich also um ein interaktives Tagebuch, ein persönliches Online-Journal. Wenn man so ein Weblog hat und dort regelmäßig etwas hineinschreibt, *bloggt* man – das Verb ist ein hoch gehandelter Kandidat für den Duden. Wie bei allen Kommunikationsmedien hängt die Qualität der Kommunikation primär von den Kommunikatorinnen ab. Von total trivial zu interessant, von extrem blöd bis zu investigativ ist alles möglich.

Ein Blog kann sich um Intimes oder Allgemeines drehen. Eine Chinesin, die ihrem Sexleben einen Blog widmete, hatte Millionen von Besuchern und erlangte auf diese Weise eine gewisse Berühmtheit. Es gibt auch thematische Blogs, zum Beispiel BILD-blog oder NPDblog. Dort werden Artikel, Diskussionen und Kommentare zu dem jeweiligen Themenfeld gesammelt, archiviert und – häufig kritisch – diskutiert. Ein Blog erscheint mit dem jeweils aktuellen Artikel oder Tagebucheintrag, der mit Datum versehen ist. Ältere Artikel werden gespeichert und können im Archiv eingesehen werden, außerdem finden sich Kommentare zu dem jeweils aktuellen Artikel. Jede und jeder kann einen

Kommentar zu dem Artikel abgeben; der Bloginhaber kann aber darüber entscheiden, ob der Kommentar in seinem Blog veröffentlicht wird. Viele Blogger bieten auch eine Linkliste, die zu befreundeten und thematisch verwandten Blogs führt.

Es ist verhältnismäßig einfach, ein Weblog anzulegen: Sie geben bei Google »Weblog anlegen« ein und schon finden Sie eine Liste verschiedener Anbieter. Rechnen Sie damit, dass Sie ungefähr eine Stunde brauchen werden, um ein technisches Grundverständnis des Bloggens zu erlangen. Die viel entscheidendere Frage betrifft die Häufigkeit der Nutzung. Wie viel Zeit wollen Sie in Ihren Blog investieren? Wie oft wollen Sie etwas Neues schreiben? Regelmäßigkeit ist nämlich eine Grundvoraussetzung für erfolgreiches Bloggen. Wenn Sie nicht mindestens zweimal die Woche aktualisieren, werden Sie nicht Teil der Community. Wie bei jeder Kommunikation muss man auch hier am Ball bleiben.

Nun hängt die Häufigkeit ja auch irgendwie mit der Qualität der Beiträge zusammen. In Asien und den USA ist seit zwei Jahren Mikrobloggen angesagt: tägliches, mehrfaches Bloggen. Jeder Pups wird dem Blog anvertraut: »Kaue gerade Fingernägel«, »Vögel fliegen draußen vorbei«, »Der Nachbar schlägt seine Frau«. Beiträge bestehen oft lediglich aus einem Satz, und natürlich haben solche Blogs nur eine sehr kleine – aber eben erwählte – Rezipientengemeinde, die sich dafür entscheidet, diesem einen Blogger durch sein Leben zu folgen.

Sie brauchen nicht unbedingt selbst einen Blog zu betreiben, um am Bloggeschehen teilzunehmen. Sie können auch einfach nur bestimmte Blogs, die Sie interessieren, im Auge behalten.

Feed und Social Bookmarking machen es möglich. Bei jedem Blog befindet sich ein »RSS-Button«. Wenn man den anklickt, wird ein Art Informationsautomatismus aktiviert: Wann immer in dem markierten Blog etwas geschieht, werden Sie auf Ihrem Computer darüber informiert.

Welche Frau braucht ein Weblog?

DIE NYMPHOMANIN/EXHIBITIONISTIN

Sex spielt in Ihrem Leben die Hauptrolle. Stets wippen Ihre Brüste aufreizend durch die Lande, Sie sind allzeit bereit, Ihr Becken herausfordernd vorzuschieben. Sie treiben es mit Bauarbeitern, Landwirten und anderen Frauen – oder mit mehreren gleichzeitig in verschiedenen Mischungsverhältnissen? Dann sind Sie eine Kandidatin für ein Weblog. Sex sells, und Online-Sextagebücher gehören zu den erfolgreichsten Blogs überhaupt. Allerdings muss Ihnen klar sein, dass Sie primär als Wichsvorlage dienen. Das ist der Preis des Ruhms. Aber vielleicht liegt ja gerade darin der Kick – bei exhibitionistischer Neigung ist der Blog geradezu ideal.

DIE INTELLEKTUELLE/LEBENSKÜNSTLERIN

Ihr Leben, Ihre Gedanken, Ihre Texte, die Art, wie Sie die Welt sehen, und was Sie so erleben, ist so interessant und besonders, dass Sie es der Welt einfach nicht vorenthalten wollen und können. Für intelligente und schreibproduktive Frauen bietet der Blog eine Möglichkeit der Selbstdarstellung, bei der das Allersubjektivste und das Allgemeinste versöhnt oder unversöhnt nebeneinanderstehen. Der Blog als selbstverwaltetes Journal ist ein Publikationsorgan, das ohne die Zensur von Redakteuren, Lektoren, tagespolitischen Moden und kulturpolitischen Hypes funktioniert und in Diskussion treten kann (zum Beispiel der Blog von Mercedes Bunz).

DIE POSTFEMINISTIN

Am Beispiel des Postfeminismus lässt sich das intellektuelle Spektrum der im Netz verhandelten Inhalte sehr schön zeigen. Man liest dort zum Beispiel:

»Ich gebe Recht, wenn beklagt wird, dass in identischen Positionen der Mann (oftmals) besser bezahlt wird als die Frau. Wieso das so ist, weiß ich nicht, und ich glaube auch, dass sich diese Sache langsam bessert. Bezahlung sollte generell nur von einem Faktor abhängen: der erbrachten Leistung. Wenn allerdings jemand bemängelt, dass ein Mann für eine längerfristige Anstellung einer Frau vorgezogen wird, frag ich mich manchmal, ob irgendwer nicht den biologischen Aspekt der Reproduktion vergessen hat … Als letztes ›heißes‹ Thema bleibt eigentlich nur mehr Gleichberechtigung in Beziehungen übrig und die Pille für den Mann.«

Das Internet ist nur so schlau wie die Leute, die dort etwas hineinschreiben. Information und Wissen werden nicht nach ihrer Wichtigkeit oder Richtigkeit gelistet, sondern nach Mustern, die sich im Dunkel der Suchmaschinen und ihrer Software verlieren; um diese Informationen beurteilen zu können, bedarf es einer Bildung oder Ausbildung, die nur jenseits des Netzes erworben werden kann. Vor nicht allzu langer Zeit riet man Philosophiestudentinnen im ersten Semester, ausschließlich Primärtexte zu lesen: Platons *Staat*, Kants *Kritik der reinen Vernunft* oder Foucaults *Die Ordnung der Dinge*. Von der Lektüre der sogenannten Sekundärliteratur wurde dringend abgeraten. Man fürchtete Verdummung durch das Überspringen der eigenständigen Erarbeitung klassischer Texte.

Heutzutage gibt es Software, die es Universitätsdozentinnen ermöglicht, eingereichte Hausarbeiten daraufhin zu untersuchen, ob sie durch »copy and paste« entstanden sind. Diese Art der Bildung verzichtet nicht nur auf das Selberlesen und Selberdenken, sondern auch noch auf das Selberformulieren. Es ist unwahrscheinlich, dass eine Person, die auf diese Weise studiert hat, in der Lage sein wird, eine Aussage wie »Der Postfeminismus ist eine hinterhältige Sau« angemessen beurteilen und einordnen zu können.

DIE LIDL-KASSIERERIN

Sie sitzen bei Lidl oder Schlecker an der Kasse und sind tagtäglich den Gemeinheiten Ihres zwanzig Jahre jüngeren Vorgesetzten ausgeliefert. Sie werden bespitzelt, Ihre Pausen werden kontrolliert, und wenn Sie ein dringendes Bedürfnis haben, müssen Sie warten, bis die Ablösung kommt. Man traut Ihnen keinen Meter über den Weg, mutet Ihnen aber alles Mögliche zu: Schichtpläne werden ohne Rücksicht auf Ihre familiäre Situation festgelegt. Man lässt Sie für zwei Stunden antanzen. Und bezahlt werden Sie weit unter Tarif, denn einen Betriebsrat gibt es nicht. Warum nicht all das einem Blog anvertrauen und hören, was andere in vergleichbaren Situationen erleben?

DIE ALLEINERZIEHENDE MUTTER

Kinderbetreuung und Ausgehen vertragen sich schlecht. Als alleinerziehende Mutter sitzen Sie viel zu Hause. Das ist langweilig. Das Bloggen bietet die Möglichkeit, zu allen erdenklichen Themen und mit allen möglichen Personen zu kommunizieren und vielleicht jemanden kennenzulernen, den man auch im wahren Leben gern einmal treffen würde.

In Gattungen schreiben

Der Brief

Fackeln Sie nicht lange. Sie werden alle Regeln, die einen guten Brief ausmachen, längst kennen; entsprechend ist am wichtigsten nicht, wie, sondern dass Sie überhaupt schreiben. Auf professioneller Ebene können Sie mit Briefen, mit denen Sie sich Mühe gegeben haben, Eindruck machen wie mit einer ausgezeichneten Bewerbung – im privaten Leben erst recht. Rechnen Sie nur hoch, was jeden Tag an *junk mail*, Behördenpost und Rechnungen in Ihren Briefkasten hineinflutet. Finden Sie zugleich in Gedanken nochmals jene Kostbarkeiten vor, die die Privatpost Ihnen dazwischenspült, all die Familienanzeigen, Postkarten, Glückwunschbriefe von Freunden und Freundinnen, die beschrifteten Bierdeckel, unmöglich verpackten Kleingeschenke und die ganz normalen Briefe aus dem Alltag. Gerade diese Stücke machen besondere Freude, zumal im Rückblick, wenn Schriftzeugnisse aus dem Alltagsleben so selten geworden sind wie Fotografien Ihrer Arbeitsstelle an einem ganz gewöhnlichen Dienstag. Um sich aufzuhelfen, lassen Sie sich persönliches Briefpapier anfertigen, kaufen Sie Briefmarken im Zehnerpack und besorgen Sie sich ein schönes Schreibgerät. Nehmen Sie außerdem Abstand von dem anstrengenden Gedanken, umfassende Zustandsberichte abzugeben – Briefe müssen nicht lang werden, sie leben davon, unvollständig zu sein. Und auch wenn stets und ständig propagiert wird, dass nur handschriftlich verfasste Briefe echte Briefe darstellten, dürfen Sie es sich leicht machen und per Computer schreiben. Nur Kondolenz- und Dankesschreiben, vielleicht auch Liebesbriefe, verlangen die eigene Hand.

Die Biografie

Eher die weibliche Leserschaft ist es, die zur Biografie gehört, weniger die Autorinnenschaft. Versuchen Sie sich trotzdem am Biografieschreiben, allein schon, um zu lernen, Ihr eigenes Leben auf ungewohnte Weise zu lesen, oder um für die Autobiografie später gewappnet zu sein. Machen Sie es wie die Münchner Autorin Gunna Wendt, die mehr als ein halbes Dutzend Lebensbeschreibungen verfasst hat. Wendt hat ursprünglich Psychologie studiert; das Aufsetzen von Biografien sieht sie als eine Sonderform der Berufsausübung als Psychologin. Dazu gehört, dass sie die Biografenpose ablehnt, die genau weiß, wie alles abgelaufen ist, und dass sie sich andererseits auf ihre Intuition verlässt, das Gefühl also, dass es sich mit jemandem so, wie es bislang geschildert wurde, eben nicht verhält.

Wenn Sie selbst sich dann für eine Figur entschieden haben, überlegen Sie, ob Sie eine streng wissenschaftliche Biografie schreiben möchten, mit Fußnoten zu jeder These, mit ausführlichen Zitaten aus Briefen und Tagebüchern, oder ob Sie sich darauf verlassen, dass es »immer eine gewisse Form von Imagination erfordert, ein Leben zu zeichnen« (Wendt), und Sie sich deswegen ein wenig romanhafter zu werden erlauben. Wenn Sie Glück haben, helfen Ihnen in dieser Hinsicht die einschlägigen Quellen weiter. Mitunter gibt es nämlich von ein- und demselben Ereignis verschiedene Aufzeichnungen – nehmen Sie nur an, Sie möchten ein Treffen zwischen Ihrer Hauptfigur und einer Freundin schildern –, die es Ihnen ermöglichen, bei Ihrer Schilderung verschiedene Blickwinkel einzubeziehen.

Finden Sie dann eine gute Balance zwischen Recherche und Schreiben. Ihr Material sollten Sie in Bibliotheken, Archiven und Nachlässen suchen, im Werk der betreffenden Person, in den entsprechenden Quellen über Zeitgenossen oder bei Nachfahren, die noch am Leben sind. Es nützt allerdings wenig, wenn Sie dann Tausende von Zetteln gesammelt haben, aber noch keine einzige Seite geschrieben. Umgekehrt müssen Sie stichhaltiges Material haben, um die ersten Abschnitte aufsetzen zu können. Diese Balance zu halten zwischen der Pflicht des Daten-Sammelns und der Kür des Den-Text-kommen-Lassens ist beim Biografieren besonders wichtig. Sehen Sie eine Rechtfertigung dafür in jenem eigentümlichen Dialog, der sich einstellen wird und in dem es mitunter sehr intim werden kann; Gunna Wendt spricht davon, dass sie mit dem Leben der Figur in Kontakt tritt und dann selbst beginnt zu handeln und zu deuten. »Dann wieder nehme ich mich zurück und sage, okay, jetzt muss mal wieder was von der anderen Seite kommen.«

Chronologisch brauchen Sie nicht vorzugehen. Es muss zwar Kapitel über Kindheit und Jugend geben, doch brauchen sie nicht am Anfang zu stehen. Überlegen Sie sich schon aus diesem Grunde vorab eine gute Dramaturgie für Ihr Buch, einen Einstieg vielleicht, in dem Sie von Ihrem Interesse erzählen oder eine Schlüsselsituation schildern, die das für Sie Wesentliche der Figur zeigt, um die es gehen soll.

Seien Sie vorsichtig beim Suchen von Kausalzusammenhängen im fremden Leben, vor allem dann, wenn Sie sich für die romanhafte Form entscheiden und deswegen versucht sind, eine glatte, geschlossene Geschichte zu konstruieren. Gründe für die Dinge und die Umstände zu finden, ist schon im eigenen Leben schwierig; um wie viel mehr bei einer Person, die Ihnen immer fremd bleiben sollte. Freilich wird diese Person Ihnen auch sehr nah kommen. Gunna Wendt erzählt, dass das Schreiben, wenn es denn einmal flüssig in Gang gesetzt ist, sie mitunter so absorbiert, dass sie in dieser Zeit ihr eigenes soziales Leben kaum fortzuführen vermag: »Ich habe wirklich das Gefühl, ich bewege mich in einer anderen Epoche.« Wer in Gedanken auf einer Landpartie im späten 19. Jahrhundert ist, hat Mühe, sich auf die ausgelassene Party im Nachbarblock einzulassen.

Der Groschenroman

Reich werden lässt sich zwar nicht mit dem Schreiben von ultraleichter Literatur, aber ein Auskommen können Sie trotzdem damit finden. Für eine Textmenge von 150 000 Zeichen, die Sie dem Schicksal der jungen Büroangestellten Claudia mit dem zarten Gesicht widmen, »das von dunkelblondem, gelocktem Haar umrahmt war«, oder dem von Arzthelferin Daniela, die sich auf den nicht mehr ganz jungen Dirk Hanssen eingelassen hat und gar nicht weiß, dass er in Wirklichkeit der vermögende Nachfahre einer alten Industriellenfamilie ist, dürfen Sie auf ein Honorar von ungefähr 800 Euro zählen. Wenn Sie so schnell sind wie die professionellen Autoren, stellen Sie einen solchen Roman in einer Woche fertig, erledigen Sie das Schreiben nebenberuflich, wie es andere Heftchen-Autoren tun, brauchen Sie womöglich etwas länger. Achten Sie bei Arztromanen unbedingt darauf, gründlich zu recherchieren. Am besten, Sie haben eine Ärztin oder eine andere einschlägig ausgebildete Person bei der Hand, die Sie über die von Ihnen ersonnene Krankengeschichte befragen dürfen. Auf ein großes, interessiertes Publikum dürfen Sie in jedem Fall hoffen. Die wöchentlich erscheinenden Frauenromane des Bergisch-Gladbacher Bastei-Verlages etwa erreichen Auflagen von bis zu 400 000 Exemplaren; man weiß überdies, dass die einzelnen Hefte etwa viermal weiterverliehen werden.

Überhaupt handelt es sich bei Groschenromanen schon deshalb um ein unterschätztes Genre, weil es eine Vielzahl von Regeln für die Autoren gibt. Sie betreffen schon die Formalia des Textverfassens. Zum Beispiel verlangen einige Verlage, dass ihre Autoren in vorformatierte Dokumente hineinschreiben, sie geben vor, wie mit wörtlicher Rede umzugehen ist, mit fremdsprachlichen Wörtern oder inneren Monologen.

Überdies haben die Verlage genaue Vorstellungen von den inhaltlichen Aspekten des Genres. Zum Beispiel müssen Sie sich als Autorin auf den sozialen und ökonomischen Rahmen einstellen, in dem Sie Ihre Figuren platzieren – die Welt des Hochadels oder das höhere Angestelltenmilieu, die Pferdezucht, welche der von der Hauptfigur Angebetete betreibt, den Forstbetrieb, der im Detail beschrieben sein will. Suchen Sie sich dann einen zündenden Handlungskern. Manche Autoren und Autorinnen schwören auf Zeitungsmeldungen, die sie an das spezifische Milieu, in dem der Roman angesiedelt ist, anpassen und ausschmücken. Lassen Sie das Schicksal seine vielen bösen Streiche gespielt haben – die Hauptfigur zur Waisen oder Witwe gemacht zum Beispiel – und auch weiterhin noch spielen, damit Ihre Heldin danach jede Menge Glück haben kann.

Überhaupt, die Heldin. Denken Sie über einen guten Namen für sie nach – eine »Raffaela Simon« wird ein anderes Schicksal erleiden als eine »Ann-Sophie Cornelsen«. Charakterisieren Sie sie eindeutig als Blonde, als Zierliche oder Zarthäutige und geben Sie ihr auf jeden Fall ein gerüttelt Maß an Opferwillen mit. Groschenromane leben davon, dass ihre Hauptfiguren nicht aufbegehren oder hadern mit dem, was das Schicksal ihnen auferlegt. Stellen Sie der Heldin, die sie stets und ständig in positives Licht tauchen sollten, eine boshafte Gegenfigur gegenüber.

Sparen Sie sich dann lange Schilderungen. Bleiben Sie bei den wenigen Kommentaren, die Sie einstreuen, zurückhaltend mit Metaphern. Verwenden Sie viel wörtliche Rede. Setzen Sie eher auf kurze als auf lange Wörter und bilden Sie keine verschachtelten Sätze. Vermeiden Sie Fremdwörter und gehen Sie selbst in Arztromanen vorsichtig mit Fachausdrücken um.

Bedenken Sie bei der Entwicklung der Handlung, dass es im Ganzen um die Liebe gehen muss. Halten Sie die Zügel demnach straff in der Hand, sparen Sie nicht mit Hindernissen, damit das Liebesversprechen erst ganz am Schluss eingelöst werden kann. Es muss auf jeden Fall alles gut werden, die Liebenden müssen unbedingt zueinanderfinden. Über Sex zu schreiben ist dabei in den meisten Serien tabu. Schildern Sie lieber, wie der geliebte Mann die Hand der Heldin ergreift – oder lassen Sie sich für eine Romanreihe engagieren, die Erotik ausdrücklich vorsieht: Auch zu dem Maß, wie viel Freizügigkeit in welcher Reihe gewünscht ist, geben die Verlage Hinweise.

Einem Mann einen Korb geben

Die meisten Männer sind es gewohnt, Körbe zu bekommen. Sie nehmen es mit Humor und Leidensfähigkeit. Schwierig wird es hingegen, wenn Sie es mit einem sensiblen Exemplar zu tun haben, das um Ihre Gunst wirbt und dem Ihre Ablehnung sichtbar viel ausmacht. Einem solchen Mann können Sie womöglich nichts Negatives nachweisen und möchten trotzdem nicht mit ihm intim werden. Vielleicht wissen Sie selbst nicht, was genau Sie stört? In diesem Fall ist es besonders wichtig, auf Ihrem Standpunkt beziehungsweise Ihrer Ablehnung zu beharren: »Entschuldige, ich möchte einfach nicht.« Notfalls mehrere Male hintereinander.

Sie wissen zwar, dass es unbedingt notwendig ist, nicht noch weiter an seinem wackeligen Selbstbewusstsein zu sägen. Versuchen Sie trotzdem, nicht in die Falle von Ablehnungsschreiben bei Bewerbungen zu tappen und den Kandidaten wortreich wegzuloben. Es wird den Mann nur verwirren, wenn er erfährt, dass er in Ihren Augen ein toller Hecht ist und trotzdem als Partner für Sie nicht infrage kommt. Ebenso wenig geht es an, ihn an dieser Stelle über Ihre innerlich geführte Negativ-Liste zu informieren. Wenn Sie ihm vorsichtig bedeuten, dass sein Haarschnitt Sie stört oder die Art, wie er mit Verkäuferinnen spricht, wenn Sie ihm sagen, dass Sie sich eigentlich einen sportlichen

Mann wünschen, keinen Intellektuellen, dann ist das nicht nur kränkend. In hartnäckigen Fällen besteht auch die Möglichkeit, dass es zu einer Kurskorrektur kommt. Es ist aber nicht nur mitleiderregend, wenn sich ein Mensch in dieser Form Ihrem Willen unterwirft (allein davor sollten Sie den Mann schützen), sondern bringt Sie auch in die prekäre Situation, ein zweites Mal einen Korb geben zu müssen. Mit noch weniger Begründung – schließlich hat er nun genau das getan oder vermieden, was Sie sich wünschen? *Fortiter in re, suaviter in modo*: Seien Sie freundlich, vielleicht sogar liebevoll im Ton, aber hart in der Sache: Ja, beziehungsweise nein, Sie möchten nicht.

Mitunter werden Sie es mit einem Mann zu tun haben, der aggressiv wird und vielleicht sogar mit Ihnen zu verhandeln sucht. Er räsoniert, wie gut Sie beide zueinanderpassen, versteht nicht, warum Sie das nicht einsehen, und durchläuft im Schnellstadium die von der Sterbeforscherin Elisabeth Kübler-Ross benannten ersten drei Stadien der Vorbereitung auf den Tod, bevor die friedliche Einsicht kommen kann – Nicht-Glauben-Wollen, Wut, Verhandeln. Er weist Ihnen nach, dass Sie ganz und gar widersprüchliche Signale ausgesandt haben. Er ist sauer, weil er das Gefühl hat, vorgeführt zu werden, und weiß überhaupt nicht, dass er das Ganze mit seinem Verhalten nur noch schlimmer macht und es später bereuen wird, sich solcherart entäußert zu haben.

Hier müssen Sie noch ein wenig umsichtiger vorgehen und noch klarer reagieren, vor allem sich vor einem weiteren Fehler hüten, den Frauen wie Männer in einer solchen Situation gern begehen: Sie baden in der eigenen Großzügigkeit und bieten zur

Güte an, sich weiterhin treffen zu wollen und den Kontakt nicht abreißen zu lassen. Ein solches Vorgehen führt zu nichts als Schmach – einerseits, weil es falsche Hoffnungen weckt, andererseits, weil auf diese Weise vorprogrammiert ist, dass Ihre Signale auch in Zukunft gelesen werden, und zwar abermals falsch. Versuchen Sie deswegen, nicht selbstgefällig zu werden und dem Flehenden keine Brotkrumen zu reichen, damit Sie selbst sich noch ein wenig unerreichbarer und attraktiver vorkommen dürfen. Denken Sie an Ihr Wohl und an das des Mannes: Es ist keine gute Idee, weniger als ein Jahr verstreichen zu lassen, bevor Sie sich wieder treffen. Danach können Sie immer noch sehen, wie es Ihnen beiden ergangen ist. Bis dahin sollten Sie sich und ihn vor Missverständnissen schützen.

Eine Fremdsprache lernen

Zunächst etwas Tröstliches: Nach bestem Wissen der Sprachlehrforschung gibt es keine optimale Methode, eine Fremdsprache gut und schnell zu erlernen. All die Privatschulen mit ihren garantierten Spezialmethoden, die CDs und Bücher für das Selbststudium, die Urlaube mit angeschlossenem zweiwöchigem Intensivkurs, die vielen Stunden, die Privatlehrer für teures Geld anbieten, ganz zu schweigen von den Volkshochschulkursen und Konversationskränzchen – sie alle funktionieren nur so glatt, wie die Interaktion im Unterricht und Ihr eigenes Verhältnis zu Ihrer Sprachlehrerin oder dem Lehrer ist. Sind sie gut, umso besser. Sind sie schlecht, umso schlechter. Das Einzige, was Sie vielleicht beachten sollten, ist, nicht allzu viel auf die stark kommerzialisierten Schulen zu geben. Fremdsprachen lassen sich zwar in Maßen im Schlaf und zu Barockmusik lernen. Auch Entspannung kann nie schaden. Ohne ein wenig Anstrengung werden Sie aber nicht wegkommen.

Keinesfalls jedoch hängt der Erfolg Ihres Spracherwerbs davon ab, wie alt sie sind. Kinder haben es zwar leicht beim Sprachenlernen und Jugendliche noch leichter. Doch können auch Erwachsene noch sehr gut Sprachen erlernen. Auf der Skala der Begünstigung durch das Lebensalter sind sie den Kindern sogar ein wenig voraus. Ebenfalls gleichgültig ist, ob Sie eher extrovertiert oder introvertiert sind. Untersuchungen zeigen nämlich, dass aufgeschlossene Menschen zwar anfangs schneller zu Ergebnissen kommen. Später aber sind es die introvertierten Typen, die besonders gute Leistungen erbringen.

Halten Sie sich an weitere positive Indizien. Sie können bereits sprechen und schreiben. Deswegen sind Ihnen die Grundsätze des Spracherwerbs nicht nur vertraut – Sie haben brabbelnden Kleinkindern viel voraus: Sie sind reifer, haben soziale Kompetenz und einiges Wissen über die Welt. Auch das Klischee, dass nur Kinder eine perfekte Aussprache erwerben können, soll Sie nicht kümmern. Es gibt zwar hochsensible Phasen und günstige Lernzeiträume für das Erlernen einer quasi-muttersprachlichen Artikulation, die in der Tat um das sechste Lebensjahr herum liegen, doch können Sie auch als Erwachsene weit kommen. Vertrauen Sie außerdem darauf, dass die Mehrzahl der Menschen weltweit mehr als nur eine einzige Muttersprache erlernt. Global gesehen ist Einsprachigkeit die absolute Ausnahme.

Früher waren es Latein und Griechisch, dann Französisch, noch später Englisch, das an den weiterführenden Schulen gelehrt wurde. So nahtlos ging es mit der Aufeinanderfolge, dass die methodischen Prinzipien der alten Sprachen in den Unterricht der modernen übernommen wurden. Heute fragt man sich, warum Schulen nicht öfter die Sprachen jener Länder anbieten, die in der globalisierten Welt eine immer größere Bedeutung annehmen: Arabisch, Russisch, Japanisch oder Chinesisch.

Versuchen Sie es doch einmal damit oder mit einer anderen

Sprache, die Ihnen attraktiv erscheint und deren Laute bereits Ihrem Mundwerkzeug gefallen. Das Deutsche kennt schließlich nur einen winzigen Ausschnitt dessen, was artikulationsmäßig möglich ist. Nehmen Sie dann jede Hilfe und jeden Sprachlern-Trick in Anspruch, der sich Ihnen anbietet.

Mögen Sie zum Beispiel die gläserne Struktur von Grammatiken, das Spiel mit Zeitebenen, Beugungen von Verben oder komplizierten Satzaufbauten? Dann ist die Grammatik-Übersetzungsmethode geboten. Sie lernen Wörter und Regeln der Grammatik auswendig und prüfen sich selbst an Übungen und Übersetzungen. Überhaupt hält das Auswendiglernen Vorteile bereit; schulen Sie sich darin, ganze Zeilen oder Gedichte auswendig zu lernen. Es wird Sie sicherer beim Sprechen machen und Ihnen das Gefühl geben, einige perfekte Sätze stets parat zu haben.

Als praxisfern kritisiert, hat die Grammatik-Übersetzungsmethode dennoch den Vorteil, dass sie die Vorgänge des Sprachenlernens und die Systematik der neuen Sprache ins Bewusstsein ruft. Und dass sie sich immer wieder der Muttersprache bedient, anstatt den Unterricht mit Ach und Krach nur in der neuen Sprache stattfinden zu lassen. Das alles mag Ihnen unattraktiv erscheinen. Die Forschung zeigt aber, dass ein gewisser Grad an Sprachbewusstsein günstig ist – zumal Sie frei sind, sich die neue Grammatik auf Ihre Weise zu erschließen. Versuchen Sie es einmal mit einer Tabelle zu den Zeitebenen Ihrer neuen Sprache, die Sie mit Nachrichten aus Ihrem Leben anfüllen.

Oder sollten Sie offen und wortgewandt sein? Das entspräche dem vorherrschenden Zeitgeist – der kommunikativen Methode.

Wer nach ihr lernt, ist immer wieder gehalten, die Zielsprache auf natürliche Weise zu verwenden, zum Beispiel mit Rollenspielen und Dialogen. Zudem mag Sie die unmittelbare Befriedigung, die diese Methode Ihnen gibt, auch über die Klippen der Kommunikation hinwegretten, die Gefahr zum Beispiel, sich durch Fehler lächerlich zu machen. Sie hat außerdem den Vorteil, dass zwischen der künstlichen Welt des Fremdsprachenunterrichts und der realen Welt des Zielsprachenlandes keine Diskrepanz entsteht: Wenn Sie kommunikativ lernen, werden Sie nie wieder erwarten, dass die Reisebusse, die Menschen und die Bücherborde in Ihrem Zielsprachenland genauso aussehen wie es die Fotos im Lehrbuch anzeigen. Stattdessen stöbern Sie auf der Suche nach Chat-Partnern im Internet oder suchen sich ein Tandem-Gegenstück zum wöchentlichen Konversieren.

Wie aber helfen Sie sich, wenn Sie das schützende Gehäuse des Unterrichtsraumes hinter sich gelassen haben? Sprechen Sie so gut Sie eben können, und hoffen Sie, dass man Sie trotzdem versteht. Das Gegenstück beim Lesen besteht darin, dass Sie unverständliche Wörter einfach ignorieren und darauf zählen, dass Sie dem Geschilderten trotzdem folgen können. Beharren Sie im Gespräch nicht auf subtilen Argumenten – sagen Sie lieber schlicht »ja« oder »nein«, notfalls ohne Begründung. Das mag Ihr Gegenüber zwar verwirren, sogar etwas ruppig wirken. Doch haben Sie zumindest eine Äußerung getan.

Sie können auch ganze Themenbereiche meiden. Ein Einkaufserlebnis im Supermarkt ist einfacher zu schildern als der Streit, den Sie gerade mit den Arbeitskollegen austragen. Oder Sie fragen Ihr Gegenüber nach dem richtigen Ausdruck und sehen, wenn gar nichts mehr geht, in einem Wörterbuch nach. Vor allem aber sollten Sie bei der mündlichen Kommunikation Ihre Ausstrahlung nutzen, Ihren Charme, Ihre Mimik und Gestik.

Einen großen Nachteil hat die kommunikative Methode, deren Reinform Ihnen beim vollständigen Eintauchen in die fremde Sprachwelt ohne jede unterrichtliche Ordnung begegnet, allerdings doch: Die Kontrollfunktion lässt sich stark herunterfahren. Möglicherweise betreiben Sie nach einiger Zeit spitzenmäßig Konversation, doch kann es trotzdem sein, dass Sie das Sprachsystem nicht besonders gut beherrschen und bestimmte Fehler nie wieder loswerden.

Hier helfen allein die gehobenen Tricks des Fremdsprachenerwerbs, zum Beispiel die Bitte an Muttersprachler, korrigierend einzugreifen. Oder die Sitte, Wörter und ganze Ausdrücke zu verzetteln, das heißt kleine Blättchen anzufertigen, auf denen die Übersetzung, ein Synonym und eine korrekte Anwendung verzeichnet sind. Diese Methode erweitert automatisch auch Ihren Wortschatz. Helfen Sie sich zusätzlich damit, dass Sie auf alle Fernseh- und Kinofilme zugreifen, die Ihnen attraktiv erscheinen. Das mitlaufende visuelle Band wird Ihnen helfen, das Geschehen zu verstehen. Schalten Sie auch beim Zugriff auf Zeitungen und Bücher die innere Zensur aus und widmen Sie sich vermeintlich einfachen Medien, Comics, Kinderbüchern oder Boulevardzeitschriften.

Kommunikation in schwierigen Fällen

Brustkrebs, Partner verloren, behindertes Kind geboren – auch wenn unsere Gesellschaft viel dafür tut, Leid und Tod unsichtbar zu machen, können solche Schicksalsschläge jederzeit passieren. Vielleicht ist bei Ihrer Freundin eine schwere Krankheit diagnostiziert worden, und Sie fragen sich, wie Sie ihr helfen können. Zugleich fühlen Sie sich hilflos und wissen nicht, was Sie sagen sollen. Mitleidsbekundungen erscheinen ebenso unangebracht wie die üblichen Beruhigungen, dass schon alles gut werden wird.

Wir wissen bei so einer ernsten Lage oft nicht, wie wir sprechen sollen. Unsere Kommunikation ist üblicherweise darauf ausgelegt, Informationen auszutauschen, eine gute Stimmung zu erzeugen oder den Alltag mit angenehmem Geplauder abzurunden. Diese Arten der Kommunikation funktionieren angesichts einer schrecklichen Nachricht nicht. Die Todesgefahr macht alle Beteiligten ohnmächtig. Wie kann über die Angst gesprochen werden? Ist es richtig, Hoffnung zu machen?

Derjenigen, die von einem solchen Schicksalsschlag getroffen wird, verengt sich die Welt. Es scheint nichts mehr zu geben jenseits der lebensbedrohlichen Katastrophe, alle Aufmerksamkeit, alle Kräfte richten sich auf die Krankheit, den Krebs, den Körper, der zu einem beängstigenden Problem geworden ist.

Vielleicht können Sie sich für das Gespräch mit Ihrer Freundin vorstellen, dass es dieser gedanklichen Verengung einen offenen Raum gegenüberstellt, in dem die Gedanken, Hoffnungen, Ängste, aber auch der Ärger Ihrer Freundin Platz haben und sich ausbreiten können.

Dafür braucht es in erster Linie Zeit – ungestörte Zeit –, die nicht von anderen Ansprüchen vereinnahmt werden kann. Stellen Sie Ihrer Freundin diese Raum-Zeit zur Verfügung, bei einem Spaziergang, in einem Café oder bei sich zu Hause. Sie müssen gar nichts Bestimmtes sagen, eher zuhören, vielleicht nachfragen und sie ermuntern auszusprechen, was sie beschäftigt. Angst und Hoffnung werden wahrscheinlich die Gefühle sein, zwischen denen Ihre Freundin hin und her gerissen ist, auf der Suche nach einem Weg, mit der Situation umzugehen. Hören Sie genau hin; Sie wollen sie auf diesem Weg begleiten, und vielleicht verändert sich Ihre Freundin unter dem Druck der Situation. Aus der Perspektive des Todes sieht das Leben anders aus. Manche lernen ganz neue Seiten an sich kennen. Dinge, die wichtig waren, verlieren an Bedeutung, andere Wertigkeiten und Bedürfnisse entstehen. Es wäre gut, wenn Sie einfach dabei sind, wenn Ihre Freundin sich der Angst stellt und auf Rettung hofft, wenn Sie ihr die Zeit geben, all diese Gefühle zu haben und das Durcheinander zu sortieren.

Die meisten Menschen, die von einer lebensbedrohlichen Krankheit betroffen sind, schwanken zwischen der klaren Einsicht in ihre Lage und dem Nichtwahrhabenwollen. Obwohl das verwirrend ist, entspricht es der Realität, denn wer kann schon wirklich sagen, wie sich die Krankheit entwickeln wird.

Dieser Zickzackkurs kann für das soziale Umfeld anstrengend und aufreibend sein. Aber als Beistehende sollten Sie nicht versuchen, einer vermeintlichen Wahrheit zum Durchbruch zu verhelfen oder falsche Hoffnungen zu machen. Ihre Aufgabe ist einfach, da zu sein – mehr müssen und können Sie nicht tun. Sie können auch ihre Angst nicht wirklich teilen.

Kranke verhalten sich sehr unterschiedlich. Einige wollen am liebsten nichts Genaueres über die Krankheit erfahren und vertrauen darauf, dass der Arzt die richtige Therapie empfehlen wird. Andere wollen alles ganz genau wissen und werden zu richtigen Experten und Managern ihrer Krankheit. Verstehen Sie sich selbst als eine Art Assistentin, die die gewählte Strategie unterstützt. Hören Sie auch darauf, was in Ihnen vorgeht, und sagen Sie, was Sie umtreibt, denn bei aller Unterstützung müssen Sie doch auch bei sich bleiben. Nur wenn es Ihnen gut geht, können Sie eine Hilfe sein. Sie brauchen also auch kein schlechtes Gewissen zu haben, wenn Sie den Albtraum zeitweise ausblenden und sich anderen Dingen widmen. Nur dann werden Sie auch die Kraft haben, Ihrer Freundin nah zu sein.

Mit einigen Diagnosen steht nicht nur das Leben auf dem Spiel, sondern auch die Identität als Frau. Die Brust einer Frau zum Beispiel ist nicht irgendein Körperteil. Es ist ein sehr bedeutungsvoller, der für Frausein, Muttersein, Sexysein steht. Es gibt Männer, die ihre Partnerin nach einer Brustkrebsdiagnose verlassen. Das ist schändlich. Es gibt aber auch Frauen, die lieber sterben, als sich die Brust operieren zu lassen. Können wir das verstehen? Vielleicht. Denn wir haben nicht nur unseren Körper, wir *sind* auch unser Körper, und wenn das Fehlen der Brust oder der Gebärmutter das Selbstbild einer Frau untergräbt, dann kann das auch das Leben selbst infrage stellen. Warum leben, wenn wir nicht mehr wissen, wer wir sind, wenn der Körper versehrt und die Identität beschädigt ist?

Die Behandlungsmethoden bei Brustkrebs geben Hoffnung auf Heilung. Sie gehen aber einher mit einer grausamen Veränderung des Körpers: Die Haare fallen aus, an die Stelle der Brust treten Narben. Manche Frauen möchten ihre körperliche Versehrtheit zeigen. Das Betrachten und Betasten der erlittenen Wunden macht das Leiden erfahrbar. Schrecken Sie nicht davor zurück. Stehen Sie Ihrer Freundin auch mit Ihrem eigenen Körper zur Seite, umarmen Sie sie oder halten Sie Ihre Hand. Der körperliche Kontakt ist eine eigene Art der Kommunikation. Er kann das Gefühl vermitteln, gehalten zu werden; allein das gibt schon Hoffnung.

Hat Ihre Freundin Kinder, die versorgt werden müssen? Eine schwer kranke Mutter braucht vor allem eins: die Gewissheit, dass es ihren Kindern auch ohne ihre Anwesenheit gut geht. Eine Frau, die sich die ganze Zeit fragen muss, wer sich um die Kinder kümmert, kann sich nicht um sich selbst kümmern. Dieser Konflikt kann eine Depression auslösen, die nicht nur das Gesundwerden behindert, sondern möglicherweise auch das Sich-damit-Abfinden, dass das Leben ein Ende nimmt. Vielleicht können Sie mit Freunden, Verwandten oder auch mit professioneller Hilfe gemeinsam organisieren, dass die Kinder gut versorgt sind und Ihre Freundin sich nicht auch noch ihretwegen Gedanken machen muss. Sie sollte das Gefühl haben, dass sie sich ganz auf sich selbst konzentrieren kann.

Eine Prüfung ablegen

Prüfungen sind vor allem für diejenigen ein Rätsel, die miserabel darin abschneiden. In Fällen, in denen sich die Kommission weigert, ein Genie ans Licht treten zu lassen, trifft diese Einschätzung sicherlich zu. Es gibt erfolgreiche Schauspieler, die vergeblich an Ausbildungsinstituten vorsprachen, gute Musikerinnen, die es niemals an eine Hochschule schafften, Studienabbrecher, die später mit Immobiliengeschäften den großen Reibach machten, oder Autorinnen, deren oft und heftig abgelehnte Romanmanuskripte schließlich zu Bestsellern wurden.

Ausnahmen aber, leider. Prüfungskommissionen sind nämlich meistens nicht auf den Kopf gefallen, bereits dann nicht, wenn es um den Zugang zu einem Studium geht. Sie wissen so ungefähr, was nach der Aufnahmeprüfung auf Sie zukommen wird. Gut ist es deswegen, überdies Brauch, sich schon Monate vor der Prüfung mit den entsprechenden Personen an der Wunsch-Hochschule in Verbindung zu setzen, um zu einer realistischen Einschätzung der eigenen Chance zu gelangen. Weniger gut ist es, sich auf die Aushänge an den schwarzen Brettern so vieler dieser Hochschulen zu verlassen: »Professionelle Schauspielerin bereitet vor / Sänger betreut Aufnahmeprüfungsprogramm / Begutachte Ihre Mappe für die Bewerbung an der Kunsthochschule«. Es scheint, als habe sich hier ein ganzer Schwarzmarkt von Aufnahmeprüfungs-Experten gebildet. Manche von ihnen können Ihnen vielleicht mit nützlichen Tipps zur Seite stehen. Die meisten Zettelschreiber aber sollte man fragen, wie es sein kann, dass sie noch auf dem freien Markt tätig sind, während sie es doch längst zum Professor oder zur Professorin hätten bringen können.

Sind Studium und Ausbildung glücklich hinter sich gebracht, dürfen Sie davon ausgehen, dass die wiederum neu gebildeten Kommissionen für die Abschlussprüfung ebenfalls einschätzen können, ob Sie den abzuprüfenden Stoff beherrschen oder nicht. Wenn es allerdings nur darauf ankäme! Tut es aber nicht. Denn ob Aufnahme- oder Abschlussprüfung – hier wird ein ganzer Reigen von Fertigkeiten abgefragt.

Die erste ist Aura, Ausstrahlung, Oberfläche, Selbstsicherheit. Schleichen Sie nicht schlecht gelaunt in den Prüfungsraum, sondern betreten Sie ihn mit blitzenden Augen. Schauen Sie sich die Menschen an, erlauben Sie sich erwartungsvolle, vielleicht sogar rügende Blicke, wenn man Sie nicht respektvoll begrüßt oder wenn jemand gelangweilt in Unterlagen blättert, während Sie sprechen. Sie haben nicht viel Zeit; jede Minute sollte von nun an erfüllt sein.

Allerlei Gedanken mögen Ihnen helfen, sich vom Ausnahmecharakter dieser Veranstaltung nicht beunruhigen zu lassen.

Zum Beispiel sind Prüfer generell frustriert, von furchtbaren Prüflingen und erwartbaren Antworten. Sie freuen sich nicht, wenn sie morgens aufstehen und wissen, dass Prüfungstag ist. Ungern vergeben sie auch schlechte Noten. Gute Prüfungskandidaten und -kandidatinnen heben daher grundsätzlich die Laune.

Sie sollten also gut vorbereitet sein. Bringen Sie eine gute Mischung aus Breiten- und Detailwissen mit, das Sie sich in langer Vorbereitung angeeignet haben. Wissen sitzt fester, wenn es Sie bereits einige Zeit begleitet, langfristig erworbener Sonnenbräune nicht unähnlich. Vermeiden Sie zugleich das Lernen bis zur letzten Minute. Lassen Sie den Dingen ihre Zeit und sich selbst und allerlei freischweifenden Gedanken genügend Spielraum. Geben Sie sich in den Abendstunden der letzten Tage vor der Prüfung frei und sehen Sie spätestens am Tag der Prüfung nicht mehr in Ihr Material.

Versuchen Sie dann schon beim Lernen, Verbindungen zwischen Ihren Wissensfeldern zu knüpfen und nichts zu benennen oder anzudeuten, das Sie nicht weiter erläutern könnten. Prüfer und Prüferinnen warten nur darauf, dass Sie von »Asphyxie« sprechen werden, den Begriff aber nicht zu erklären imstande sind, oder dass Sie auf »postmoderne Attitüden« verweisen und auf Nachfrage keine Beispiele bringen können.

Solche Fragen sind ebenso berechenbar wie der ganze Ablauf der Prüfung. Nach dem Guten-Tag-Sagen, dem Aushändigen eventueller Unterlagen und der ersten Frage sind Sie zum Beispiel am Zug und können oft auch noch selbst entscheiden, wie Sie beginnen möchten. Je mehr Sie nun sprechen, desto leichter haben es die Prüfer, je strukturierter Sie vorgehen, desto wohlwollender werden ihre Blicke auf Ihnen ruhen.

Verlegen Sie sich darauf, Fragen, die Sie nicht beantworten können, trotzdem zu beantworten. Es ist zwar erlaubt, ein- oder zweimal einzugestehen, etwas nicht zu wissen. Weitere Fragen, zu denen Sie nichts sagen können, sollten Sie aber anders behandeln. Sie können hier mit der Entscheidung kontern, eine andere Gewichtung dieser oder jener Fragestellung viel interessanter zu finden. Genauer können wir hier leider nicht werden – aber doch versprechen, dass Keckheit und Improvisationsgabe, wenn sie denn stichhaltige Erkenntnisse mit sich führen, die Kommission auf jeden Fall beeindrucken.

Ihre Prüfung soll eine Feststunde sein. Das Gegenstück zur automatisch schlechten Laune, die viele Kommissionen mit in die Prüfung bringen, besteht darin, dass die Prüfungssituation eine Ausnahme innerhalb des Wissenschaftsdiskurses darstellt. Sie verlangt nach Inhalten. Sie verbietet, dass Professoren sich spreizen – schließlich stehen Sie als Kandidatin im Mittelpunkt. Überhaupt kennt sie kein Publikum, daher auch keine Angeberei, kurz, sie erlaubt ein von Äußerlichkeiten gereinigtes Sprechen über die Dinge, die Sie und die Kommission interessieren. Denn noch die ausgebufftesten Professorinnen und die erfahrensten Professoren, noch die erschöpftesten Prüfungskandidatinnen sollten eine Grundbegeisterung für ihr Fach bewahrt haben, die in einer solchen Prüfung wieder zum Vorschein kommen kann.

Wenn Sie nun immer noch nervös sind, machen Sie sich klar, dass die Stunde Ihrer Prüfung zwar ein Meilenstein auf dem eigenen Ausbildungsweg sein mag, für die Mitglieder der Kommission aber wahrscheinlich nicht viel mehr ist als ein lästiger Bestandteil ihres Tagesplans. Womöglich kommen sie gerade vom Mittagessen, hängen in Gedanken noch den letzten schlechten Witzen hinterher, die überm Sauerbraten gerissen wurden, und haben Mühe, sich von jetzt auf gleich auf germanistisches, biochemisches oder juristisches Wissen einzustellen. Ihr Vorteil, Ihre Stunde.

Überlegen Sie auch, wie viel Ihre Prüfer und Prüferinnen realistischerweise über Ihr Themengebiet wissen können. Mitunter dürfen Prüflinge ihre Themen selbst aussuchen. Dann besteht eine gewisse Wahrscheinlichkeit, dass Sie mehr darüber wissen als die Person, die Ihnen gerade einige Fragen dazu stellt. Halten Sie sich auf der anderen Seite bedeckt bei Themen, die Ihr Professor bereits selbst in aller Ausführlichkeit bearbeitet hat. Hier können Sie zwar durch den Dialog auf Augenhöhe punkten. Eher aber riskieren Sie, schwierige Dinge gefragt zu werden, solche vor allem, die er aus unerfindlichen persönlichen Gründen während der Prüfung in den Mittelpunkt stellt, ohne dass sie deswegen wirklich dorthin gehörten.

Achten Sie zu guter Letzt darauf, sich eine Kommission zusammenzustellen, von der Sie wissen, dass sie freundlich urteilen wird. Eine harte Bewertung Ihrer Leistungen dürfen Sie sich an anderer Stelle leisten, zum Beispiel hinter den Kulissen und in den Vorab-Schein-Prüfungen, die Kommilitoninnen und Kommilitonen mit Ihnen abhalten. Zur Prüfungsintelligenz hingegen gehört, sich die Dinge einfach zu gestalten. Wenn hinterher auf Ihrem Zeugnis ein »ausreichend« steht, wird es niemanden interessieren, ob »dafür aber« Person XY ihre strengen Maßstäbe angelegt hat. Wer stattdessen alle, auch die fadenscheinigsten Zeichen noch, vorab auf »gut« oder sogar »sehr gut« stellen kann, sollte dies unbedingt tun. Der Rest ist dann tatsächlich nur Glück.

Noch eines: Manche Frauen – im Übrigen auch Männer – zögern den Abschluss ihres Studiums immer weiter hinaus, trotz

Studiengebühren und allerhand anderer Sanktionen. Vermutlich hat dieses Vorgehen weniger mit Prüfungsangst zu tun oder der Unfähigkeit, sich im akademischen Bürokratiedschungel zu orientieren, als mit der Sorge, was nach der Prüfung kommen könnte. Hierin ähneln die Prüfung-Verschieberinnen den Doktorarbeit-Nicht-Fertigbekommerinnen. Der Abschluss einer ganzen Epoche kann mit dem Ablegen der Prüfung dräuen, das Ende seliger Studien- und Ausbildungstage. Die Not mag beginnen, sich auf dem Arbeitsmarkt zurechtfinden zu müssen, ein Wohnungswechsel kann ins Haus stehen, ein Ortswechsel, Abschiede und so weiter. All das sind gute Gründe; Zaudern ist menschlich. Dennoch ist Aufschieben keine Lösung. Versuchen Sie, sich den Sprung ins Offene attraktiv vorzustellen. Nutzen Sie den sozialen Sog, der entsteht, wenn »alle« sich zur Prüfung anmelden. Melden auch Sie sich an, freuen Sie sich auf einen garantiert einzigartigen Tag.

Eine Doktorarbeit schreiben

Natürlich ist es schön, einen Doktortitel zu führen. Zwar ist man in Deutschland nicht ähnlich autoritätshörig wie in Österreich, wo schon das Ausfüllen eines *online*-Formulars Schwierigkeiten schafft, weil man vor lauter »Direktor«, »Magister«, »Professor« nicht ein noch aus weiß. Auch geben sich die wenigsten Leute im Alltag mit jener zungenbrecherischen Übung ab, die es bedeutet, den Doktortitel bei der Anrede stets mitzunennen: »Guten Tag, Frau Doktor Hüllenberger, wie schön, Sie zu sehen.« Gewöhnen Sie sich frühzeitig daran, dass man Ihren Doktortitel nicht allzu oft nennen wird.

Das ist aber egal. Denn statistisch kommt es ungefähr zweimal pro Woche vor, dass Sie Ihren Namen nennen oder irgendwo eintragen müssen. Und in solchen Momenten findet für all diejenigen, die sich mit einem Doktortitel schmücken dürfen wie mit einem kostbaren Armreif, jener Vorgang statt, den eine neuerdings mit einem Bürgerlichen verheiratete adelige Freundin nun schmerzlich vermisst: Das subtile Beeindrucken durch Angabe von Titel und Namen. Das Platzen der D-Bombe. Die Gewissheit, sich nicht umsonst gequält zu haben. Auch wer die eigene Doktorarbeit nicht nach zwei, sondern erst nach neun Jahren abgeschlossen hat, wird von diesem Vorgang jahrzehntelang etwas haben.

Überhaupt sollte schon an dieser Stelle darauf hingewiesen werden, dass die größte Herausforderung beim Promovieren wohl darin besteht, eine Dissertation auch nach vielen Jahren und zahlreichen zusätzlichen Fährnissen abzuschließen, weil das noch schwieriger ist, als sich in knapp drei Jahren hindurchzuarbeiten. Allerdings wird sogar die schnellste Promovendin irgendwann merken, dass der Titel, der ihr vorschwebt, nicht für *doctor* stehen wird, für »Lehrer«, sondern eher für so etwas wie »Durchhalter« – doch dazu unten mehr.

Denn wichtiger als all das sind selbstverständlich die hehren Gründe. Eine Frau, die promoviert hat oder etwas verschnöselter: promoviert worden ist, kennt sich bestens mit einem bestimmten Thema aus. Sie hat bewiesen, dass sie unverwechselbare Ideen hat. Sie hat gute Chancen, der Erwerbslosigkeit zu entgehen. Solcherart Vorteile aber überwiegen leider nicht immer die Nachteile, und so sind wir schon jetzt bei den großen, mitunter unüberwindlich scheinenden Schwierigkeiten angekommen.

Die Themenfindung zum Beispiel. Wie bei einer guten Handarbeit auch, so sind Arbeitsaufwand und Ergebnis sensibel aufeinander abzustimmen. Schließlich begleitet ein Thema seine Bearbeiterin ihr Leben lang; wenn sie auch nach Abgabe ihrer Dissertation der Wissenschaft treu bleiben möchte, muss sie sogar damit rechnen, bis zur Emeritierung damit zu tun zu haben. »Das ist doch die ›Kleopatra‹-Hüllenberger«, wird es jahrzehntelang heißen, »die laden wir jetzt einmal zu unserer ›Cäsar‹-Konferenz ein.« Auf jeden Fall geschieht dies, wenn Sie eine aufsehenerregende Arbeit abgegeben haben, wovon wir hier einmal ausgehen wollen. Doch auch wer im Labor arbeitet und Tag für Tag bloß immer neue Hefekulturen ansetzt, muss achtgeben, dass die Aufgabenstellung stichhaltige Ergebnisse verspricht. Unglücklicherweise gibt es eine Vielzahl von Promovendinnen, die sich über dem Verfassen ihrer Arbeit Depressionen eingehandelt haben, weil sie die Ertragskraft ihres Themas falsch einschätzten.

Nehmen wir also an, Sie haben ein Thema gefunden, mit dem Sie sich gern für Jahrzehnte verheiraten möchten, dazu ein Stipendium bekommen oder eine Halbtagsbeschäftigung, die Ihnen nicht zu viel Energie raubt und garantiert, dass Sie der Welt vor lauter Forschen nicht vollständig abhandenkommen. Wenn Sie Kinder haben, sind diese womöglich halbtags betreut. Oder Ihr Arbeitgeber hat Sie für ein Jahr freigestellt. Vielleicht mögen Sie auch lieber ganz normal weiterarbeiten und sich an jedem freien Wochenende an Ihre Dissertation setzen: jede nach ihrem Geschmack.

Sichern Sie sich Ihre persönlichen Arbeitsbedingungen. Sie brauchen Ruhe und verlässliche Freiräume. So sehr wird in den kommenden Jahren alles nach Ihrem Lustprinzip gehen müssen – danach also, wie Sie am allerbesten vorankommen mit Ihrer Arbeit –, dass Sie die Modalitäten dafür gut abstecken sollten. Manche Promovendinnen mögen die Einsamkeit. Andere werden verrückt davon. Diese Frau möchte jeden Monat etwas im Kolloquium vortragen, eine andere fühlt sich über die Maßen kontrolliert, wenn ihre Doktormutter ihr einmal im Jahr eine detaillierte Bewertung des bisher Verfertigten zukommen lässt.

Suchen Sie sich mithin auch Ihr Doktorelternteil danach aus, welche Betreuung Sie zu brauchen glauben. Einigen Doktormüttern sind ihre Promovendinnen nachgerade egal. Dann wieder gibt es Doktorväter, die es kaum ertragen, wenn ihre Zöglinge nicht Tag und Nacht mit ihrem Thema beschäftigt sind. Rechnen Sie allerdings im Ganzen damit, dass Ihr Thema nur Sie allein wirklich interessieren wird. Neben der schwierigen Passung von Arbeitsaufwand und Ertrag besteht der zweite große Stolperstein einer Doktorarbeit nämlich darin, dass man sie zwar liebt, zugleich aber damit zurechtkommen muss, an etwas anscheinend ziemlich Überflüssigem arbeiten zu müssen. Und zwar jahrelang und mit großem Einsatz.

Anfangs mögen Sie noch genau wissen, warum die Welt gerade Ihre Arbeit braucht und Sie *das* Standardwerk zu Arthur Rimbaud liefern müssen oder zu der Frage, inwiefern Weizenkleie bei der Verdauung hilft. Doch in stillen, grauen Stunden wird Ihnen bewusst werden, dass die Dame hinter der Theke Ihrer Schnellreinigung womöglich eine Arbeit tut, von der das Gemeinwohl eher profitiert als von Ihrem intellektuellen Schweifen. Es wird Sie fuchsen, dass Freunde und Freundinnen in jenen Jahren, in denen Sie sich für Ihre Promotion von der Welt zurückgezogen haben, in Sachen Berufsfindung, Hausbau, Fortpflanzung und Ansammlung von Reichtümern weitergeschritten sind. Insofern scheint auch das Ticken der biologischen Uhr für Doktorandinnen besonders vernehmbar. Versuchen Sie daher, nicht ganz in Ihrer Arbeit zu ertrinken und den Anschluss an Ihr soziales Umfeld nicht zu verlieren. Gewöhnen Sie sich zugleich daran, dass Sie in relativer Isolation werden arbeiten müssen. Damit muss man einfach zurechtkommen. Durchhalten also, einfach nicht verzweifeln und immer an den Titel denken.

So sind wir endlich beim Stichwort angekommen. Denn durchzuhalten, Sitzfleisch zu beweisen, das ist wohl die wichtigste Tugend, die es mit dem Verfassen einer Doktorarbeit unter Beweis zu stellen gilt. Wohl alle kommen an den Punkt, an dem sie aufgeben möchten. Halten Sie deswegen die Flamme Ihrer ursprünglichen Begeisterung für Ihr Thema so gut wie möglich am Brennen, aber seien Sie auch pragmatisch. Ihr Thema hat nicht nur heilige Seiten, sondern auch eine Funktion, die nämlich, Ihnen eine Eintrittskarte in den Club der Wissenschaft beziehungsweise der exzellent Ausgebildeten zu liefern. Ihr Thema muss Ihnen deswegen nicht leidtun. Es wird es ertragen. Die Erfahrung lehrt im Übrigen, dass die meisten Promovenden an der Schwelle vom Sammeln zum eigentlichen Schreiben aufgeben möchten. Im Kopfe, sagen diese Menschen, sei der Text längst bereit. Er müsse nur noch in einem groß angelegten Schwung hingeschrieben werden.

Doch eher als auf eine ungeheure Schreib-Eruption zu warten, nützt es manchmal, einfach zwei Seiten am Tag zu verfassen, wochen-, ja monatelang, immer nach dem Motto »mühsam sammelt das Eichhörnchen«. Manchmal wird es nur eine halbe Seite sein, dann wieder sind es drei auf einmal. Einen oder auch mehrere Tage lang bringen Sie nichts zuwege, am anderen juckt es Sie schon am Morgen in den Fingern. All das gehört dazu; Sie werden lernen, mit kurzzeitigen Irritationen umzugehen.

Helfen Sie sich, so gut es geht. Hören Sie abends an einer Stelle auf, an der Sie am Morgen Lust haben werden weiterzuarbeiten. Setzen Sie sich einen Plan auf, der ganze Monate abdeckt. Er ist zwar meist nicht einzuhalten. Das Unbewusste aber, jene Instanz also, der Sie beim Doktorarbeitschreiben mehr und mehr vertrauen sollten, sorgt mit. Am Ende sind Sie vielleicht viel zu spät dran, doch besser, ein paar Wochen oder Monate, womöglich sogar ein Jahr zu spät, als niemals fertig zu werden.

Die nächste Schwelle gilt es zu überwinden, wenn die Arbeit immer perfekter werden soll. Perfektion ist eine hübsche Sache. Aber man kann es auch übertreiben. Schon gar dann, wenn man die Arbeit einfach nicht loslassen und am liebsten aus dem vorübergehenden einen ewigen Status machen möchte. Einige Promovendinnen haben solche Schwierigkeiten damit, über die Schallmauer der Abgabe hinaus zu denken, dass sie lieber die geliebt-gehasste Arbeit an der Dissertation aufrechterhalten als sich dem Reiz des Neuen zu stellen.

Sie müssen aber. Stellen Sie sich also grausame Dinge vor. Töten Sie Ihre Arbeit. Machen Sie sie buchstäblich fertig! Lassen Sie sich nicht weiter von ihr in Ihr Alltagsleben hineinkommandieren! Stellen Sie sich nur vor, wie schön Ihr Leben nach Abgabe der Dissertation sein wird. Lassen Sie sich Geschenke von Freunden und Freundinnen versprechen, locken Sie sich selbst. Seien Sie diszipliniert, aber nie grausam gegen sich selbst; es nützt nichts, wenn Sie gegen sich angehen. Durchhalten kann man nur mit viel Selbstliebe. Anders gesagt: Eine gelungene Doktorarbeit kann nur dann entstehen, wenn Sie die richtige Mischung anzuwenden wissen aus »sich tragen« und »sich treten«.

Kreativ sein

Früher pflegte man ein Hobby – heute ist man kreativ. So uncool das eine, so erstrebenswert das andere. Dabei handelt es sich eigentlich um das Gleiche, um eine freudvolle Freizeitbeschäftigung. Wird mit dem Hobby eher der kleinbürgerliche Mann assoziiert, der in seinem selbstausgebauten Keller an seiner Miniatureisenbahn bastelt, so treffen sich die Kreativen in Töpferkursen, Koch-Workshops oder in der Uckermark zum gemeinsamen Malen. Das Bewertungsgefälle zwischen Kreativsein und Hobbypflegen ist verdächtig.

Früher gingen die Menschen morgens zur Arbeit, machten Mittagspause in der Kantine, kamen zu einem möglichst frühen Zeitpunkt zum wohlverdienten Feierabend heim und waren nun frei zu tun, wozu sie Lust hatten. Vor allem an den langen Wochenenden herrschte diese sorglose Freizeit, in der man sich nichtsnutzigen Tätigkeiten hingab: angeln, basteln, Kaffee trinken, Porzellanschweine bemalen.

Dann aber verwandelten sich Arbeitswelt und Gesellschaft, mit dem Resultat, dass immer mehr Menschen ihre Arbeit nicht mehr als anstrengendes Mittel zum Zweck des Gelderwerbs betrachten durften, sondern als eine selbstgewählte, spannende und bedeutende Tätigkeit. Zu dieser Zeit wurde das Kreativsein *en vogue*. Sein Boom ist nicht zuletzt ein Zeichen dafür, dass die Arbeitswelt mit ihren Ansprüchen immer größere Bereiche der Freizeit kolonialisiert. Vielleicht liegt im echt überflüssigen Hobby mehr subversives Potenzial als in der vermeintlich progressiven Kreativität, die letztlich doch wieder der Selbstvermarktung dient.

Deshalb wollen wir Sie ermutigen, all die schönen und nutzlosen Betätigungsfelder (Sticken, Häkeln, Nichtstun), zu denen wir anregen, durchaus als Hobby zu betreiben und beim Anspruch auf kreative Selbstverwirklichung stets kritisch zu prüfen, ob sie wirklich so spaßig ist, wie sie sein sollte. Sollten Sie hingegen zu den Glücklichen gehören, die von einem Kreativberuf leben können, wissen Sie selbst am besten, dass es zum erfolgreichen Kreativsein vor allem der Disziplin und Routine bedarf.

Gehaltsverhandlungen führen

Frauen verdienen 25% weniger als Männer. Bereits das Einstiegsgehalt von Frauen liegt deutlich unter dem von Männern. Dieser Fehlstart setzt sich dann in der Berufslaufbahn weiter fort. Woran liegt's? Mit diesem Test erfahren Sie, welcher Gehaltstyp Sie sind: Haben Sie das Zeug dazu, so viel zu verdienen wie ein Mann, oder gehen Sie mit sogar 50% weniger nach Hause?

1 Sie suchen ein Foto für Ihre Bewerbungsmappe aus. Worauf fällt Ihre Wahl?

A *Ich gehe zu einem professionellen Fotografen und lasse mich in fünf verschiedenen Stilen ablichten. Das kostet zwar fast 150 Euro, und ich habe erst letztes Jahr welche machen lassen, aber für die Karriere muss man eben etwas tiefer in die Tasche greifen.*

B *Ich krame zwei Tage in den Schubladen und finde schließlich meine Bewerbungsfotos. Die sind zwar schon acht Jahre alt und nicht so richtig trendy – dafür habe ich aber weniger Falten und sehe richtig jung aus.*

C *Ich schneide einen Schnappschuss von der letzten Party aus. Darauf sehe ich so lustig aus, schließlich ist der Chef auch nur ein Mann, und dem gefalle ich sicher mit meinen sexy Spaghettiträgern.*

2 Sie sind auf dem Weg zum Vorstellungsgespräch. Wie fühlen Sie sich?

A *Super! Schließlich habe ich gleich einen Auftritt, bei dem ich alle Anwesenden von meiner fachlichen Brillanz überzeugen werde.*
B *Nervös, schließlich muss ich gleich Rede und Antwort stehen.*
C *Hoffentlich finde ich den Laden überhaupt.*

3 Der Chef holt Sie zum Vorstellungsgespräch aus dem Foyer ab. Wie reagieren Sie?

A *Ich stehe auf, lächle, suche Blickkontakt und drücke ihm die Hand. Dabei mache ich eine nette Bemerkung über die Innengestaltung des Gebäudes.*
B *Ich stehe auf und begrüße ihn. Leider klingt meine Stimme ein bisschen gepresst und dünn, weil ich so aufgeregt bin. Das versuche ich durch ein freundliches Lächeln zu kaschieren.*
C *Ich springe auf, dabei stolpere ich leider mit diesen verfluchten Stilettos. Der nette Chef fängt mich aber auf. Ich sage »Hallo, kann ich vorher noch mal für kleine Mädchen?«*

4 Sie sitzen dem Personalentscheidungsgremium gegenüber. Was wissen Sie über die Firma?

A *Alles natürlich: Firmengröße, Mitarbeiterzahl, Umsatz, die Produktpalette. Ich kenne auch die Mitbewerber und die Firmengeschichte, auch, was sonst in der Branche so los ist. Ich bin doch nicht blöd und gehe unvorbereitet in so ein Gespräch.*

B *Hab mich natürlich ein bisschen schlau gemacht und weiß so ungefähr, was die machen.*
C *Den Namen, weiß aber noch immer nicht so richtig, wie man den ausspricht.*

5 Der Chef fragt Sie nach Ihrem größten beruflichen Erfolg und nach dem größten Flop. Wie antworten Sie?

A *Ich erzähle von beidem ehrlich und offen. Bei meinen Erfolgsgeschichten erwähne ich aber auch den Beitrag der Kollegen, damit man mich nicht für eingebildet hält, bei den gefloppten Projekten nehme ich eines, das schon Jahre zurückliegt und betone vor allem, wie ich damit umgegangen bin. Personaler hören es gerne, wenn man aus seinen Fehlern lernt.*
B *Auf die Frage bin ich gar nicht vorbereitet. Deshalb muss ich erst mal überlegen. Schließlich fallen mir aber zwei Beispiele ein, von denen berichte ich dann offen und ehrlich.*
C *Meine Flipflops sind Größe 38. Aber warum will er das wissen?*

6 Der Chef fragt Sie nach Ihrer privaten Situation. Was denken Sie?

A *Ich denke: »Ach, die Kinderfrage, nun will er wissen, ob ich demnächst schwanger werde und er mich fünf Monate für nichts und wieder nichts auf seiner Gehaltsliste hocken hat.« Sagen tue ich: Dass ich auch privat sehr gerne reise, dass mir meine Unabhängigkeit über alles geht und meine Schwester zwei süße Töchter hat, bei denen ich vorbeischaue, falls mir mal der Sinn nach Kindern steht, ich selbst aber die Familienplanung erst in der Zukunft – vielleicht so in zehn Jahren – ins Auge fassen will, wenn ich beruflich alles erreicht habe.*

B *Ich denke: »Das ist aber nett, dass er sich auch für mich als Privatperson interessiert und nicht nur für meine Arbeitskraft.« Ich erzähle, dass ich demnächst heiraten werde und noch keine Kinder habe.*

C *Ich denke: »Wow, der findet mich voll süß!« Ich erzähle ihm, wie viel Spaß ich mit meinen Freunden letztes Wochenende bei der Poolparty hatte.*

7 Schließlich werden Sie nach ihren Gehaltsvorstellungen gefragt. Wie reagieren Sie?

A *Ich weiß natürlich genau, was bei meiner Berufserfahrung, in dieser Branche und bei dieser Firmengröße gezahlt wird. Ich nenne einen Betrag, der etwa 15% darüber liegt. Auf die Nachfrage, warum man mir dieses »Mehr« zugestehen soll, erwähne ich das Know-how, das ich aus meiner bisherigen Berufstätigkeit mitbringe, und die Eigeninitiative, mit der ich Ideen entwickle und umsetze.*

B *Um diese Frage drücke ich mich gedanklich immer herum, weil ich meinen eigenen Wert gar nicht so genau kenne. Deshalb sage ich »Ach, sagen Sie mir doch, was man bei Ihnen verdient.«*

C *»Huch, darüber habe ich noch gar nicht nachgedacht.«*

8 Warum wollen Sie überhaupt berufstätig sein?

A *Kann man auch nicht berufstätig sein?*

B *Ein zusätzlicher Verdienst zu dem Gehalt von meinem Partner ermöglicht uns einen besseren Lebensstandard. Außerdem gibt er mir Sicherheit, falls die Beziehung mal zerbricht.*

C *Männer finden das heutzutage besser, wenn auch die Frau arbeiten geht.*

VORWIEGEND A: TYP »KARRIEREFRAU«

Sie sind eine echte Karrierefrau. Sie kennen sich bestens aus, Ihrer Karriere steht nichts im Wege. Sie verdienen so gut wie ein Mann, vielleicht sogar mehr. Ihr Problem könnte allerhöchstens sein, dass Sie zu perfekt sind. Auch Personalentscheider sind schließlich nur Menschen, und wenn Sie mit Ihrem Selbstbewusstsein, Ihrer fachlichen Kompentenz und Ihrem perfekten Styling auftreten, bekommen sie Angst um ihren Posten und fühlen sich dumpf und hässlich. Letzlich bleibt Ihnen nur eines übrig: Sie müssen wahnsinnig nett und sympathisch sein und: Aufsteigen, Aufsteigen, Aufsteigen, denn nur in der Oberliga sind Sie richtig aufgehoben. Wir winken Ihnen von unten zu und freuen uns mit Ihnen.

VORWIEGEND B: TYP »NORMALBENACHTEILIGT«

Sie gehören zur Kategorie der stinknormal benachteiligten Frau, die sich unter Wert verkauft. Sie verdienen 20–30% weniger als ein Mann in einer vergleichbaren Position. Die Gründe dafür liegen auf der Hand. Es geht schon mit Ihrer Einstellung zur Berufstätigkeit los: In Ihrem Unterbewusstsein verstehen Sie sich selbst nicht als die Ernährerin der Familie, sondern eher als

Zuerwerbstätige. Die Berufstätigkeit ist bei Ihnen als eine Art Zwischenspiel gedacht, das jederzeit durch Schwangerschaft und Erziehungszeit unterbrochen werden könnte. Weil Sie diese Grundeinstellung auch im Gespräch und bei der Frage ums Gehalt nicht ganz verheimlichen können, nimmt man Sie nicht so richtig ernst und stuft Sie entsprechend ein.

Auch Sie selbst trauen Ihren eigenen Fähigkeiten nicht so recht, deshalb vermarkten Sie sich nicht gut genug. Eigen-PR ist in dieser Welt aber alles, deshalb müssen Sie hart an sich arbeiten: Die Tatsache, dass Sie die Schufterei in der schönen, neuen Arbeitswelt mit unbezahlten Überstunden, nervigen Kollegen und anstrengenden Chefs nicht für eine allein selig machende Beschäftigung halten und Sie sich auch als Mutter sehen, sollte Sie nicht defensiv machen: Nicht Sie sind das Problem mit Ihrem doppelten Anspruch ans Leben, sondern eine Arbeitswelt und eine Gesellschaft, die es nicht für nötig hält, sich auf die Bedürfnisse berufstätiger Mütter einzustellen. Ihre heroische Aufgabe ist es daher, die Haltung zu entwickeln, dass beides geht: erfolgreich zu arbeiten und gut zu bemuttern. Auch wenn Ihnen niemand glaubt: Wir stehen Ihnen zur Seite und bewundern Ihren Mut.

VORWIEGEND C: TYP »SCHNUFFELHÄSCHEN«

Es gibt ja tatsächlich Branchen, in denen sich das Verdienstgefälle kaum noch in Prozentzahlen ausdrücken lässt. Ein Starfriseur wie Udo Walz, der Hollywooddiven, Terroristinnen und Nachrichtensprecherinnen frisiert, gehört zu den Großverdienern, während eine in Vollzeit tätige Friseurin aus Sachsen-Anhalt mit einem Gehalt von 600 Euro plus 175,50 Euro staatlicher Aufstockung nicht in der Lage ist, ihren Lebensunterhalt zu bestreiten, und nur mit familiärer Unterstützung überleben kann. Ursprünglich sind beide das Gleiche: Friseure! Ist es so, dass die Frauenspezifität dieses Berufsfeldes dazu geführt hat, hier branchenübliche Löhne zu etablieren, die von Anfang an davon ausgehen, dass Frauen eben nur zu- und nebenerwerbensmäßig tätig sind und man sie deshalb schlecht bezahlen darf? Wir geben an dieser Stelle zu, dass wir uns in der Welt der Friseure und ihrer Bewerbungsstrategien nicht auskennen.

Ein Unternehmen gründen

Wenn Sie gerade ein Unternehmen gründen, sind Sie vermutlich zwischen 35 und 54 Jahre alt (64 %) und haben Abitur (37 %). Zuvor waren Sie in einer abhängigen Beschäftigung (69 %) oder in der Familienpause (ca. 23 %). Für Ihr Unternehmen haben Sie wahrscheinlich keinen Kredit aufgenommen, sondern sich Geld bei Ihrer Familie geliehen, vielleicht auch bei Ihrem Mann, denn mit 65 % Wahrscheinlichkeit sind sie verheiratet. Den finanziellen Bedarf Ihres Unternehmens haben Sie eher niedrig veranschlagt, mit einem Betrag zwischen 2600 Euro und 25 000 Euro. Ihr Eigenkapitalanteil lag unter 10 000 Euro. Sie starten Ihr Unternehmen, das wahrscheinlich im Dienstleistungssektor liegt (56 %) oder in der wachsenden Kreativwirtschaft, als Nebenerwerb und arbeiten ungefähr 20 Wochenstunden für Ihr Unternehmen. So sieht statistisch gesehen die Unternehmensgründung einer Frau aus. Aber was bedeutet das?

Als unternehmerisch tätige Frau befinden Sie sich in guter, wenn auch kleiner Gesellschaft. In Deutschland gibt es zurzeit ungefähr eine Million Unternehmerinnen. Das ist im internationalen Vergleich wenig: In anderen europäischen Ländern liegt der Anteil selbstständig tätiger Frauen weit höher. Laut einer Studie des Global Entrepreneurship Monitor lag Deutschland bei der Gründungsfreundlichkeit für Frauen im Jahr 2006 auf dem 36. von 37 Plätzen. Woran liegt's? Die bundesdeutschen Förderinstrumente sind auf die männliche Unternehmungsgründung zugeschnitten und gehen an den Bedürfnissen und Anforderungen von Frauen vorbei. Frauen gründen nämlich anders und mit anderen Voraussetzungen.

Zum Beispiel so: Maria Bach ist Musikwissenschaftlerin und Sängerin. Nach ihrem Studium finanziert sie ihren Lebensunterhalt mit wechselnden Engagements an kleinen Theatern und befristeten Lehraufträgen. Im Alter von 34 Jahren wird sie schwanger. Nach der Geburt des Kindes ist es schwierig, an die vormalige Berufstätigkeit anzuknüpfen, weil sie mit vielen Ortswechseln und Reisen verbunden war. Nach einem Jahr Babypause wird Maria Bach unruhig. Das Erziehungsgeld läuft aus, eine kostengünstige Kinderbetreuung ist nicht in Sicht, und durch ihre berufliche Abstinenz verflüchtigen sich die alten Arbeitskontakte zusehends. Sie hat das Gefühl, den Anschluss zu verlieren und zugleich in finanzielle Abhängigkeit von ihrem Lebensgefährten zu geraten.

In dieser Situation beschließt sie, eine kleine Schule für musikalische Früherziehung zu gründen. Damit knüpft sie an ihre musikalische Kompetenz an, macht sich aber auch die neuen Kontakte zu anderen Familien zunutze. Außerdem lässt sich diese Art der Tätigkeit mit der Kinderbetreuung einigermaßen in Einklang bringen. Aus verschiedenen Gründen nun greifen die üblichen Fördermittel bei Maria Bach nicht. Das geht schon mit der Größe ihrer Firma los: Frau Bach möchte nämlich nicht eine Riesenschule mit zehn Mitarbeitern aufziehen, sondern bloß sich selbst unterhalten. Vielleicht stellt sie bei Bedarf eine

Kraft zur Unterstützung ein, aber im Großen und Ganzen möchte sie eine Selbstständigkeit als Ein-Frau-Betrieb in einem Ein-Raum-Laden. Für diese Art der Klein- und Kleinstgründungen gibt es – gerade wenn sie (zunächst) im Nebenerwerb stattfinden – aber kaum Fördermöglichkeiten. Das Gegenteil ist der Fall: Die Einstufung als Selbstständige katapultiert sie sogleich in eine Einstufung bei der Krankenkasse, die fast die Miete ihres Ladens ausmacht. Der kleine Gewinn, den sie erzielt, wird unverhältnismäßig hoch mit Steuern belegt. Ein »bisschen« zu verdienen, ist in Deutschland extrem unlukrativ.

Auch die Kreditvergabeabteilungen bei den Banken sind auf frauentypische Gründungen nicht eingestellt. Unter einer Arztpraxis oder einem Lebensmittelladen kann man sich dort zwar etwas vorstellen. Geschäftsfelder wie Kinderkleidung, Musikpädagogik, Hundeschule, Ernährungsberatung, Nachhilfeunterricht aber sind so etwas wie böhmische Dörfer, jedenfalls nichts, was man begeistert finanzieren würde.

Überhaupt setzen Frauen bei der Planung beruflicher und unternehmerischer Tätigkeit anders an – man könnte sagen: komplexer. Es geht eben nicht nur darum, die Karriereleiter hinaufzuklettern, sondern auch darum, Verschiedenstes unter einen Hut zu bringen: Kinderbetreuuung, Arbeitskontakte, Räumlichkeiten, alltagspraktische Organisation. Ein Beispiel für ein wirtschaftlich orientiertes Frauennetzwerk, das Schutz und Schirm über Unternehmensgründerinnen ausbreitet, ist die »Weiber-Wirtschaft«. Dieses Gründerinnenzentrum aus Berlin besteht seit 1996 und ist genossenschaftlich organisiert; es wird von einer großen Zahl Genossinnen – derzeit 1600 – unterstützt. Die

Genossenschaft kaufte 1992 einen Gewerbehof in Berlin-Mitte und baute ihn bis 1996 zu Europas größtem Gründerinnen- und Unternehmerinnenzentrum um. Heute sind dort auf 7100 qm Nutzfläche 13 Wohnungen und rund 65 Firmen in Frauenhand angesiedelt. Zur Infrastruktur zählen Tagungsräume, Kantine und Kindertagesstätte. Hier findet die unternehmenslustige Frau attraktive Wohnmöglichkeiten, Räumlichkeiten, die dem Zustand ihres Geschäfts angepasst werden können, Betreuung für die Kinder und Kontakte aller Art.

Doch auch über die Hauptstadt hinaus gibt es für Frauen mit Gründungsplänen Institutionen, die ihnen mit Rat und Tat beistehen: Die bga (Bundesweite Gründerinnenagentur) finden Sie unter www.gruenderinnenagentur.de. Darüber hinaus hat die Agentur regionale Vertretungen. Frauen in der Gründungsphase können sich auch an ein Gründerinnen- und Unternehmerinnen-Zentrum wenden – kurz GUZ genannt. Diese bieten neben Büroräumen auch Informationen, infrastrukturelle Dienste und die besonders wichtige Vernetzung.

Die Vorstellung, selbstständige Unternehmerin zu werden, ist aus verschiedenen Gründen verlockend: Die lästigen und schwitzigen Einstellungsgespräche fallen weg, erfolglose Gehaltsverhandlungen auch, ebenso die stressigen Aufenthalte in Assessmentcentern – und der Ärger mit den Kollegen oder dem Chef, der Ihre Qualifikation nicht zu würdigen weiß. Es gibt viele Argumente für die Unabhängigkeit, und Frauen, die diesen Schritt gewagt haben und dabei erfolgreich waren, können sich eine abhängige Beschäftigung oft gar nicht mehr vorstellen.

Aber die Gründung eines Unternehmens ist auch ein Schritt,

der nicht aus dem Nichts erfolgen kann und bei dem sehr viel bedacht werden muss – an allererster Stelle die Geschäftsidee: Was soll verkauft werden? Was für ein Produkt oder welche Dienstleistung wollen Sie anbieten? Was ist das Besondere an Ihrem Angebot? Wie unterscheidet es sich von dem, was es bereits auf dem Markt gibt? Warum werden sich Kunden für Ihr Produkt entscheiden? Wer sind überhaupt Ihre Kunden?

Wenn Sie auch auf kritische Nachfragen überzeugende Antworten haben, können Sie zum nächsten Fragenkomplex übergehen, und der betrifft Sie selbst. Wie sind Ihre Kenntnisse in der anvisierten Branche? Haben Sie in diesem Bereich gearbeitet? Kennen den Markt, die Kunden, die Vertriebswege, die branchentypischen Marotten? Oder sind Sie eine Anfängerin? Die meisten erfolgreichen Gründungen geschehen aus einer abhängigen Beschäftigung; die zukünftige Unternehmerin nimmt all das Know-how aus ihrer Berufstätigkeit mit.

Aber nicht nur Ihre Kompetenz sollten Sie kritisch prüfen, sondern auch Ihr Lebensumfeld. Steht Ihr Partner oder Ihre Partnerin hinter Ihren Ambitionen? Sind die Kinder, falls Sie welche haben, aus dem Gröbsten heraus? Wie findet Ihre Familie, wie finden Ihre Freunde die Unternehmenspläne? Rümpft man womöglich die Nase, weil Sie ein alternatives Beerdigungsinstitut gründen wollen? Natürlich müssen Sie nicht auf jeden verschnupften Onkel aus Buxtehude hören, aber einer gewissen emotionalen und auch praktischen Unterstützung Ihres Umfeldes sollten Sie schon sicher sein. Als selbstständige Unternehmerin werden Sie mit allerlei zu kämpfen haben, da brauchen Sie nicht noch Nebenkriegsschauplätze in den eigenen vier Wänden.

Und Sie selbst? Sehen Sie sich selbst als Chefin? Es ist ein Mythos, dass man als Unternehmerin eine Karikatur männlich dominierter Führungsstile abgeben muss. Aber Sie sollten natürlich, gerade wenn Sie Angestellte beschäftigen, kein Problem damit haben, Autorität auszuüben. Sie müssen jeden Tag Entscheidungen fällen und diese auch verantworten. Zum Erfolgsrezept guter Unternehmerinnen scheint dabei zu gehören, nicht selbstquälerisch hinter begangenen Fehlern herzugrübeln, sondern sie als wertvolle Erfahrung zu nutzen und nach vorn zu sehen. Sind Sie so ein Mensch? Tendenz positiv, stressstabil und entscheidungsfreudig?

Wenn Sie in die konkrete Planung einsteigen wollen, müssen Sie als Erstes einen sogenannten Businessplan aufstellen. Ein Formular dafür finden Sie im Internet auf der Seite des Bundesministeriums für Wirtschaft und Technologie (BMWI) unter existenzgruender.de. Eine klassische Lektüre für Gründungswillige ist auch die Broschüre »Starthilfe«, ebenfalls vom BMWI. Den Businessplan müssen Sie lückenlos abarbeiten und können ihn dann von einer Unternehmensberaterin prüfen lassen.

Dieser Businessplan ist auch für Sie selbst ein guter Test, um festzustellen, an welchen Stellen Sie Wissenslücken haben und wo Sie professionelle Beratung hinzuziehen müssen. Wenn Sie noch nie eine kaufmännische Buchhaltung gemacht haben, brauchen Sie darin Unterstützung. Wenn Sie nicht genau wissen, was Marketing ist, sollten Sie sich dafür kompetenten Rat einholen. Stürzen Sie sich dann frohen Mutes in die Arbeit und bringen Sie Ihren Laden zum Laufen – Sie haben alles dafür getan, um sich vor überflüssigen, bösen Überraschungen zu schützen.

Eine Sitzung leiten

Sitzungen sind eigentlich eine sehr gute Sache. Uneigentlich aber sind sie unbeliebt, weil sie den in öde Tagesordnungspunkte gegliederten Versuch darstellen, Änderungen beim täglichen Arbeiten zu annoncieren oder erst herbeizuführen. Da aber die meisten Menschen solchem Verwalten höchstens abwartend gegenüberstehen und keinesfalls einsehen möchten, dass erst der souveräne Blick von oben, die Analyse vermeintlich profaner Abläufe zur Optimierung von Strukturen führt, deswegen bemüht sich niemand gern um die Verwaltung der Verwaltung.

Seien wenigstens Sie eine gute Sitzungsleiterin. Denn ganz allein von der Leitung einer Sitzung hängt es ab, wie viel Wohlwollen die Teilnehmenden dieser Veranstaltung entgegenbringen.

Laden Sie rechtzeitig ein und fügen Sie eine Liste mit den Tagesordnungspunkten bei – die schriftliche Fixierung von Sitzungen kann juristisch von Belang sein, ebenso wie das Protokoll seine Konsequenzen haben kann. Setzen Sie keine Pause an, hören Sie lieber früher auf. Sorgen Sie in Maßen für das leibliche Wohl; Sie sollen sich nicht zu Kaffee und Kuchen treffen, aber einige gut ausgewählte Getränke werden die Stimmung heben. Sehen Sie auch zu, dass Sie hie und da Sachverhalte diskutieren beziehungsweise Gegenstände herumgehen lassen, die so zugänglich für alle sind, dass Sie die Aufmerksamkeit flugs wieder zu bündeln imstande sind – Vorbereitungen für ein Fest, eine Glückwunschkarte für eine Verabschiedung, eine angenehme Rückmeldung aus den oberen Etagen.

Das A und O der Sitzung aber ist die Form. Beginnen Sie pünktlich und setzen Sie alles daran, rechtzeitig aufzuhören. Sagen Sie gleich anfangs, am besten schon in der Einladung, wie lange die Sitzung dauern wird, und behalten Sie diesen Zeitpunkt im Auge. Das bedeutet auch, unbedingt einzuschreiten, wenn nebensächliche Diskussionen auszuufern drohen. Es ist zwar schön, wenn sich jemand während der Sitzung bemüßigt fühlt, einmal grundsätzlich Stellung zu diesem oder jenem Thema zu nehmen. Es kann sogar sein, dass eine solche Grundsatzdiskussion die gesamte Sitzungsgruppe beflügelt. Doch selbst dies darf die Einhaltung des zeitlichen Rahmens nicht gefährden.

Setzen Sie alle Mittel ein, die Anwesenden nicht solcherart ausbüxen zu lassen. Seien Sie forsch im Ton, wenn jemand zu lange das Wort an sich reißt, greifen Sie zu gleicher Zeit jenen, die nur schüchterne Wortbeiträge liefern können, unter die Arme. Sehen Sie die Sitzung als eine Art Gruppengespräch, bei dem es in Ihrer Verantwortung steht, dafür zu sorgen, dass alle gleichberechtigt sind. Und gehen Sie, wenn Sie die Zeit dazu erübrigen können, zu den öffentlichen Sitzungen Ihrer Stadtverwaltung, um zu erfahren, wie lebendig dort selbst über trockenste Sachverhalte gesprochen wird, wie bissig Moderatoren und Sitzungsleiterinnen sein können, wie selbst ein dröger Einwurf die Stimmung heben kann.

Netzwerken

Der größte Fehler, der sich beim Netzwerken machen lässt, ist, berechnend zu sein. Die eigentliche Motivation fürs systematische Kontakteknüpfen ist allerdings Berechnung. Weil beides stimmt, muss offenbar, wer erfolgreich netzwerken will, berechnend sein und zugleich kein bisschen berechnend. Von Fundraisern lässt sich lernen, wie das im Extremfall funktioniert. Schließlich wittert jede vermögende Person, worum es beim Treffen eigentlich gehen soll – hier zu tun, als sei man tatsächlich bloß zum Kaffee verabredet, um nett zu plaudern, wäre genauso verfehlt, wie das Gegenüber gleich nach dem Kennenlernen um die gewünschte Summe anzuhauen.

So beginnt das Netzwerken offenbar noch einen Schritt früher, nämlich mit der Motivation für Freundschaften, Bekanntschaften und geschäftliche Verabredungen. Umstandslos können diese zu jenen führen und Schwierigkeiten hervorrufen. Schon die Tupper-Party lebt davon, dass sich eine Firma kolonialisierend in Ihr privates Netz einmischt. Dramatischer wird die Situation, wo es um große Summen und Entscheidungen geht; mitunter sieht man Leute abends zusammenhocken und einander Lebensversicherungen verkaufen. Und was ist von Unternehmen zu halten, die der Belegschaft eine Kreuzfahrt schenken oder ihre Bewerberinnen und Bewerber erst einmal zum

Wochenende in die österreichischen Berge bitten? Sollen diese Freundschaften schließen oder sich professionell profilieren?

Die modernste Form des Netzwerkens findet natürlich im Internet statt. Früher gab es Kettenbriefe, heute gibt es virtuelle Bekanntschafts-Büros. Wenn Sie in der Wirtschaft tätig sind oder ein Unternehmen gegründet haben, bietet sich beispielsweise eine Präsenz auf xing.com an, einem elektronischen Karrierenetzwerk. Sie präsentieren und bewerben sich dort mit Ihrem privaten und professionellen Umfeld, damit also, wen Sie alles kennen und mit wem Sie zu tun haben. Umgekehrt werden auch Sie bei Ihren Kontaktpersonen als Kontaktpartner genannt – ein Netzwerk des Netzwerks, enorm effektiv, weil es persönliche Empfehlung mit globaler Vernetzung verbindet.

Schlagkräftiger noch sind die nicht-virtuellen Gebilde der Kontaktanbahnung wie Briefe und Telefonate. Das beste, stärkste Medium jedoch bleibt die persönliche Präsenz.

Zum Beispiel die Männer. Ihre Netzwerke organisieren sich wie von selbst: In entscheidungsträchtigen Positionen sitzen meist Männer, und die gehen einfach gern zusammen trinken, rauchen oder in die Sauna. Oder sie treffen sich durch Zufall bei einer Currywurst und tauschen dort in zwanzig Minuten so viele karrieretechnische Daten aus, dass einer Frau die Ohren schlackern würden – klassisches Old Boys Networking. Männer schrecken nicht davor zurück, zwischen Ketchup und Pommes schnell alle beruflichen Erfolge der letzten sechs Monate – mit wem sie in Kontakt stehen, welche Projekte sie anstoßen, wie viel Geld dabei fließt – zu kommunizieren. Was einer Frau wie peinlichste Angeberei erscheint, bedeutet besonders erfolgreiches Netzwerken: hochgradig informell, scheinbar zufällig und gerade dadurch extrem effektiv.

Denn bei der nächsten Beförderung, Projektplanung oder Einstellung fallen dem Herrn Personalentscheider natürlich als Erstes diese Männer ein, unbewusst auch die kuschelige Pommesbude, das saftig sättigende Gefühl und die sonnige Atmosphäre der Erfolge, die damals besprochen wurden. Wieso plötzlich an eine Mitarbeiterin denken, die man kaum kennt?

Gefälligkeit und Kalkül, sachliche Überlegungen und unsachliche Motive, kurz, Moral und Unmoral liegen beim Netzwerken nah beieinander. Doch menschliche Begegnungen sind selten frei von Hintergedanken. Unbedingte Liebe gibt es höchstens zwischen Mutter und Kind. Freundlichkeit und Schmeichelei dagegen, Win-win-Situationen, aus denen alle Beteiligten wohlgelaunt hervorgehen, sind die Schmiere im Kugellager des sozialen Miteinanders – schmiert zwar und macht Dreck, hält das Ganze aber auch am Laufen. Merken Sie sich also die Zehn Gebote des Netzwerkens:

1 Stellen Sie fest, wie sehr Sie überhaupt davon abhängig sind. Wenn Sie im öffentlichen Dienst beschäftigt sind und planen, für die kommenden Jahrzehnte auf Ihrer Stelle zu bleiben, befinden Sie sich in einer anderen Situation als eine Frau, die sich gerade freiberuflich mit einem Catering-Unternehmen etabliert.

2 Denken Sie episch. Sie müssen Jahre warten können, entweder, um sich bei der Person zu rächen, die Sie gerade jetzt, bei diesem langweiligen Empfang, links liegen lässt, obwohl Ihre Leistungen sie, wüsste sie nur darum, vor Neid erblassen

lassen würden. Oder bis Sie sich trauen, eine berühmte Person anzuschreiben und ein eigenes Projekt vorzustellen: »Damals sprachen Sie über die Besteigung der Zugspitze, was mich sehr beeindruckt hat. Heute möchte ich Ihnen von meinem sauerstofffreien Gang auf den Brocken berichten.«

3 Haben Sie gute, schlaue Freunde und Freundinnen mit viel Kraft. Am praktischsten und Netzwerk-Arbeit-ersparendsten ist es nämlich, wenn aus dem eigenen inneren Kreis mit der Zeit mächtige Leute werden, die gerne helfen, weil sie in Erinnerung behalten haben, wie auch Sie, vor langen Jahren, als es hoch herging und niemand ahnte, dass einst Zeiten kommen würden, wo man über Dinge wie »Netzwerken« nachdächte, den Brecheimer holten/das Fahrrad ausliehen/die kontrollierende Mutter am Telefon belogen.

4 Machen Sie es wie Bill Clinton. Vergessen Sie keinen Namen und kein Gesicht, auch nach Jahren nicht. Am besten, Sie behalten auch die Themen aller Gespräche in Erinnerung, die Sie je geführt haben, vor allem mit Fremden. Frauen, die damit kokettieren, dass sie kein gutes Namensgedächtnis haben, sollten schleunigst mnemotechnisch tätig werden oder aber einen Weg finden, sich von ihrer Ignoranz zu befreien – und wenn es nur vermittels der liebenswürdigen Bitte um Entschuldigung geht, dass man leider nicht mehr weiß, wie der Betreffende oder die Betreffende heißt, die sie gerade wiedersehen.

5 Wissen Sie zwar, wer Ihnen nützen könnte, doch blenden Sie andere deswegen nicht aus. Niemand ist eine Insel. Zu einer Königin gehört ein Hofstaat, auch aus Lakaien können

Präsidenten werden. Und so weiter. Außerdem ist es unhöflich, einen Menschen dem anderen offenkundig vorzuziehen.

6 Seien Sie freundlich und achten Sie darauf, zu wem Sie was über wen sagen, vor allem, wenn es negativ ist. Zum Freiberuflichen gehört, dass die Märkte klein sind und man Personen wieder begegnet. Mehr als eine Handvoll Hassobjekte unter den geschätzten Kollegen sollte man sich nicht leisten. Die anderen darf man auch hassen, sollte es jedoch für sich behalten. Diese Mahnung betrifft insbesondere das virtuelle Netzeknüpfen etwa bei Xing: Sie bleiben dort nicht anonym, denn das ist ja der Sinn des Ganzen. Seien Sie also vorsichtig, wie und was Sie über andere schreiben – die Grenze von privat zu öffentlich wird ständig neu ausgelotet. Auch Ihre Präsentation erfolgt vor allem durch andere.

7 Es ist keine Schande und auch kein Zeichen für mangelnden Stolz, jemanden um einen Gefallen zu bitten. Viele Menschen freuen sich sogar, helfen zu können. Anerkennen Sie, wenn Ihnen jemand etwas Gutes tut, lassen Sie die Person wissen, dass Sie überaus dankbar sind.

8 Rechnen Sie allerdings damit, dass Ihnen nicht jeder und jede helfen wird. Auch wenn Ihr Catering-Unternehmen eine Flaute erlebt und Sie dringend einen Großauftrag oder doch zumindest einen werbenden Zeitungsartikel brauchten, kann es passieren, dass weder die befreundete Prokuristin, deren Betriebsfeier noch nicht organisiert ist, noch der Journalisten-Freund, der ohne Probleme einen Artikel im Lokalteil Ihrer Zeitung plazieren könnte, sich für Sie einsetzt. Damit müssen Sie leben. Sie haben noch nicht einmal ein Recht da-

rauf, ärgerlich zu sein; Hilfeleistungen sind freiwillig. Sammeln Sie deshalb – je mehr Kontakte Sie haben, desto besser.

9 Erfolg steckt an. Sie brauchen sich für Ihre sozialen und beruflichen Kontakte keineswegs auf die Alpha-Tiere zu beschränken. Aber sich bei einer Frau Rat zu holen, die selbst nicht erfolgreich ist, sich immer wieder mit jemandem zu besprechen, der seit Langem auf keinen grünen Zweig gekommen ist, ist weniger sinnvoll, als die Nähe von Personen zu suchen, die genau das geschafft haben, was Sie sich für sich selbst wünschen.

10 Nichts ist so attraktiv wie Interesse und Gelassenheit zu gleichen Teilen: die wichtigste Regel. Alle mögen es, wenn man sich ihnen und ihrer Arbeit mit aufrichtiger Wissbegierde zuwendet, niemand schätzt es, wenn die Kontaktanbahnung von Anfang an unter dem Banner der Nutzanwendung steht. Im Gegenteil sollten Sie sogar darum bemüht sein, *gerade nicht* über Berufliches zu sprechen, wenn der Rahmen es nicht vorgibt. Bleiben Sie berechnend, seien Sie informell. Charme und Witz zur rechten Zeit bringen weit mehr als Leistungsnachweise. Denken Sie im Notfall an Currywurst mit Pommes.

Geld anlegen

Schon im frühen Erwachsenenalter gilt für Anlegerinnen, was immer wichtiger werden wird: Haben Sie genau im Blick, wofür Sie Ihr Geld verwenden wollen und welche Mittel Sie dafür bereitstellen können. Schließlich nützt es niemandem, wenn Sie sich jeden Monat an den eigenen Anlagewünschen überheben. Auch Raten von 50 oder auch nur 25 Euro führen weit und können ohne Probleme aufgestockt werden; nutzen Sie den Effekt, dass das Zurücklegen kleinerer Beträge in den Wirren des Alltags meist vollkommen untergeht.

Klassischerweise sparen Frauen, die bereits als Anfangszwanzigerinnen Geld zurücklegen, auf Notfälle, eine Weltreise, ein schönes Möbelstück für die Zeit nach dem Ausbildungsende, auf die erste eigene Wohnung oder eine größere Immobilie. Männer mögen darauf vertrauen, dass es ausreichen wird, mit Mitte vierzig eine Einzimmerwohnung zu erwerben – Frauen wissen, dass sie dann bereits von einer quäkenden Kinderschar umringt sein könnten. Sie legen oft früher und zielgerichteter an.

Geldanlagen lassen sich in mehrere Gruppen aufteilen. Haken wir zunächst alles Exotische ab: Vielleicht lieben Sie Gold, Kunst oder gute Weine? Empfehlenswert sind diese Anlageformen nur für wirkliche Kennerinnen. Besser einzuschätzen sind die traditionellen Formen, Sparen, Wertpapiere (Aktien, Rentenpapiere, Fondsanteile), Lebens- und Rentenversicherungen oder der Erwerb von Immobilien. Hinsichtlich ihres Risikogehalts unterscheiden sich diese Anlageformen stark; Sparbücher oder Bundeswertpapiere zum Beispiel sind eher risikoarm, bringen dafür aber auch wenig Zins. Mit riskanten Anlageformen wie Aktien dagegen lässt sich viel gewinnen, im Extremfall aber auch alles verlieren.

Die Finanzmarktkrise im vergangenen Herbst hat gezeigt, wie fragil das ganze System mitunter ist. Eine Lehre, die daraus zu ziehen wäre, ist, nur solche Anlageformen auszuwählen, die Sie selbst verstehen oder die Sie von Ihren Anlageberatern verständlich erklärt bekommen – zu den Auslösern dieser jüngsten Krise gehörten unverständliche, hochsynthetische Anlageformen, deren Risiko niemand mehr einschätzen konnte. Fragen Sie sich auch, ob Sie eher risikofreudig oder -scheu sind. Häufig ändert sich das im Laufe des Lebens; eine 30-jährige Frau kommt gut damit zurecht, eine Aktienquote von 70 Prozent zu haben und die restlichen 30 Prozent ihres Vermögens solide anzulegen. Eine betagte Dame dagegen sollte zusehen, nicht mehr so viele Risiken einzugehen. Sie hat einfach nicht mehr so viel Zeit und muss mit ihrem Vermögen rechnen können.

Ihre persönliche Risikofreudigkeit also sollte über die Zusammensetzung der Anlageformen entscheiden, und diese Zusammensetzung ist es auch, die darüber entscheidet, wie gut Sie durch Krisen kommen.

Das landläufigste, wohl wichtigste und bequemste Anlagemodell ist das Sparbuch: Es macht nicht viel her, bleibt dafür gutmütig und kann eine Menge aufnehmen. Außerdem ist es – zumindest sofern man keiner Kündigungsfrist unterliegt – sofort und ohne Verluste kaputtbar, wenn man ans eigene Vermögen möchte. Leider offeriert das Sparbuch nur niedrige Zinssätze. Oft ist es günstiger, das Geld auf ein Tagesgeldkonto einzuzahlen. Der Zinssatz kann sich zwar jeden Tag ändern, aber es ist möglich, dass Sie zeitweise besonders gute, hohe Zinsen bekommen. In der Regel liegt die Verzinsung höher als beim Sparbuch.

Noch etwas besser wäre es, sich auf einen Sparplan zu verlassen. Hier wird eine Frist gesetzt und eine bestimmte Höhe der Einzahlungen vereinbart, möglicherweise auch ein zusätzlicher Bonus, wenn man bis zum Ende durchhält. Die Zinsen sind auch hier besser als beim Sparbuch.

An nächster Stelle käme der Bausparvertrag, bei dem Sie einen Teil der Summe, die am Ende ausgeschüttet wird, selbst ansparen. Die übrigen Mittel werden als Darlehen von der Bank zu einem langfristig garantierten Zins ausgegeben. Von Vorteil ist, dass der Staat das Ganze bezuschusst, deswegen ist der Bausparvertrag auch attraktiver als ein normales Baudarlehen. Allerdings müssen Sie sich für längere Zeit binden; zudem gibt es oft Auflagen, für welches Projekt Sie sich das Geld geben lassen können. Richtig lohnend wird ein Bausparvertrag nur, wenn Sie das Geld tatsächlich für den Erwerb einer Immobilie verwenden.

Rechnen Sie allerdings für die Rückzahlung des Darlehens, das am Ende gemeinsam mit dem selbst Angesparten zur Verfügung gestellt wird, mit ziemlich hohen monatlichen Summen, d.h. einer hohen Tilgung.

Mit Aktien kaufen Sie sich Anteile an einer Firma. Damit halten Sie zwar auch einen Anteil an den Risiken in Händen, die die Firma eingeht, doch gilt generell, dass am Aktienmarkt Sitzfleisch siegt. Die wenigsten Firmen gehen komplett bankrott, mit kurzzeitigen Schwankungen hingegen lässt sich meist ganz gut zurechtkommen. Je länger Sie warten können, desto ertragreicher das Endergebnis, je weniger Sie zwischenzeitlich an Ihr eigenes Geld müssen, desto besser. Behalten Sie deshalb immer ein wenig Liquidität, denken Sie daran, dass das gute alte Sparbuch seine Vorteile hat.

Neben Aktien von Firmen können Sie Anleihen von Firmen, Staaten, Städten oder Bundesländern erwerben. Sie geben dann gewissermaßen Darlehen aus. Dafür bekommen Sie Zinsen. Die Verzinsung hängt mit dem Risiko zusammen – für Anleihen von Schwellenländern zum Beispiel erhalten Sie mitunter mehr als 10 Prozent Zinsen, gehen aber dafür das Risiko ein, dass der Staat den Schuldendienst komplett einstellt. In diesem Fall bekommen Sie gar keine Zinsen, und der Wert Ihrer Anleihe sinkt beträchtlich. Anleihen von Ländern wie Deutschland oder Österreich dagegen sind meist sichere Kapitalanlagen und in der Verzinsung auch oft attraktiver als ein Sparbuch.

Wer sich für das Auswählen konkreter Aktien zu fein ist oder sich nicht gut auskennt, sollte sich an eine Bank oder einen privaten Vermögensberater wenden. Beide ziehen allerdings Provision bzw. Gewinnanteile für sich ein. Seien Sie daher wachsam gegenüber einer aufdringlichen Beratung. Andererseits bekommen Sie im Idealfall ein Paket, mit dem Sie sich auch als Anlege-Anfängerin gut zurechtfinden. Dazu gehört ein auf Sie abgestimmtes Risikoprofil. Prüfen Sie unbedingt auch, welche Garantie Ihre Bank leistet, was den Ertrag angeht. Meist ist von vornherein klar, was versprochen und was nur im Eventualfall geboten werden kann.

Wenn die Bank gut ist, überlegt sie zudem, mit welchem »Thema« sie Ihnen gerecht werden kann. Möchten Sie sich beim Anlegen auf Rohstoffe konzentrieren, auf Wasser oder Edelmetalle? Wollen Sie kurzfristig viel Geld oder langfristig *noch* viel mehr davon? Inzwischen gibt es auch immer mehr unabhängige Finanzexpertinnen, die sich auf Anlageberatung für Frauen spezialisiert haben. Zwar müssen Sie bei ihnen eine Beratungsgebühr zahlen. Dafür aber können Sie sicher sein, dass Ihre Beraterin ihr Geld eben nicht mit Provisionen für die verkauften Sparpläne, Versicherungen oder Fonds verdient.

Wenn Sie im Übrigen Sorge haben, mit Ihrem Geld Waffenkonzerne zu unterstützen oder Firmen, die in Billiglohnländern produzieren lassen, können Sie sich einer Bank zuwenden, die sich das Ethische auf ihre Anlageflagge geschrieben hat. Für viele Vermögensberater ist das zwar ein rotes Tuch. Denn »da muss man schon eine Million in der Hand haben, sonst lohnt es sich nicht wirklich«, haben wir uns sagen lassen. Aber die Möglichkeit gibt es auf jeden Fall, und die deutschen Gesetze sichern ab, dass man sich auf die entsprechenden Angaben der Banken verlassen kann. Oft bieten auch herkömmliche Banken ethische Vermögensverwaltung an.

Eine Möglichkeit, in Aktien anzulegen und dennoch das Gefühl zu haben, bloß zu sparen, besteht im sogenannten Investment-Sparplan. Hier sichert man sich Fonds, Aktien-Töpfe also, die aus Anteilen an verschiedenen Firmen bestehen. Sie zahlen eine feste Summe ein, vielleicht auch in monatlicher Serie, die dann von einer Fondsverwaltung in verschiedenen Anteilen angelegt wird. Versuchen Sie herauszufinden, wie clever diese Fondsverwaltung mit Geld umgeht – von außen lässt sich das zwar schwer einschätzen, doch gibt es Ratingagenturen. Zu berücksichtigen ist bei Investment-Sparplänen die Gebühr, die zu Beginn entrichtet werden muss, der sogenannte Ausgabeaufschlag. Mit jährlich fälligen Verwaltungsgebühren sollten Sie außerdem noch rechnen. Ein Aktienfonds muss also erst einmal um beispielsweise 5 Prozent steigen, damit Sie als Käuferin keinen Verlust gemacht haben. Online-Banken bieten auch hier vergünstigte Konditionen – je weniger Service Sie in Anspruch nehmen, desto geringer die Gebühren.

Etwas überschaubarer als Aktienfonds, was das Risiko angeht, Verluste zu machen, sind Rentenfonds, d.h. Bündel der oben erwähnten Anleihen, ein wenig riskanter Geldmarkt-Fonds, weil der Geldmarkt generell rascher reagiert und vor allem als kurzfristige Anlagemöglichkeit wichtig ist.

Wenn Sie beim guten Mittelweg der Aktienfonds bleiben, sollten Sie darauf achten, dass Sie entweder auf Firmen eines wirtschaftlich stabilen Landes setzen oder der Fonds eine gute weltweite Streuung hat. Auch branchenmäßig sollte man viele berücksichtigen: Pharmazie, Banken, Finanzen, weitere Branchen. Ein gut gemischter Aktienfonds besteht zudem aus Anteilen an Firmen, die sich bewährt haben. Zwar behaupten Banken mitunter, dass die Historie einer Aktie nicht genügend über ihre Zukunft aussage, doch kann man sich meist auf die bisherigen Ergebnisse verlassen. Es hilft, dass eine Bank verpflichtet ist, jährlich die Zusammensetzung ihrer Fonds zu publizieren.

Kommen wir zu höheren Summen. Für eine Lebensversicherung zahlen Sie monatliche Beiträge, die verzinst werden und im Laufe der Jahrzehnte zu beeindruckend viel Geld führen. Vertraglich wird festgelegt, in welchem Lebensalter es ausgezahlt wird. Wer sich die Beiträge plötzlich nicht mehr leisten kann, bekommt indessen Probleme, wer auf einmal eine höhere Summe Geld braucht und sich deswegen das bislang Angesparte auszahlen lassen möchte, erhält es nur mit Verlusten zurück. Außerdem ist da noch eine Steigerung, die in einigen Verträgen festgelegt wird: Bedenken Sie, dass die schmalen 50 Euro, die Sie am Anfang monatlich einzahlen, sich auf mehrere Hundert Euro auswachsen können. Notfalls kann man zwar schon im Vertrag festsetzen lassen, aus einer solchen Dynamik zeitweise aussteigen zu dürfen, wie überhaupt einige Versicherer es erlauben, die Zahlungen auch einmal ruhen zu lassen. Generell aber sollte man sich daran gewöhnen, fortwährend und immer mehr einzuzahlen, und dies für Jahrzehnte. Sogar wenn man dazwischen monate- oder jahrelang nicht erwerbstätig sein sollte.

Andererseits ist gerade eine Lebensversicherung das, was eine Vermögensberaterin sicherlich »eine interessante Anlage« nennen würde. Denn je schlauer ein Versicherungskonzern sich bei der eigenen Anlagearbeit anstellt, je geschickter er mit Wertpapieren oder Aktien umgeht, desto höher kann die Rendite für die Versicherte werden.

Und was tun, wenn Sie zum Beispiel erben? Auch da wäre zunächst zu klären, wie Ihre Anlagewünsche und -möglichkeiten aussehen: Wer Zugriff auf das beste Wachstum am Kapitalmarkt haben möchte, muss das eigene Geld für einige Jahre beiseitegeben und vergessen können. Aktien sind hier ebenfalls eine gute Wahl. Wer ein großes Stück Geld anlegt, sollte sich abermals auf die Faustformel verlassen »100 minus Lebensalter gleich Aktienquote«.

Aktien können Arbeit machen. Als Anlegerin erhalten Sie Rechenschaftsberichte, Einladungen zu den Hauptversammlungen der Aktieneigner, dazu gibt es Ausschüttungsanzeigen zu beachten, ferner muss man bei ausländischen Aktien mit Quellensteuerrückerstattungs-Informationen rechnen. Sie können all das natürlich beliebig ignorieren, faktisch aber gibt es Leute, die mit Vergnügen von Jahreshauptversammlung zu Jahreshauptversammlung tingeln. Bedenken Sie bei all dem auch die Kosten, die Sie für Ihre Gewinne aufbringen müssen, vor allem die Abgeltungssteuer. In der Regel möchte der Fiskus an Ihren Kapitalerträgen teilhaben. Dies gilt vor allem für die Gewinne aus Aktien- und Aktienfondsverkäufen, sofern diese ab Januar 2009 erworben wurden.

Zurück in den Beruf finden

40 % der Frauen kehren nach einer Geburt nicht in den Beruf zurück. Das sagt die Statistik. Sie sagt aber nichts darüber aus, wie die übrigen 60 % in den Job zurückkehren, ob sie wieder in ihrem angestammten Beruf arbeiten oder etwas anderes machen, wie die 40 % ihr Daheim-Bleiben empfinden und mit welchen Problemen sich die Rückkehrerinnen herumschlagen.

Über die (Un)vereinbarkeit von Familie und Beruf wird viel diskutiert. Die ideologische Aufladung der Debatte trägt nicht unbedingt zu einer Lösung dieses Dauerkonflikts bei. Sie dient vielmehr der Selbstvergewisserung der streitenden Parteien. Was aber treibt Frauen um, die vor der Frage stehen, wie sie als Mutter berufstätig sein können? Wie denken sie über die berüchtigte Vereinbarkeit nach? Und wie beurteilen sie ihre beruflichen Perspektiven? Hier kommen sechs Frauen zu Wort, die aus erster Hand davon berichten, denn sie sprechen aus Erfahrung:

Anne, 35 Jahre alt, ein 15 Monate altes Kind. Studium: Journalismus, Ethnologie, Geschichte. Berufstätig als Produzentin für Dokumentarfilme

Vor 15 Monaten wurde meine Tochter geboren, und ich wollte ganz bewusst ein Jahr aussetzen – mein Sabbatjahr sozusagen. Nach sieben Jahren ausschließlicher Berufstätigkeit war das nicht einfach, vor allem weil Arbeit und Privates auch häufig eins waren. Deshalb habe ich schon nach acht Monaten wieder mit kleinen Arbeiten und Aufträgen angefangen. Ohne Kitaplatz, Babysitter und bei fast nie durchgeschlafenen Nächten bin ich da sehr an meine Grenzen gestoßen. In der Zusammenarbeit mit anderen war ich sehr streng, weil darauf angewiesen, dass alle Besprechungen, Arbeiten und Absprachen in meinen klar abgegrenzten, kinderlosen Freiräumen stattfanden. In einer Branche, in der ständig Unvorhergesehenes passiert bzw. viele Menschen involviert sind, ist so eine Ansage schwer durchzuhalten und wird von der anderen Seite auch nicht ohne Weiteres akzeptiert.

Jetzt ist die geschützte Elternzeit vorbei, meine Tochter geht in die Kita, und ich habe mindestens fünf Stunden Zeit zum Arbeiten. Wenn ich die Abende dazurechne, sind es sogar mehr.

Für den Neuanfang habe ich mich gegen meinen alten Arbeitsplatz entschieden, wollte die Chance nutzen, mich neu erfinden, Verantwortung für meine eigene Zeit und Kraft übernehmen, vielleicht auch das machen, wovon ich schon länger geträumt hatte. Vielleicht hatte ich auch Angst vor der Rückkehr in einen Halbtagsjob, in dem eben die großen spannenden Arbeiten, die internationalen Koproduktionen, das Reisen, die Festivals, aber vor allem auch die Verfügbarkeit rund um die Uhr mit Kind nicht mehr so möglich sind wie vorher. Angst also vor dem internen Abstieg? International produzieren zwischen neun und 14 Uhr? Ja – und vielleicht hätte es auch ganz unabhängig von mir meinen alten Arbeitsplatz so nicht mehr gegeben – gleich zwei Mütter in tragenden Positionen –, da habe ich auch beim Produzenten Zweifel herausgehört.

Seit zwei Monaten arbeite ich also von zu Hause aus, arbeite an einer kleinen Reihe für ein Festival, gucke Filme, kontaktiere Produzenten und Autoren und habe mir so einen schönen, sanften Wiedereinstieg gesucht. Zwischendurch führe ich Gespräche, versuche meinen Weg zu finden und zu definieren, mir klar zu werden, wohin genau es geht. Das ist neu, das muss ich lernen, und das fällt mir auch schwer. Denn ich muss viel klarer sein, Entscheidungen treffen, mich anbieten, meine Kraft richtig einschätzen. Ich will das alles – meine Selbstverwirklichung – nicht auf Kosten meines Kindes machen. Ich habe größere Existenzangst als vorher und damit auch Angst vor dem Ausgang dieses Experiments. Gleichzeitig machen mich die Freiheit und Selbstbestimmtheit sehr glücklich, ich fühle eine neue Herausforderung, habe das Gefühl, wieder in mich zu »investieren«.

Ich habe Respekt vor meiner fehlenden Energie, vor den ganzen Kinderkrankheiten und den entsprechenden Nächten. Obwohl ich schneller und effektiver, auch unaufgeregter arbeite als vorher, fühle ich mich manchmal nicht voll einsatzfähig.

Ich habe das Gefühl – und auch das ist ganz anders als vorher –, dass ich nicht alle meine Energien in meinen Beruf stecken sollte, dass nicht nur mein Kind, sondern auch die Familie

Zeit, Ruhe und Energie braucht, dass plötzlich so viele Bedürfnisse entstanden sind, die man ernst nehmen und in guter Balance halten muss, damit alle glücklich sind. Früher gab es da nur mich – sehr häufig »frei« und beziehungslos.

Jetzt fühle ich mich immer in Bezügen. Vielleicht ist die ruhigste Zeit die mit mir alleine vorm Computer.

Ein paar Wochen später

Mein Optimismus ist ein bisschen dahin – ich bin sehr erschöpft und habe Angst, dass diese Vielfachbelastung so bleibt und mich weiterhin so ermüden wird. Das freie Arbeiten hat die täglichen fünf Stunden überstiegen, ich fühle mich wackelig und spüre, dass ich mehr finanzielle Sicherheit brauche und vielleicht zu wenig Kraft übrig habe, um ständig neue Aufträge zu akquirieren. Meine Tochter braucht viel Aufmerksamkeit, abends bin ich häufig »leer«. Im Kontakt mit meiner früheren Arbeitswelt spüre ich viel größere Distanz, was gut ist, aber auch fremd. Ich suche jetzt ganz klar Arbeit und wünsche mir etwas, was mich nicht aussaugen wird – ich muss aufpassen, dass ich meine Mitte nicht verliere.

Tatjana, 31 Jahre alt, Diplompädagogin, zwei Kinder: sechs und zwei Jahre. Berufstätig als Familienhelferin

Ich empfand es beim ersten Kind als sehr vorteilhaft zu studieren. Die Ausfallzeiten wegen Schwangerschaft, Geburt und Kinderkrankheiten konnte ich mir gut mit dem Vater des Kindes teilen. Beim zweiten Kind war die Situation anders. Der Vater war mit der Geburt des Kindes auch mit dem Studium fertig und begann voll zu arbeiten. Ich brachte dann mit Baby und Kind mein Studium zu Ende. Nach dem ersten Geburtstag des zweiten Kindes fing ich auf Mini-Job-Basis wieder an zu arbeiten. Da ich als Krankheitsvertretung arbeitete, musste ich sehr flexibel sein. Zudem suchte ich mir eine zweite Tätigkeit. Beides war nicht zu vereinbaren. So wechselte ich in die Familienhilfe mit zunehmendem Stundenumfang. Mit genauen Absprachen mit dem Vater klappte die Arbeit viel besser und machte zudem auch Spaß. In der Familienhilfe und Erziehungsberatung profitierte ich auch von der Erfahrung mit den eigenen Kindern. Aktuell arbeite ich ca. 30 Stunden in der Woche als Sozialpädagogin. Das überschneidet sich mit meinem Abschluss und ergänzt sich von daher sehr gut. Schwierig erscheint mir gerade, dass ich große Lust und auch die Möglichkeit habe, mich beruflich weiterzuentwickeln, um mir ein besseres berufliches Standing zu erarbeiten. Hier habe ich aber immer wieder Bedenken und ein schlechtes Gewissen meinen Kindern gegenüber, hoffe aber, dass sie das als normal empfinden und nicht darunter leiden.

Constanze, 37 Jahre alt, IT-Analystin, zwei Kinder: sechs und vier Jahre. Ausbildung als Volkswirtin

Ich habe bei beiden Kindern wenige Monate nach der Geburt wieder angefangen Teilzeit zu arbeiten, anfangs mit zehn Stunden pro Woche, nach und nach habe ich auf 30 Stunden erhöht. In meinem Beruf als IT-Analystin ist es sehr wichtig, den Anschluss nicht zu verlieren, da sich Technologien und Trends extrem schnell entwickeln. Aber abgesehen von diesen beruflichen Argumenten war es mir auch persönlich wichtig, sogar in der anstrengenden Babyphase, zumindest teilweise im Job zu bleiben, da ich meinen Beruf sehr liebe.

Die Kombi Kinder plus Karriere bereichert einen aus meiner Sicht persönlich sehr: Der Job lässt einen immer mal wieder etwas Abstand vom Kinderalltag gewinnen. Umgekehrt relativieren die Kindersorgen viele Dinge, die man im Job für unheimlich wichtig hält. Ich freue mich jeden Tag erneut, ein bisschen dem Familienstress zu entfliehen und im Büro konzentriert zu arbeiten. Und ich freue mich jeden Nachmittag wieder sehr auf meine Kinder.

Anstrengend wird es allerdings, wenn das schöne Konstrukt aus Schule, Kindergarten, Nachmittagsbetreuung, Babysitter etc. zusammenbricht, weil zum Beispiel ein Kind krank wird. Wenn kurz vor dem Flug zum wichtigen Termin nach München das Handy klingelt und der Sohn mit 39 Grad Fieber vom Kindergarten abgeholt werden muss, der Babysitter nicht erreichbar und der Mann gerade in Helsinki ist. Da muss man Prioritäten setzen – und das sind im Endeffekt doch immer die Kinder. Das müssen wir als berufstätige Mütter allerdings auch selbstbewusst vertreten: Dann muss der wichtige Termin eben verschoben werden.

Ich finde es sehr wichtig, dass sich Frauen beim Weg zurück in den Beruf weniger von äußeren Meinungen und mehr von der eigenen Überzeugung leiten lassen. Wenn es um die Meinung anderer geht, kann man es nur falsch machen: Entweder ist man wäschewaschendes Hausmütterchen oder karrieregeile Rabenmutter. Aber viele Wege führen zu glücklichen Kindern und zum eigenen Glück. Wir können heute beides: Kinder und Karriere. Wir müssen es aber nicht unbedingt – das sollten wir dankbar ausnutzen, jede nach ihrer Fasson!

Susanne, 38 Jahre, Studium: Ethnologie und Soziologie, zwei Kinder: zwei und sechs Jahre. Berufstätig als Einzelfallhelferin

Sich ein Jahr lang seinem »neuen« Kind widmen zu können, betrachte ich als Luxus. Neben den Dingen, die es immer zu erledigen gibt, kommt es im Erziehungsurlaub schon zu einer gewissen Entspannung im Tagesablauf. Man kann den Tag komplett nach dem Kind ausrichten und sich dem hingeben. Das ist schön, wenn man weiß, dass diese Zeit begrenzt ist, dann ist es speziell. Bei mir war das jeweils ein Jahr nach der Geburt. Ich habe diese Zeit sehr genossen.

Als sie vorbei war, wurde mir allerdings klar, dass ich seit Längerem etwas vermisst hatte, nämlich das Gefühl abzuschalten. Es fällt mir nicht schwer, mich von meinen Kindern zu trennen, wenn ich weiß, dass sie gut versorgt sind, aber ich liebe es auch, mit ihnen Zeit zu verbringen. Zur Arbeit zu »müssen« ist eine legitime Entschuldigung, die Kinder aus meinem Kopf zu verbannen! Das hat etwas Befreiendes. Anfangs habe ich mich fast ertappt gefühlt, als mir das bewusst wurde.

Die Arbeit war wie immer – fast, als wäre die Zeit stehen geblieben. Es gab eher Momente der Enttäuschung darüber, dass sich die Welt der anderen langsamer gedreht hat als die eigene, auf jeden Fall keine Eingewöhnungsschwierigkeiten. Mehr hat es mich überrascht, dass ich ein Jahr nicht da war.

Mein Job erlaubt mir eine sehr hohe Flexibilität. Ich arbeite ca. 100–120 Stunden im Monat, die ich mir relativ frei einteilen kann. Außerdem kann ich jederzeit kurzzeitig oder auch für längere Phasen die Arbeit unterbrechen. Das schätze ich sehr. Die Möglichkeit, trotz Arbeit viel Zeit für meine Kinder zu haben, empfinde ich als sehr befriedigend. Dafür opfere ich gern eine karrieristisch orientierte Perspektive, die es in meinem Job ganz unabhängig von Elternschaft ohnehin nicht gibt. Es besteht jederzeit die Möglichkeit, mehr Stunden zu arbeiten und so den Verdienst zu erhöhen.

Sarah, 32 Jahre alt, Volljuristin, drei Kinder: ein, vier und sieben Jahre alt. Berufstätig als Anwältin

Die erste Berufspause erfolgte während des Studiums – ich habe sie als sehr schön und entspannt in Erinnerung. Wir studierten beide noch, konnten uns die Zeit frei einteilen und haben beide halb Kind, halb Ausbildung gemacht. Auch die Rückkehr war unproblematisch, da ich mich einfach zurückmelden und in der Studienordnung weitermachen konnte. Die zweite längere Babypause erfolgte zwischen erstem Examen und Beginn des Referendariats. Passte also auch insofern gut, weil ich eh ein knappes Jahr auf den Platz warten musste. Allerdings fielen meine mündlichen Prüfungen, das Examen meines Mannes und die Drei-Monats-Koliken unseres Zweitgeborenen zeitlich zusammen – was fürchterlich war. Das dritte Kind war ungeplant, festgestellt eine Woche vor dem schriftlichen Examen. Schon wieder kein »unschwangeres« Examen … Aber alles lief gut, wenn man davon absieht, dass ich die schriftlichen Prüfungen mehrmals unterbrechen musste, um mich zu übergeben. Das Babyjahr mit unserem Dritten war wundervoll. Zwar war mein Mann fast immer beruflich unterwegs, aber ich habe es genossen, dass zum einen die Aufgaben zwischen den Partnern klar verteilt waren und zum anderen ich mich ausschließlich auf Kinder und Haushalt konzentrieren konnte. Nach einem Jahr hatte ich diese Ausschließlichkeit – für mich selbst sehr überraschend – wieder über und war sehr froh, dass sich mir die Möglichkeit bot, an ein bis zwei Vormittagen in einer Rechtsanwaltskanzlei zu arbeiten. Einziger Haken ist, dass ich bislang keine Kinderbetreuung gefunden habe, die mir ein wirklich entspanntes Arbeiten ermöglicht. Die über das Jugendamt vermittelten Tagesmütter mit wechselnden Praktikantinnen machten die Eingewöhnung für ein Kind, das noch unselbstständig ist, sodass es eine feste Bezugsperson braucht, die es nicht mit acht anderen Kindern teilen muss, unmöglich. Die Suche nach einer Babysitterin gestaltete sich ebenfalls schwierig, denn sie wollten alle schwarzarbeiten. Unter diesen Umständen erscheint mir tatsächlich auch nur eine Berufstätigkeit aus der zweiten Reihe möglich zu sein – das bedeutet in meinem Fall: Akten bearbeiten. Aufregende und anstrengende Gerichtstermine und die Arbeit unter Leistungsdruck sind derzeit mit der zeitlich begrenzten und unzureichenden Kinderbetreuung nicht vereinbar.

Andere Wege gehen

In die Politik

Vielleicht haben Sie sich schon zu Schulzeiten als Klassen- oder Schulsprecherin hervorgetan? Sie können jeden Tag damit anfangen, politisch zu arbeiten, und Sie haben in der Politik theoretisch alle Möglichkeiten für Aufstieg, Status und Einflussnahme. Die Parteien berichten zwar von Interessierten jeden Alters, klagen aber darüber, dass viel zu wenige Frauen kommen. Die Grünen oder die SPD haben in ihren Statuten deswegen Regelungen bzw. Frauenquoten festgesetzt. Doch auch in den konservativen Parteien können Sie als Frau punkten.

Sie haben also gute Karten. Ein diffuses Interesse an grüner, liberaler, sozial- oder christdemokratischer Politik überhaupt mag Sie treiben, möglicherweise auch der Wunsch, eine bestimmte prominente Figur näher kennenzulernen. Vielleicht wollen Sie sich auch lokalpolitisch einbringen, über diese Verkehrsschildaufstellung oder jene kulturelle Aktivität in Ihrem Bezirk mitdiskutieren.

Fragen Sie beim örtlichen Kreisverband einer Partei an, ob Sie zu den regelmäßigen Treffs kommen dürfen. Natürlich dürfen Sie. Keineswegs werden Sie dann gezwungen, sofort einzutreten; manche Menschen arbeiten jahrelang für eine Partei, ohne Mitglied zu sein. Rechnen Sie allerdings damit, dass Sie zunächst vor allem für niedere Arbeiten, die vor Ort getan werden müssen, herangezogen werden und sich erst nach einer Zeit der Bewährung inhaltlich einbringen dürfen. Selbst Abgeordnete können die Kärrnerarbeit nicht überspringen, das Zettelverteilen, Plakatekleben und in Fußgängerzonen-Herumstehen, bis die Beine taub werden; überall sollen sie hingehen und so tun, als würden sie in der nächsten Legislaturperiode im Bundestag sitzen.

Wenn Sie sich hingegen dafür entscheiden, sich einem der speziellen Arbeitskreise einer Partei anzuschließen – zum Beispiel einem für Kulturpolitik, Bildung oder die Umwelt –, haben Sie vermutlich ein großes fachliches Interesse und können und sollen von Anfang an Ihr Wissen als Juristin, Werbekauffrau, Mutter oder Biologielehrerin einbringen. Im besten Falle gehen von diesen Arbeitskreisen, die auf etwas höherer Ebene agieren als die örtlich und regional gebundenen Kreisverbände, Impulse für die oberen Etagen der Partei aus.

Sie müssen dabei bedenken, dass Sie auch hier als Einzelperson eine seit Langem bestehende Gruppe anlaufen, also freundlich willkommen geheißen, dann aber auch wieder links liegen gelassen werden könnten. Selten gibt es in den Parteien eine gute Betreuung für die Neuen. Das war in den 1970er- und 1980er-Jahren etwas anders, als viele Frauen zur Politik kamen, weil die Gesellschaft insgesamt politisierter war und sie klare Zielvorstellungen hatten, zum Beispiel medien- oder stadtpolitischer Art: den Privatfunk verhindern, die Hausbesetzerszene stützen. Mitunter traten auf einen Schlag ganze Interessengruppen ein, die dann auf sofortigen Einfluss zählen konnten. Heute gibt es kaum mehr strategische Eintritte. Es kommen eher Individuen – die es dann schwerer haben.

Finden Sie sich in aller Ruhe in die internen Strukturen der Parteiarbeit ein. Bleiben Sie geduldig, auch wenn Ihr großes Interesse an Politik und Parteiarbeit zunächst nicht gewürdigt wird. Machen Sie sich mit den Ebenen der politischen Entscheidungsfindung vertraut, wissen Sie um die Unterschiede zwischen Parlament, Senat, Abgeordnetenhaus und Bezirksverordnetenversammlung, damit Sie auch absehen können, an wen oder was Sie sich mit was für einer Sorte Papier wenden müssen, wenn Sie etwas durchbringen wollen. Kalkulieren Sie zwei Jahre dafür ein, einschätzen zu können, für welches Ziel Sie welches politische Instrumentarium brauchen: Wo macht es Sinn, einen Antrag zu stellen, wann sollte ich lieber mit einer Pressemeldung an die Öffentlichkeit gehen?

Lassen Sie sich dann bei den allerersten Zusammenkünften nicht von den anstrengenden Binnendebatten und dem rauen Ton abstoßen, der dabei herrscht. Gerade Frauen sind hier oft abgeschreckt; *soft skills* wie die Fähigkeit, zuzuhören und zu vermitteln, sind hübsch, aber eine gewisse Härte aufbringen zu können, ist besser. Je weiter Sie nach oben gelangen, desto schärfer werden die Diskussionen sein – innerhalb des mitunter recht schmierigen Politzirkus ist das zumindest ehrlich. Wer auf den Mund gefallen ist, wird daher an Politik keine Freude haben; bei parteilichen Zusammenkünften wird nicht in der Weise über politische Belange diskutiert, wie Sie es von häuslichen Treffs mit Freunden gewohnt sein mögen.

Rechnen Sie auch nicht damit, dass die Partei Ihnen ein Fundament bietet, auf dem Sie zum Beispiel nach dem Mutterschutz sofort loslegen können. Finanziell ist die Politik wenig einträglich. Erst ab der bezirklichen Ebene aufwärts können Sie mit mehr als ein paar Hundert Euro pro Monat rechnen. Außerdem braucht es einen ausgesprochen langen Atem für die Politik, zumal dann, wenn Sie tatsächlich planen, einen Neben- oder sogar Hauptberuf für sich daraus zu machen. Ohne jahrelange Vorarbeit geht es nicht.

Sie müssen sich das Vertrauen Ihrer Partei erwerben, man muss wissen, dass auf Sie Verlass ist und dass Sie kompetent mit diesem oder jenem Thema umgehen können. Wenn es ein Thema ist, für das niemand anders innerhalb Ihrer Partei zur Verfügung steht: umso besser. Auch Wähler und Wählerinnen stehen nur dann nachhaltig hinter Ihnen, wenn Sie glaubwürdig sind. Passen Sie aber auf, dass Sie beim Wahlkampf nicht zu viel Interesse an sich selbst binden und die Partei darüber ins Hintertreffen gerät. Wenn Erst- und Zweitstimmen entsprechend ausfallen und Sie um Ihrer selbst willen gewählt werden, die Partei als Ganze aber nicht weiterkommt, ist das zwar schmeichelhaft, aber der Partei nicht nützlich. Ihr kommt es am Ende allein darauf an, ob ein Wahlkreis »geholt« werden kann.

Sind Sie nun sehr ambitioniert, wollen Sie auf ganzer Linie einsteigen, sollten Sie sich dafür entscheiden, sich einem der Flügel zuzuschlagen, die es in wohl jeder Partei gibt – dies weniger, damit Sie am Zug sind, wenn »Ihr« Flügel an der Macht ist, sondern eher, damit Sie identifizierbar werden. Sollten Sie dann für

Jahre im Geschäft bleiben wollen, legen Sie sich als Erstes eine gute Gesundheit und ein dickes Fell zu: die eine, um durchzuhalten in stundenlangen Sitzungen, bei Außenterminen oder im Wahlkampf, das andere, weil es ungeheuer mühselig sein kann, zum Beispiel in der Opposition zu sitzen. Sie finden, dass Sie bessere Ideen und fundiertere Vorstellungen haben als die Partei an der Macht, doch alles, was Sie vorschlagen, wird abgelehnt, viele Ihrer Ideen werden geklaut und als eigene ausgegeben.

Außerdem wird man Sie ständig angreifen und zur Rechenschaft ziehen. Schließlich ist alles, was Sie tun, nach außen orientiert. Nichts können Sie tatsächlich allein im stillen Kämmerlein voranbringen. Die Öffentlichkeit schaut Ihrem Wirken zu, die Konkurrenzpartei, der Senat oder auch der Bundestag, die Medien obendrein. Wenn ein Satz, den Sie in ein Mikrofon gesprochen haben, falsch rüberkommt, haben Sie immense Probleme am Hals. Zwar werden Sie mit der Zeit geübter im Sätzesprechen, doch bleibt der Druck, nichts zu tun oder zu sagen, was Ihnen oder der Partei schaden könnte. Außerdem werden permanent Ansprüche und Forderungen an Sie gestellt. Sie können zum Beispiel nicht Bildungspolitikerin sein, ohne auch für einzelne Schulen und Universitäten ansprechbar zu bleiben, die wollen, dass Sie ihnen bei ihren Problemen helfen.

Überlegen Sie sich also gut, ob Sie nicht eine Person kennen, die Ihnen beim parteiinternen Aufstieg helfen und andere daran behindern könnte, Sie offen anzugreifen. Suchen Sie sich eine Partei, die es Frauen nicht unnötig schwermacht. Geben Sie romantische Vorstellungen auf. Werden Sie härter.

SOS-Kinderdorfmutter werden

Für alleinstehende Frauen, die hauswirtschaftliche *over-achiever* sind, die sich Familie wünschen, weil sie nicht wissen, wohin mit ihrer Liebe und Fürsorge, die von großen Waisenkinderaugen und lebenslanger Dankbarkeit träumen, für solche Frauen ist das SOS-Kinderdorfmutter-Dasein ganz sicher nichts. Nicht die professionalisierte Mutter ist hier gefragt, die sich ohne Not und vor allem ohne Blutsbande verausgaben möchte, sondern die umsichtige, gut ausgebildete, belastbare Erzieherin, die auch bereit ist, Kinder wieder gehen zu lassen, noch bevor sie erwachsen sind. Gut kochen kann sie können, muss sie aber nicht.

Knapp vier Dutzend SOS-Einrichtungen gibt es in Deutschland, davon sind 15 Kinderdörfer. Insgesamt arbeiten etwa 120 Kinderdorf-Mütter und – seit einigen Jahren – auch eine Hand-

voll Kinderdorf-Väter für diese Einrichtungen. Jedes Team einer Familie besteht aus mehreren Personen: der Mutter als »innewohnender Erzieherin«, einem »zugehenden Erzieher«, einer zusätzlichen Betreuungsperson und einer Hauswirtschafterin.

Sechs Kinder maximal leben in einer Familie. Das Aufnahmealter ist 0–12, sie können aber bleiben, bis sie volljährig sind. Der Verbleib hängt allerdings auch davon ab, wie lange das Jugendamt es für pädagogisch sinnvoll hält und wie lange es bereit ist zu zahlen. Vom Amt kommt zwar ein tägliches Kostenentgelt. Das reicht allerdings kaum aus; die Familien sind darüber hinaus auf jene Spendengelder angewiesen, die der Kinderdorfverein ihnen unterstützend zukommen lässt.

Wenn Sie Kinderdorfmutter werden wollen, müssen Sie sich auf fünf oder sechs Tage und Nächte am Stück einstellen, die Sie mit Ihrer Familie verbringen, und dies für eine oder anderthalb Generationen von Kindern, also 10–15 Jahre lang. Sie unterliegen einer sogenannten »relativen Anwesenheitsverpflichtung« und bekommen dafür eine Mehrarbeitspauschale, mit der auch Ihre Überstunden abgegolten sind. Ihre privaten Termine, etwa Arzttermine oder Besuche, können Sie in Ihrem Alltag unterbringen. Sie haben in der Familienwohnung ein eigenes Zimmer und noch eine eigene Wohnung außerhalb. Während der wöchentlichen Abwesenheitszeiten von der Kinderdorffamilie werden Sie selbstverständlich vertreten, doch müssen Sie für Notfälle auch in Ihrer Freizeit erreichbar sein. Den Alltag organisieren Sie und das Team um die Zeiten der Kinder herum, Schule, Mittagessen, nachmittägliche Termine, Elternabende. Sie erhalten alle sechs Wochen eine Supervision, haben Fortbildungen und das Anrecht auf einen ganz normalen Jahresurlaub für sich, gehen jedoch auch mit den Kindern in die Ferien. Ab 55 lassen sich die Mütter für gewöhnlich entpflichten, bleiben für den Verein aber ansprechbar. Gerne pflegen sie den Kontakt zu ihren Ehemaligen.

Schon bei Ihrer Bewerbung sollten Sie eine Ausbildung als Erzieherin, Sozialpädagogin oder Heilpädagogin vorweisen können. Notfalls müssen Sie eine solche pädagogische Grundausbildung berufsbegleitend erwerben. Es gibt keine Altersbegrenzung für den Einstieg als SOS-Kinderdorfmutter, auch nicht nach unten hin, doch ist der Trägerverein vorsichtig mit Frauen, die nicht bereits über eine gewisse Lebens- und Berufserfahrung verfügen. Die meisten Frauen kommen mit Mitte dreißig.

Sie sollten wissen, was für Vorstellungen Sie von sich haben und welches Leben Sie führen möchten: Möchten Sie keine eigenen Kinder? Oder haben bereits welche? Das ist kein Hinderungsgrund, würde allerdings Ihre Arbeit als SOS-Kinderdorfmutter etwas erschweren. Und was sagen Ihr Partner, Ihre Freundinnen oder die Angehörigen Ihrer Herkunftsfamilie zu Ihrem Berufswunsch? Schließlich werden sie Sie manchmal in Ihrer Familie besuchen wollen, und selbstverständlich dürfen sie hier auch übernachten und an Ihrem Leben teilnehmen. Behalten Sie allerdings im Auge, dass die Kinderdorffamilie der Lebensmittelpunkt der Kinder sein und bleiben soll.

Zunächst werden Sie vermutlich in einer Kinderdorffamilie hospitieren wollen, um sich danach auf einer guten Grundlage zu bewerben. Sie können sich einen Ort für Ihren Einsatz wünschen; dort findet auch nach Ihrer Hospitanz ein erstes Gespräch mit Ihnen statt. Ist dieses positiv für beide Seiten verlaufen, werden Sie ein wenig genauer geprüft.

Der Trägerverein beschäftigt in seiner Zentrale in München eigens einen Psychologen, der mit Ihnen ein Gespräch führt und Ihnen die Möglichkeit einer professionellen Reflexion Ihres Vorhabens gibt, Kinderdorfmutter zu werden. Schließlich braucht es Frauen, die mit Schwierigkeiten umgehen können und nicht nach wenigen Jahren schon wieder aussteigen wollen. Jedes Ihrer SOS-Kinder wird seine eigene, oft traurige Geschichte mitbringen. Es wäre fatal, wenn Sie – bei aller Fürsorglichkeit und Zuneigung – dann keine Möglichkeit haben, überlegt vorzugehen, weil Sie sich von Mitleid leiten lassen.

Haben Sie diese Schranke passiert, wird Ihnen nahegelegt, für ein Jahr als Familienhelferin in einer Familie mitzuarbeiten. Insbesondere für Frauen, die noch keine »stationäre« Erfahrung haben, also nie rund um die Uhr für ein Heim oder eine Familiengruppe tätig waren, ist dies sinnvoll. Frauen, die bereits wissen, wie es sich anfühlt, mehrere Tage in einer Familie zu leben und zu arbeiten, können diese Zeit als Familienhelferin verkürzen.

Zu den wichtigsten Anforderungen als SOS-Kinderdorfmutter gehört es, damit zurechtzukommen, dass die Kinder in der Mehrzahl noch eine eigene Familie haben und dorthin auch wieder zurückgeführt werden können. Man achtet allerdings darauf, dass die absehbare Verweildauer bei mindestens zwei Jahren liegt, damit die Kinder eine Chance haben, sich einzulassen und der Familiencharakter gewahrt werden kann.

Manchmal kommen die Eltern zu Besuch. Wenn sie in der Nähe wohnen, können sie auch ganz regulär zu Elternabenden mitgehen, zu Arztbesuchen oder in die Schule. Meist sind sie aufgrund von Erkrankungen, Sucht oder aus anderen persönlichen Gründen selbst nicht in der Lage, ihre Erziehungsaufgaben wahrzunehmen – das Klischee von den armen Waisen, die gerettet werden und nun wohlbehütet in einer Über-Familie aufwachsen dürfen, stammt aus der Gründerzeit der SOS-Kinderdörfer gleich nach dem zweiten Weltkrieg. Gewöhnen Sie sich also daran, dass die Kinder sich bei einer eventuellen Rückführung nicht nur von Ihnen, der Kinderdorfmutter, werden trennen müssen. Auch Sie müssen dann Abschied nehmen. Manchmal werden Sie ein Kind gut zurückgehen lassen können, ein anderes Mal wird es Ihnen Bauchschmerzen bereiten, weil Sie genau wissen, in welche Verhältnisse es gelangt. Einige Kinder melden sich danach noch regelmäßig, andere verschwinden ganz.

Machen Sie sich klar, dass Sie es mit schwierigen Kindern zu tun haben werden, auch wenn Sie bald spüren werden, wie viel von ihnen wieder zu Ihnen zurückkommt. Die meisten der Kinder kennen anfangs noch nicht einmal die Stationen eines normalen Tagesablaufs, regelmäßige Mahlzeiten zum Beispiel. Sie sind nicht an Sauberkeit gewöhnt, nicht ans Sprechen, oft verwahrlost und vernachlässigt. Zum Teil sind sie sehr auffällig, einige von ihnen sind gänzlich unfähig geworden, Bindungen aufzunehmen. Fast alle von ihnen brauchen Logopädie, Ergotherapie oder Psychotherapie. Zwar trifft das für sehr kleine Kinder selten zu, doch bringen die Jugendämter diese lieber in Pflegefamilien unter. Kinder von Kinderdorffamilien sind bei der Aufnahme für gewöhnlich älter; Kleinkinder kommen vor allem dann, wenn Geschwistergruppen aufgenommen werden.

So haben Sie eine Art Ersatzfamilie für sich. Sie sind Mutter, doch ohne ganz allein mit all der Sorge und Arbeit für die Familie dazustehen wie eine gewöhnliche Mutter, sogar eine Pflege- oder Adoptivmutter. Ihr Team unterstützt Sie in allem, was Sie tun. Sie sind professionell ausgebildet und können laufend Rücksprache halten.

Auch wenn womöglich der Eindruck entsteht, dass das Ganze an Selbstausbeutung grenzt: An die Intensität zwischenmenschlicher Beziehungen, wie Sie sie bei der Arbeit als SOS-Kinderdorfmutter erleben, kommt kaum ein anderes Tätigkeitsgebiet der Sozialpädagogik heran.

Ins Kloster gehen

Der wichtigste Beweggrund, ins Kloster zu gehen, sollte eine tief empfundene Liebe zu Gott sein und zu den Menschen. Schließlich heiraten Sie ja auch nicht, ohne den betreffenden Mann zu lieben. Rechnen Sie beim Eintritt in ein Kloster allerdings, auch darin ist dieses Leben der Ehe nicht unähnlich, mit dem vielleicht längsten Entscheidungsprozess für einen Lebensweg, der sich überhaupt nur denken lässt. Kommen Sie mit einer Zeit der Prüfung zurecht, einer auf Jahre ausgedehnten persönlichen Reifung, einer langen Abstimmung zwischen Ihren Wünschen und Möglichkeiten und jenen der Klostergemeinschaft.

Entscheiden Sie sich zunächst für einen aktiven oder einen kontemplativen Orden. Für jeden Orden ist das Gebet wichtig, weil es den Kontakt mit Gott lebendig hält; das Gebetsleben strukturiert den Alltag fast so, wie der Herzschlag es mit dem menschlichen Körper tut. Freilich gibt es Orden, in denen besonders häufig gebetet wird; in solcherart »kontemplativen« Orden wie den Benediktinerinnen oder den Clarissinnen gehen die Schwestern tagsüber nicht auswärts arbeiten. Sie bewirtschaften Land, sind in kirchlichen Schulen oder Kindergärten tätig, betreiben Dritte-Welt-Läden, backen Hostien oder ziehen Kerzen und haben sehr regelmäßige Gebets- und Meditationszeiten. Bei »aktiven« Gemeinschaften wie den Franziskanerinnen ist ein wenig mehr Raum für auswärtige Arbeit. Ordensgründer Franziskus hat zwar formuliert, dass die »Arbeit den Geist des Gebetes nicht auslöschen« solle, doch erlaubt die Konzentration auf das Morgen-, das Spätnachmittags- und das Abendgebet, dass die Franziskanerinnen ihr Mutterhaus tagsüber verlassen und auswärts arbeiten können.

Vielleicht kennen Sie eine Schwester, über deren Orden Sie mehr erfahren möchten? Das geht den meisten Frauen so, die in ein Kloster eintreten möchten: Sie finden den Weg über eine bestimmte Person, die sie beeindruckt hat. Schauen Sie sich das Ganze zunächst in Ruhe an. Viele Klöster bieten die Möglichkeit, sich für einige Wochen dem Klosterleben anzuschließen. Wollen Sie daraufhin Ihren Plan, selbst Schwester zu werden, verwirklichen, wenden Sie sich an die zuständige Novizenmeisterin. Nun wird ein erstes Gespräch geführt.

Sie werden gefragt werden, warum Sie sich den Eintritt ins Kloster wünschen, was Sie bewegt und wie Ihr persönlicher Hintergrund beschaffen ist. Sind Sie noch sehr jung oder haben Sie bereits etwas Lebenserfahrung? Fühlen Sie sich allein, brauchen Sie Anschluss? Das Kloster ist kein Nest, in dem Sie unterschlüpfen können, weil es Ihnen gerade nicht gut geht. Und was sagt Ihre Familie zu den Plänen? Die Schwester möchte von Ihnen wissen, was genau Sie antreibt. Keinesfalls handelt es sich um ein Bewerbungsgespräch – eher um eine gegenseitige Verständigung über die Erwartungen, die Ihren Schritt begleiten.

Haben Sie diese erste Station passiert, bricht für Sie die sogenannte Postulatszeit an. Packen Sie all das zusammen, was Sie für das tägliche Leben brauchen. Sie werden Mitglied in einer bereits bestehenden Gemeinschaft und ziehen in ein Zimmer ein, in dem alles materiell Notwendige für Sie bereitsteht. Deswegen können Sie auch frei darüber entscheiden, was Sie mit Ihren bisherigen Besitztümern machen: Das Kloster will sich nicht an Ihnen bereichern – es gibt keine finanziellen Bedingungen für den Eintritt. Ob Sie kaum etwas besitzen oder ein ganzes Haus Ihr Eigen nennen, zwei Fernseher und ein Auto, vor allem aber, was Sie nun mit diesen ganzen Sachen anstellen, all das ist ganz allein Ihre Sache. Überlegen Sie, ob Sie gleich jetzt all Ihre Habseligkeiten verkaufen oder verschenken möchten. Sie haben noch ein wenig Zeit, über eine lebenslange Bindung an das Kloster nachzudenken.

Sie ziehen nun ein für eine Probezeit, in der Sie am Gemeinschaftsleben teilnehmen. Betrachten Sie sich selbst als eine Art Gast in einer Familie; es ist beispielsweise selbstverständlich, dass Sie Aufgaben im klösterlichen Haushalt wahrnehmen. Vermutlich nehmen Sie nun auch an ersten Schulungen teil. Sie erfahren etwas über Ordensgründer- oder gründerin, Sie erwerben Wissen über die von Ihnen ausgewählte Gemeinschaft. Die Zeit als Postulantin kann je nach Verabredung ein halbes Jahr dauern, manchmal währt sie bis zu zwei Jahre, das wird individuell festgelegt.

Während dieser ersten Bewährungszeit wird sich zeigen, wie es Ihnen mit den veränderten Lebensverhältnissen geht. Sie werden vermutlich ausgiebig im Gespräch sein mit anderen Schwestern der Gemeinschaft. Diese Zeit bietet Ihnen die Möglichkeit, zu prüfen, ob der Klosterlebensweg für Sie das bereithält, was Sie sich als Inhalt eines erfüllten Lebens wünschen.

Wenn beide Seiten einverstanden sind, werden Sie nach der Postulatszeit Novizin. Sie gehören damit für mindestens zwölf Monate dem Ausbildungskonvent der Gemeinschaft an. Vielleicht werden Sie auch schon eingekleidet, das hängt davon ab, ob es überhaupt ein Ordenskleid in der Gemeinschaft gibt. Noch immer gilt es nun, sich weiter einzuleben, die eigene Berufung zu überprüfen, gerade für diese Gemeinschaft. Ihren erlernten Beruf werden Sie für diese Zeit vielleicht aufgeben, um sich ganz der Reflexion zu widmen. Sie haben auch viel Zeit dafür, sich zu fragen, ob Sie gut mit den Gelübden zurechtkommen, mit der Lebensform »Armut, Keuschheit und Gehorsam«, ohne sich deswegen zu verbiegen. Überlegen Sie beispielsweise, welche Rolle Eigentum für Sie spielt. Ist Armut Verzicht für Sie? Oder bedeutet es, einen Lebensstil zu realisieren, der eben nicht dem Ideal der Leistungsgesellschaft entspricht? Können Sie sich im Sinne des christlichen Evangeliums an die Seite jener Menschen denken, die unfreiwillig arm sind? Die Armut im Kloster ist allerdings selbstgewählt; sie ist keine Hartz-IV-Armut und doch sensibel und solidarisch für diese. Ähnlich verhält es sich mit dem Gehorsam: Worauf hören Sie, was nehmen Sie wahr? Wie gehen

Sie damit um, dass es Menschen gibt, die das Sagen haben, in welchem Verhältnis stehen Sie zu ihnen? Und die Keuschheit – können Sie sich vorstellen, ohne Partner oder Partnerin zu leben, auch ohne Kinder? Werden Sie sich mit Frauen wohlfühlen, die vom Alter her Ihre Großmutter sein könnten?

Nun erst kommt das erste Gelübde, die Feier der sogenannten ersten Profess. Sie versprechen damit, für ein oder zwei Jahre mit den Gelübden und nach den Regeln der Gemeinschaft zu leben. In den Jahren danach wird es wiederholt Möglichkeiten geben, sich von Neuem für eine bestimmte Zeit zu verpflichten; maximal neun Jahre nach der ersten Profess entscheiden Sie, auf Lebenszeit Schwester zu werden: die ewige Profess.

Stellen Sie sich darauf ein, dass das Klosterleben spirituelle Heimat und enge Verbundenheit mit anderen Menschen schafft, aufgrund des Gemeinschaftslebens aber auch eine große Herausforderung für Sie bedeuten kann. Es dauert möglicherweise, bis Sie Ihren Platz gefunden haben. Und natürlich müssen Sie mit einer radikal anderen Lebensform zurechtkommen. Behalten Sie indessen im Sinn, dass nur vom Verzicht auch im Kloster niemand leben kann und soll. Und – das wohl Schönste an Ihrem neuen Leben – dass gerade das Dasein im Kloster mitunter mehr Fülle bereithält als das umtriebige Gewese der Welt.

FRAUENSACHEN

Hexen und heilen

Traditionell in der Nacht zum 1. Mai – der Walpurgisnacht – schallt es durch die Gassen: »Zittert, zittert, die Hexen sind zurückgekehrt.« Die Frauenbewegung der 1970er- und 1980er-Jahre hatte sich die Figur der Hexe angeeignet, nachdem sie alle Formen der Folklorisierung von der menschenfressenden Märchenhexe bis zur guten, kleinen Hexe bei Otfried Preussler durchlaufen hatte. Als Identifikationsfigur für die Emanzipationsbewegung – Opfer männlicher Gewalt und Verkörperung geheimen weiblichen Wissens – war die Hexe ideal. Die Vereinnahmung machte aber auch blind gegenüber den Fakten: Keinesfalls war die Hexenverfolgung ein Vorwand dafür, das Wissen vor allem der Hebammen über Empfängnisverhütung und Geburtenkontrolle aus der Welt zu schaffen. Die Geschichtswissenschaft konnte anhand von Quellenstudien belegen, dass diese Interpretation an Realität und Vielfalt der Hexenjagden vorbeigeht. Die These von der »Vernichtung der weisen Frauen« ist falsch.

Bis Mitte des 15. Jahrhunderts war die Hexe eine lokale Erscheinung. Dem dörflichen Aberglauben zufolge galt sie als Person, die über besondere Fähigkeiten verfügte, die man zwar ein wenig fürchtete, aber auch zurate zog, wenn es darum ging, Krankheiten zu heilen oder sich vor dem bösen Blick und allerlei Gefahren zu schützen. Diesen Volksglauben hatte die Kirche viele Jahrhunderte lang als Unfug abgetan und bekämpft, wenn auch nie mit Folter. Dann aber änderte sich die Auffassung. Die Macht dieser Frauen wurde mit dem sogenannten Teufelspakt erklärt: Im Tausch für ihre Seele habe der Teufel ihnen überirdische Fähigkeiten verliehen. Aus der zauberfähigen Frau wurde die Teufelsbuhlerin, damit aber auch die Gotteslästerin, die den Tod verdient. Die Kirche wandte sich von ihrer eigenen aufklärerischen Tradition ab; die Verbindung aus dörflichem Hexenglauben und christlicher Teufelspakttheorie mündete in die systematische Verfolgung und Verbrennung von vermeintlichen Hexen, der im Laufe von dreihundert Jahren ca. 60 000 Menschen zum Opfer fielen, übrigens auch Männer.

Frauen waren aus verschiedenen Gründen anfällig für Zauberkraft und Hexereiverdacht. Als Entrechtete waren sie darauf angewiesen, durch einen Mann vertreten zu werden. Das verleitete dazu, sich zur Durchsetzung eigener Interessen ungewöhnlicher Mittel zu bedienen: Liebeszauber, damit der Angebetete aufmerksam wird; Diebeszauber, damit gestohlene Dinge wieder auftauchen; Schadenszauber, um sich für erlittene Gemeinheiten zu rächen. Außerdem waren die Sphären, in denen es besonders leicht zu Hexereiverdacht kam, traditionell weiblich besetzt. Da ging es um Kinder- und Krankenbetreuung oder die Produktion und Konservierung von Lebensmitteln. Starb ein Kind plötzlich oder kippte die Milch um, war mit großer Wahrscheinlichkeit eine Frau in der Nähe, die in Verdacht geraten konnte. Aberglaube war ein akzeptiertes Mittel, die Welt zu verstehen und auf Ereignisse zu reagieren.

Fliegen und Heilen sind die Fähigkeiten, für die die Hexe noch immer berühmt ist. Der Hexenflug ist international verbreitet; was dem südamerikanischen Schamanen dabei seine Pilze sind, ist der einheimischen Hexe ihre Flugsalbe. Zum Fliegen nutzten die Unholde und Hexen, heißt es in Johannes Hartliebs 1456 fertiggestelltem *Buch aller verbotenen Künste*, eine Salbe aus sieben Kräutern, die sie an dem Tag gebrochen haben, »der dann dem selben krautt zugehört. Als am suntag prechen und graben sy Solsequium, am mentag Lunariam (Silberblätter), am eretag (Dienstag) Verbenam (Eisenkraut), am mittwochen Mercurialem (Bingelkräuter), am pfintztag (Donnerstag) Barbam jovis (Dachhauswurz), am freytag Capillos Veneris (Frauenhaarfarn).« Unter Beimischung von Vogelblut und Tierschmalz fabrizierten sie dann ihre Salbe, strichen sie auf Bänke und Stühle, Rechen und Ofengabeln und flögen dahin. Das, bemerkt Hartlieb noch, sei aber alles Nigromantie und strengstens verboten.

Nachtschattengewächse waren es oft, aus denen die Mittel angerührt wurden. Ihre Gifte können Halluzinationen hervorrufen; Wunschdenken und Wirklichkeitserleben verschwimmen. Je nach Mischungsverhältnis der Salbe können auch Sie sich auf diese Weise einen schönen Flugtraum oder einen geilen Traum mit dem Teufel verschaffen. Schön an dem Mix ist, das Gefühl zu haben, den Traum zu beeinflussen, weil man eben nicht wirklich schläft, sondern noch bei Bewusstsein ist. Leider sind auch Albträume und Todesfälle nicht ausgeschlossen.

Diese Art der Hexerei kann also leicht erklärt werden. Das zauberische Heilen dagegen bewegt sich weiterhin in einer Grauzone. Entsprechend zurückhaltend sind erfolgreiche Heilerinnen unserer Zeit, wenn es darum geht, über ihr Wirken Auskunft zu geben. Ethnologen wie Thomas Hauschild haben sich aber auf ihre Spuren begeben.

In Italien fand Hauschild eine Heilerin namens Linda. Die Menschen, die zu ihr kommen, klagen über Kopfweh, Magenbeschwerden, haben Angst vor dem bösen Blick oder eine Gürtelrose mit schmerzenden Flecken am Rücken – wie der Bauer, den sie gerade behandelt. Linda spricht davon, dass sich tote Seelen auf seinen Rücken gesetzt und das Totenfeuer ausgelöst haben. Sie ist in Trance, während sie mit einer brennenden Lampe über die kranke Haut wedelt. Sie lauscht; Geister sprechen zu ihr, und auch sie murmelt ihnen etwas zu. Dem Mann ist das Ganze zwar nicht geheuer. Aber es hilft.

Als Heilerin verfügt Linda über die Fähigkeit, die Dinge zu verwandeln. Nichts anderes ist Zaubern. Die Krankheit wird – darin ähnelt die Tradition des zauberkundigen Heilens den alten Welt- und Körperbildern – zum Teil einer größeren Geschichte gemacht, die lokale Ereignisse, den Patienten selbst, die Symptome seiner Krankheit, den Ärger mit der Verwandtschaft, die Vergangenheit und die Toten in einen großen Zusammenhang stellt. Zugleich ergreift Linda Maßnahmen, die in der Logik dieser Erzählung sinnvoll und folgerichtig erscheinen. Auf diese Weise wird eine neue Ordnung hergestellt. Man könnte sie »Gesundheit« nennen.

Ein Leichtes, sich darüber lustig zu machen. Doch was haben wir selbst schon zu bieten, um die Beziehung zwischen Körper und Geist zu beschreiben? Vielleicht die Psychosomatik, die davon ausgeht, dass es eine Beziehung zwischen dem seelischen

Erleben und dem körperlichen Befinden gibt? Linda tut das Gegenteil: Sie sucht die Ursache des Übels außerhalb der Person und geht dafür, wo nötig, bis ins Reich der Toten, sie gibt dem Übel einen Namen, streitet mit ihm und bekämpft es. Allein dies mag schon heilungsfördernd wirken.

Auch die Schulmedizin lebt zu einem kaum zu ermittelnden Anteil von Magie. Untersuchungen zum Placeboeffekt zeigen, dass die Größe, Farbe und Beschaffenheit einer verabreichten Medizin Einfluss auf den Behandlungserfolg haben. Und über 80% der scheinoperierten Kniepatienten sind auch nach Jahren noch beschwerdefrei und zufrieden mit ihrer nicht stattgefundenen Operation. Ein bisschen schulmedizinisches Zaubertheater wirkt also auch heute noch. Die Aufregung, die Aufmerksamkeit, die beruhigende Stimme des Arztes, all das stellt das Gehirn des Patienten auf Heilung ein – und das schüttet folgsam ein wenig Serotonin aus: Schon geht es besser.

Mit Ratgeberliteratur umgehen

»Das Wort ›Liebe‹ ist schnell gesagt. Doch was hinter diesem Wort steckt, weiß nur der Teufel. Und wenn ich Teufel, *Dia-bolus*, sage, meine ich die bis zum Zerreißen gespannte Anziehung zwischen den entferntesten Elementen, so wie die Punkte eines Kreises, die der *Dia-meter* verbindet, einander *dia-metral* entgegengesetzt sind.«

Umberto Galimberti: *Die Sache mit der Liebe. Eine philosophische Gebrauchsanweisung*

Bei Philosophen muss man sich immer ein bisschen mehr anstrengen. Hoffentlich schaffen wir das mit unserem Weiberhirn. Rekapitulieren wir: Was Liebe ist, weiß nur der Teufel. Der Autor aber weiß, dass Teufel auf Griechisch oder Latein oder so *Diabolus* heißt. Vielleicht hat er im Fremdwörterlexikon nachgesehen, jedenfalls kommt er irgendwie von *Diabolus* zu *Diameter*. Diameter bezeichnet die Verbindung zwischen zwei Punkten, die sich in einem Kreis gegenüberliegen. Also bedeutet diametral entgegengesetzt – aber auch miteinander verbunden. Die Liebe ist also ein *diametraler Diabolus*. Oder so ähnlich. Fazit: Keine Liebe ohne Geometrie und Fremdwörter. Das ist dann aber doch nix für Mädchen.

> »Wenn Sie alleine wohnen, können Sie – innerhalb Ihrer vier Wände – tun und lassen, was Sie wollen. Der Trick besteht darin, das eigene Leben so zu gestalten, dass man sich rundrum wohl darin fühlt.«
>
> Marjorie Hillis: *Live alone and like it. Benimmregeln für die vergnügte Singlefrau*

Das ist ein toller Trick. Den probieren wir gleich mal aus! Am besten zu Hause.

> »Wie schon mehrmals beschrieben, gibt es verschiedene Faktoren, die eine Rolle spielen, wenn jemand einen Partner sucht, dabei aber keine Resultate erzielt. Wenn du schon seit Langem einen Partner suchst – und bisher ohne Erfolg –, kann es vielleicht hilfreich sein, die Familienstruktur und die Geschichte deiner Vorfahren zu untersuchen. Die Herkunftsfamilie hat einen großen Einfluss auf uns.«
>
> Daan van Kampenhout: *Ich lasse mich finden. Wie mein Wunschpartner zu mir kommt*

Klartext: Sie haben also keinen abgekriegt, weil Sie zu fett, zu hässlich oder zu alt sind? Dann haben wir hier ein tolles Ablenkungsprogramm für Sie: Erstellen Sie doch einmal einen Stammbaum Ihrer Familie bis zurück ins 16. Jahrhundert. Dort wird sich sicher eine Großtante väterlicherseits finden, die auch schon als alte Jungfer geendet ist. Deren Bild nageln Sie dann an die Wand und bewerfen es mit Dartpfeilen. Auf diesem Wege wird der Bann gebrochen, und gleich morgen küsst Sie ein Frosch.

»Missverständnisse ausräumen, Entwicklungen nachvollziehen, ein Stück weit Einblick in die individuellen Wirklichkeiten bekommen, Sichtweisen austauschen, Hoffnungen und Lebensziele formulieren – dazu taugt partnerschaftliche Kommunikation. Selbstverständlich brauchen Sie, wenn es erst zur Krise gekommen ist, meist professionelle Unterstützung.«

Michael Mary: *Mythos Liebe. Lügen und Wahrheiten über Beziehungen und Partnerschaften*

Herr Mary, Ihre Praxis läuft wohl schlecht?!

»Bevor Sie einen Mann nicht näher kennenlernen, können Sie nicht wissen, ob Sie seine Gesellschaft genießen oder von seinem messerscharfen Verstand beeindruckt sind. Sie können sich kein Urteil über seine Vertrauenswürdigkeit bilden.«

Laura Doyle: *Gib nach und er ist dein: Den Traumpartner finden mit der Kraft weiblicher Hingabe*

Lassen Sie ihn also ran. Nur so können Sie herausfinden, ob er Sie wirklich messerscharf macht und danach auch nicht gleich wieder abhaut.

»Violet zeigte alle Symptome der Liebe auf den ersten Blick. Und ihr Verhalten ist nichts Ungewöhnliches in der Natur – aus einem wichtigen Grund: Die meisten Weibchen haben eine feste Fortpflanzungsphase oder bestimmte zyklische Perioden, in denen sie empfängnisbereit sind. Sie haben nur

> wenige Minuten, Stunden, Tage oder Wochen für die Paarung, Empfängnis und Verbreitung ihrer Gene zur Verfügung. Deshalb können Sie es sich nicht leisten, monatelang den Lebenslauf potenzieller Bewerber zu prüfen.«
>
> Helen Fisher: *Warum wir lieben …: … und wie wir besser lieben können*

Wir wissen nicht, wer Helen Fisher ist, vermuten aber ein Pseudonym. Überhaupt fallen die vielen anglofonen oder sonstwie exotischen Autorennamen bei Ratgeberbüchern auf. Sind Ratschläge, die über den Atlantik oder zumindest den Kanal gekommen sind, irgendwie glaubwürdiger, geistvoller, besser durchlüftet?

Helen Fisher also. Wer auch immer du bist: Für wie blöd muss man Frauen eigentlich halten, wenn man sich traut, so etwas zu schreiben? Wir sind zwar mathebehindert, aber dass zwischen Minuten und Wochen irgendwie ein Unterschied besteht, der für das, was hier erklärt werden soll, eine Rolle spielt, sollte auffallen.

Sie sind sehr stolz auf den Witz mit Violet – dem Mops. Wir aber sind es leid, mit Tieren verglichen zu werden. Kann man ernsthaft das Liebesleben der Frauen dieser Welt mit dem Verhalten eines Schoßhündchens erklären wollen? Es ist ein Kreuz mit diesen biologistischen Erklärungen; sie sind einfach nicht totzukriegen. Die Schwäne sagen uns, dass wir monogam leben, die Bonobos dagegen, dass wir es mit der ganzen Familie treiben sollten. Das Tierreich erklärt *nichts*. Ja, wir sind auch Tiere, und eine ganz besondere Gattung, und wir haben unsere ganz eigene

Art, uns zu paaren und fortzupflanzen – wir machen es wie die Menschen, weil wir keine Möpse sind.

> »Ich werde auch solchen Männern, die ich nicht gleich toll finde, eine Chance geben. An Silvester habe ich zum Beispiel einen glatzköpfigen Architekten kennengelernt, der mich zwar interessierte, aber nicht so, als dass ich mich selber bei ihm gemeldet hätte. Aber nun, da er angerufen hat, werde ich ihm eine Chance geben. Natürlich hat das auch was mit Ego zu tun, denn er findet mich schön und klug.«
>
> Johanna Kremer: *Suche Mann zum Kinderkriegen. Warum Männer abhauen, wenn es ernst wird*

Leider ist uns dieser Gemütszustand nicht unbekannt, wir ziehen es aber vor, ihn für uns zu behalten.

»Das Wissen der Lebenskunst«, schreibt der Lebenskunst-Experte Wolfgang Kersting, »ist veraltungsresistentes Menschheitswissen. Es besitzt große lebensethische Evidenz und ist auf argumentative Rückendeckung nicht angewiesen.« Mit anderen Worten: Ratgeber sind super. Sie sollten eine ganze Reihe davon haben. Ratgeber ersetzen die beste Freundin, wenn diese bei akutem Beratungs- und Tröstungsbedarf nicht erreichbar ist. Die Aufgabe dieser Bücher besteht darin, Sie in Ihrer Meinung zu bestätigen, Ihnen zu versichern, dass Sie alles richtig machen und dass alles gut werden wird. Genau das eben, was eine gute Freundin tut. Erwarten Sie von Ratgebern aber keine neuen Erkenntnisse oder Einsichten. Das bedeutet nicht, dass Ratgeber dumm wären – es entspricht nur einfach nicht ihrer Funktion, intelligent zu sein.

Frauenratgeber gibt es zu drei verschiedenen Themen: 1. Wie finde ich endlich den Richtigen? 2. Wie behalte ich den Richtigen? 3. Wie trenne ich mich von dem Falschen? In den Ratgebern steht überall das Gleiche und außerdem nichts, was Sie nicht schon wüssten. Einzig der Ton variiert von flapsigironisch über esoterisch-beschwörend bis onkelhaft-therapeutisch. Sie brauchten für alle Lebens- und Stimmungslagen also dreimal drei, insgesamt neun Ratgeber – das deckt alle Seinsweisen der Frau von heute ab. Halten Sie Ratgeber am besten vorrätig. Das erspart Ihnen den Ausflug in die *self-help*-Ecke der Buchhandlungen, wenn Ihr Selbstbewusstsein sowieso schon angeschlagen ist.

Frauenzeitschriften verstehen

Sehr viel anders als andere Zeitungen und Zeitschriften funktioniert eine Frauenzeitschrift auch nicht. Eines zumindest scheint sie ins Bewusstsein zu rücken: Es gibt selten oder gar nichts Neues unter der Sonne. Tatsächlich hat man bei Frauenzeitschriften immer wieder das Gefühl, als wiederhole sich alles: die Mode; die Essays über Mütter, beste Freundinnen oder Eifersucht; die Psycho-Tests; die Texte über Hollywood-Stars; die Diäten und die Artikel, in denen steht, dass man sich um Diäten nicht scheren soll; die Horoskope, Schönheitsdossiers, Wohnideen und Kochrezepte. Selten gibt es Politisches in Frauenzeitschriften zu lesen, selten werden sie aggressiv.

Wie bei allen anderen Organen im Printmedienbereich sinken die Auflagen von Frauenzeitschriften zwar. Doch haben *Brigitte*, *Cosmopolitan*, *Maxi*, *Vogue*, *freundin* und ihre Mitstreiterinnen nach wie vor ihr treues Publikum. Offenbar finden Frauen in Zeitschriften etwas, das nicht ganz so viel mit Information, dafür umso mehr mit Stimmung oder Kommunikation zu tun hat. Aber was? Stellen wir diese Frage zunächst zurück, um uns anderen Dingen zuzuwenden, dem viel diskutierten Problem des Idealbild-Faschismus zum Beispiel, der Frauenzeitschriften nachgesagt wird.

Im Extremfall zeigt etwa das Cover eine junge Frau, deren

Beine am Computer gestreckt, deren Busen aufgepolstert und deren Haut künstlich geglättet und eingefärbt wurde. Eine neue Augenfarbe hat sie nun auch, außerdem sind ihre Zähne besonders weiß, ganz abgesehen davon, dass sich ein halbes Dutzend Stylisten schon während des Fototermins um ihr Aussehen bemüht haben.

Es handelt sich hier jedoch um ein Klischee. Denn so schlimm ist es nicht. Natürlich werden Fotos nachbehandelt. Dass das Äußere eines Heftes ansprechend ist, liegt allen am Herzen, der Art Direction, die das Erscheinungsbild bestimmt, der Bildredaktion, den Chefs und dem Mode-Ressort. Für das Innere des Heftes hingegen überlegen sich die Zuständigen schon, ob die porzellanweiße Haut der 16-jährigen Ukrainerin, die für die Modestrecke gebucht ist, noch weiter verfeinert werden muss. Und ob es nicht sinnvoll wäre, die porträtierte Rechtsanwältin mit sieben Kindern in all ihrer Normalität zu zeigen. Wie stark Aufnahmen retuschiert werden, hängt vom Thema und von den abgebildeten Frauen ab.

Eine zweiwöchentlich erscheinende Zeitschrift wie die *Brigitte* hat eine Vorlaufzeit von ungefähr drei Monaten. Wichtige Ausgaben brauchen noch länger. Extremer sieht es bei monatlich erscheinenden Zeitschriften aus; hier plant man vier oder fünf Monate im Voraus. Diese lange Spanne hat einerseits damit zu tun, dass Zeitschriften heute nicht mehr genau zu Anfang eines Monats erscheinen, sondern oft schon ein oder zwei Wochen vorher. Andererseits erklärt sie sich aus der Arbeit, die es kostet, Modestrecken zu produzieren, Themen zu recherchieren und das Ganze in ein ansprechendes Layout zu bringen. Drei Wochen vor Andruck einer Zeitschrift kann niemand mehr auf den Inhalt Einfluss nehmen. Wenn in der Zwischenzeit die Schauspielerin, über die man gerade geschrieben hat, gestorben oder sonst etwas Weltbewegendes geschehen ist, hilft außer Einstampfen nur noch das kostenintensive Einlegen einzelner Blätter.

Für gewöhnlich trifft sich die Redaktion einmal pro Woche, die individuellen Ressorts kommen öfter zusammen. Zum Mode-Ressort, das in fast allen Zeitschriften eine zentrale Stellung einnimmt, gehört eine Vielzahl verschieden qualifizierter Frauen: Journalistinnen, weil das Texten über Kleider gar nicht so leicht ist und schon eine gute Überschrift zu finden eine den Vormittag ausfüllende Beschäftigung sein kann, Bookerinnen, die für das Buchen der Models zuständig sind, Assistentinnen, die sich um die Ausstattung der Produktionen kümmern, Frauen, die die Brücke zu Styling und Kosmetik schlagen, sowie solche, die die Modestrecke produzieren und organisieren.

Innenarchitektonisch gehört zum Mode-Ressort ein riesiger Raum, in dem alles versammelt ist, was die zukünftigen Modestrecken ausmacht. Ohne Aufforderung bekommen Zeitschriften von den Herstellern Kleidung und Accessoires zur Ansicht; anderes können sie bestellen. Leider muss man es sich wohl abschminken, schon als Praktikantin à la *Der Teufel trägt Prada* in einen solchen Raum geschleppt und neu eingekleidet zu werden. Die Frauen, die die Modestrecke planen, stellen die Ingredienzen dafür frühzeitig zusammen, nehmen alles mit auf Reisen – oftmals wird jahreszeitlich gebunden fotografiert, im Winter beispielsweise auf Gran Canaria, damit die Sonne über dem Frühsommerheft wird scheinen können – und erleiden am

Produktionsort viel Aufregung, weil irgendetwas immer neu organisiert werden muss. Einige der Anziehsachen werden nach der Produktion an die Hersteller zurückgeschickt, anderes bleibt, wieder anderes wird auf einem jährlich stattfindenden Bazar verkauft.

Ähnlich überrannt mit Produkten wird das Ressort »Schönheit«. Als Beauty-Redakteurin erhält man täglich Produkte, Einladungen zu Wellnesstagen oder anderen Verwöhnsitzungen. Immer geht es darum, dieses oder jenes Produkt im Heft zu bewerben. Schließlich hat ein redaktioneller Beitrag, der womöglich mit einem Foto individualisiert ist (»unsere Modeassistentin Marlene schwört auf den neuen Nagellackentferner X«) bei der Leserin mehr Gewicht als eine Werbeanzeige. Dass es sich hier keineswegs um eine Freundin-zu-Freundin-Ratschlag-Situation handelt, vielmehr um Betrug an der Gutgläubigkeit der Leserin, wird Sie vielleicht erschüttern. Die Autorinnen, die sich aus einem großen Haufen einen bestimmten Lippenstift herausziehen, um zwei Zeilen darüber zu schreiben, betrachten es eher pragmatisch.

Außerdem gilt gerade an dieser Stelle, im Auge zu behalten, dass Zeitschriften von Werbung leben. Mitunter wünschen sich Firmen im Gegenzug für die Schaltung einer Anzeige, ihr Produkt im redaktionellen Teil platziert zu bekommen. Das kann man verurteilen. Die Frauenzeitschriften können sich hier aber die Hand reichen mit den Reise-Ressorts der Tageszeitungen, die ebenfalls immer wieder Einladungen erhalten, auf dass Redakteure kostenlos auf Reisen gehen und hinterher schreiben, niemals so schöne Ferien gehabt zu haben.

Leider werden all diese Dinge in den Redaktionen selbst nur von Zeit zu Zeit diskutiert. Man hat genug mit dem Tagesgeschäft zu tun; Frauenzeitschriften sind auch deshalb die Hände gebunden, weil nach der Pflicht – Neuerscheinungen, neue Filme, Wendungen im Leben der Stars und das, was andere Zeitschriften anbieten und »was wir auch mal machen sollten« – nur wenig Platz für Kür-Übungen bleibt. Selten nutzen sie die Chance, selbst Themen zu setzen. Zumal eine aktuelle Stellungnahme sich oft verbietet, weil die Vorlaufzeiten so lang sind.

Und was ist es nun, was Frauen in ihren Zeitschriften finden?

Die Menschen, die professionell mit Zeitschriften zu tun haben, gehen davon aus, dass es sich bei einer Zeitschrift um eine Art Person handelt. Diese wird mühsam in die Welt hineingeboren und braucht vorab jede Menge Vorbereitungszeit, also gründliche Marktbefragung. Sie kann dann wachsen und reifen – und nach einiger Zeit auch wieder eingehen. Wenn es dagegen gut läuft, schart die Zeitschrift eine Art Familie um sich. Dann entstehen mehrere Ableger der einen, erfolgreichen Zeitschrift, Hefte für jüngere Leserinnen und solche für ältere – beide Gruppen bedeuten riesige neue Märkte –, vielleicht auch jahreszeitlich oder handwerkstechnisch gebundene Nummern. Diese erstehen wiederum als Personen und sind denselben Gefährdungen ausgesetzt wie die Ursprungszeitschrift: Manchmal werden sie schnell wieder eingestellt, mit anderen Zeitschriften des Verlags zusammengeschlossen oder unter anderem Namen von Neuem lanciert.

Möchte man an dieser Stelle mehr erfahren, gelangt man zu Expertinnen wie Kathrin Steinbrenner. Offenbar, so Steinbrenner, hängt der Erfolg einer Zeitschrift nicht allein von knallharten Faktoren ab, der Themenmischung zum Beispiel oder dem sozialen Hintergrund der Leserin. Eher ist ein emotionaler Entscheidungsprozess von Einfluss, genauer gesagt, das ganz persönliche Verhältnis der Leserin zu ihrer Zeitschrift, und zwar zur Zeitschrift als Person. Deren Züge und Charakteristika werden an den Artikeln oder den Bildern und abgebildeten Frauen anschaulich, dem Stil, der Themenmischung und dem Layout. Wenn es gut läuft mit der Leserin-Blatt-Bindung, sieht eine Frau in ihrer Zeitschrift eine Art Freundin, die ihr ähnelt, die sie gut kennt, der sie zutiefst vertraut, von der sie grundsätzlich angetan ist und der sie auch Fehltritte nachsieht.

Hinzu kommt, dass sich die Leserin ein bestimmtes Erlebnis schafft. Viele Frauen sind sich der Tatsache bewusst, dass so viel faktisch Neues in der Zeitschrift gar nicht steckt. Sie haben sie gekauft, weil sie sich Entspannung und Ruhe von ihr erwarten, Träume und Visionen, Anregung für die eigene Kreativität, Belohnung nach harter Arbeit, kurz eine Antwort auf die Fragen und Bedürfnisse, die sie in diesem Lebens-Augenblick haben. Gelingt es einer Zeitschrift, zur Projektionsfläche für solche Wünsche zu werden, stehen ihre Chancen gut, die Leserin nachhaltig an sich zu binden; wenn sie es geschickt anstellt, vermag sie sogar Frauen sehr verschiedener Bildung, Herkunft und Lebenssituation zu fesseln.

Vom Umgang mit Weihnachtsbriefen

Liebe Freunde, liebe Freundinnen, liebe Verwandtschaft,

endlich finde ich doch noch Zeit zwischen all den Weihnachtseinkäufen, Baumschmuckbesorgungen und Plätzchenbackereien, einen Weihnachtsbrief an Euch zu schreiben. Diese schöne Tradition soll nicht untergehen, auch wenn die Vorweihnachtszeit ja oft ein wenig hektisch ist.
Nun aber sitzt Jonas zu meinen Füßen und räumt die Nüsse von einer Holzkiste in die nächste, und Sophie macht oben ihre Hausaufgaben. Sie ist schon bei der Schreibschrift anglangt, obwohl die ganze Klasse noch in Druckschrift schreibt – ich kann sie einfach nicht stoppen. Aus den Boxen ertönt »Rudolph, the Red-Nosed-Reindeer«, und seit einer Stunde fallen leise Schneeflocken, sodass die Kinder sich schon auf die morgendliche Schlittenfahrt freuen. Leider muss die bis zum Nachmittag warten, denn seit September bin ich ja wieder in der Praxis, wenn auch in Teilzeit. Für Jonas war das eine große Umstellung, dass Mama nicht mehr den ganzen Tag zu Hause ist, aber wir haben einen wunderbaren Waldorfkindergarten gefunden, und dort verbringt er seine Vormittage. Letzte Woche brachte er ganz stolz eine selbstgebastelte Elefantenmaske mit nach Hause und trompetete damit durchs Haus.

Matthias ist im letzten Jahr durch seine Arbeit stark in Anspruch genommen. Die Firma hat neue Kooperationspartner und dadurch auch neue Projekte, die auf seinen Schultern lasten. Trotzdem versucht er, wann immer es möglich ist, zum Abendessen zu Hause zu sein und mit den Kindern Löwenjagd oder Memory zu spielen – bei Letzterem hat er keine Chance.
Weihnachten werden wir dieses Jahr bei seinen Eltern in Karlsruhe verbringen. Darauf freuen sich schon alle, denn Oma Ingrid und Opa Manfred bauen die alte Eisenbahn im Hobbykeller auf und spielen von morgens bis abends mit ihren Enkelchen, sodass Mama und Papa mal Zeit für einen Spaziergang zu zweit haben.

Wir wünschen Euch allen ein wunderschönes Weihnachtsfest und einen guten Start ins Neue Jahr

Alles Liebe,

Monika, Matthias, Sophie und Jonas

Liebe Freunde, liebe Freundinnen,
liebe Verwandtschaft,

Weihnachten steht vor der Tür und damit der alljährliche Konsumterror, das Familiengenerve und die Winterdepression. Auch dieses Jahr ist es mir leider nicht gelungen, das Weihnachtsfest bei Oma Ingrid und Opa Manfred abzuwenden. Matthias kann sich gegenüber seinen Eltern leider immer noch nicht durchsetzen, und so werden wir auch dieses Weihnachten wieder in den Genuss von fetten Bratensoßen und faschistischen Sprüchen kommen. Auch sonst macht mir mein Mann nicht allzu viel Freude. Seiner Firma steht das Wasser bis zum Hals, und alle Mitarbeiter müssen Überstunden ohne Ende machen. Abends kommt er völlig erschöpft nach Hause und schafft es gerade noch, den Kindern einen Gute-Nacht-Kuss zu geben, wenn er nicht zu genervt ist.
Mein Wiedereinstieg in den Beruf im September dieses Jahres gestaltete sich ebenfalls unerfreulich. Nach fünfjähriger Abwesenheit kann man wohl einfach nicht erwarten, dass alles beim Alten ist und man in die gleiche Position gesetzt wird, sodass ich jetzt ganze Vormittage am Kopierer stehe oder andere Praktikantinnenjobs erledigen darf. Wahrscheinlich ist das aber auch das Einzige, was ich nach dem allmorgendlichen Megastress überhaupt auf die Reihe kriegen würde. Jonas scheinen die zwei Jahre mit Mama zu Hause so gut gefallen zu haben, dass er jeden Morgen im Kindergarten eine filmreife Szene hinlegt. Nach-

dem Kindergartentante Heidrun mir mein schreiendes und strampelndes Kind entrissen hat, bin ich schweißgebadet. Die dann folgende Autofahrt mit Kaffee und Zigarette (ja, ich rauche leider wieder) ist der Höhepunkt meines Tages.
Nun muss ich Schluss machen, denn Sophie und Jonas schreien um die Wette: Mord und Totschlag müssen verhindert werden.

Euch allen ein geruhsames Weihnachstfest, und vergesst nicht, die Pille zu nehmen.

Monika

Der Weihnachtsbrief sucht nicht den Austausch, er will bloß angeben. Das glückliche Leben, das man angeblich führt, wird dem Empfänger vor die Nase geknallt, eine Antwort oder Reaktion erwartet der Weihnachtsbrief nicht: Er ist ein pervertierter Brief. Eigentlich ist der Weihnachtsbrief eine Art Reklame, die schreit: Bewundere mich, ich bin so toll. Schreiben Sie keine Weihnachtsbriefe.

Feministisch informiert sprechen

Wenig hat sich zuletzt getan auf dem Markt der feministischen Wortfindung. Ob wir endlich alle genügend sensibel geworden sind? Oder will sich einfach niemand mehr über die Gewohnheiten unserer Sprachgemeinschaft mokieren und das *Deutsche als Männersprache* klassifizieren, so, wie es Luise F. Pusch vor über zwanzig Jahren in einem Klassiker der feministischen Sprachwissenschaft gemacht hat?

Weder das eine noch das andere ist korrekt. Denn erstens hat sich eine gewisse Abhärtung eingestellt. Wenige Sprecher und Sprecherinnen finden noch etwas dabei, zusammengeschüttet und in eine Gruppe reiner »Sprecher« aufgenommen zu werden. Inzwischen sind sogar Frauen lax geworden im Umgang mit Personenbezeichnungen, ja, wir wagen die These aufzustellen, dass gerade die berufstätigen Frauen bei einer Art postfeministisch-linguistischer Einstellung angelangt sind und von sich selbst als »Lehrer«, »Arzt« oder »Einkäufer« zu sprechen vermögen. Ist die Emanzipation der Frau und der Sprache hier fehlgeschlagen? Irgendwie sieht es nicht danach aus.

Trotzdem schade. Dass das Männliche die Norm sei und das Weibliche die Abweichung, gehört zu den fundamentalen Unterscheidungen unserer Kulturgeschichte. Vor allem in Gestalt des »-in«, das an die männliche Form angehängt wird, bildet sie einen der schwersten Steine des Anstoßes für Linguistinnen. Dieses Suffix konserviere nämlich, so Pusch, »im Sprachsystem die jahrtausendealte Abhängigkeit der Frau vom Mann«. Wahrgenommen zu werden, sei existenziell wichtig für den Menschen, und Sprichwörter und Wortbildungsstrategien, die Frauen unsichtbar werden lassen, tragen nicht zur Wahrnehmung bei.

Offenbar ist es zu einer gewissen Blindheit gegenüber dieser Gefahr gekommen. Doch noch etwas ist anders geworden: Wir sind dabei, uns dem englischsprachigen Vorbild anzupassen (»Who has done their homework?«) und das Bezugssystem unserer Pronomen neu zu arrangieren. Schließlich sollte selbst das lässigste Ohr bei folgenden Formulierungen aufmerken: »Wer schwanger werden und ein Kind versorgen will, muss wissen, wie er das am besten anstellt.« Oder: »Wer hat denn hier seinen BH liegen lassen?«

Klingt beides schlecht. Leicht hingegen ist es, diese Konstruktionen anzupassen. Gehen Sie mit gutem Beispiel voran. Denken Sie nicht daran, dass sprachliche Innovationen wie das Pronomen »frau« – wie in »Das hat frau sich ganz anders vorgestellt.« – oder das Binnen-I – wie in »LeserInnen« – sich nicht durchsetzen konnten, dass Entwicklungen wie »Die Lehreris und der Lehreris stehen im Klassenraum.« noch im Sprachlabor stecken geblieben sind. Bleiben Sie realistisch. Aber trauen Sie sich: »Wen darf ich denn jetzt mal bitten, ihre Meinung zum Thema vorzutragen?« Oder: »Irgendjemand hat doch eben gesagt, sie vermisse ihren Mascara. Ich habe hier einen gefunden.«

Alleinerziehend sein

Regelmäßig wird der alleinerziehenden Mutter von einer mitfühlenden Gesellschaft versichert, wie unglaublich toll das sei, was sie bewältige. Tatsächlich bedient die alleinerziehende Mutter das Image der modernen Märtyrerin: aufopferungsvoll, pragmatisch, leidensfähig, nie klagend.

Diese Art der Anerkennung ist nur die Kehrseite einer Gesellschaft, die Mutterschaft traditionell verdrängt und institutionell benachteiligt. Das zeigen schon die sozioökonomischen Daten: Unabhängig von der Armutsdefinition – relative Armut, Einkommensarmut, Zugangs- oder Teilhabearmut – gilt, dass Alleinerziehende davon in besonderem Maße betroffen sind. 2003 lebten in Deutschland 2,2 Millionen minderjährige Kinder mit einem alleinerziehenden Elternteil zusammen, das ist jedes siebte Kind. Von diesen bezogen 26 % Sozialhilfe. Je mehr Kinder eine Frau hat, desto wahrscheinlicher, dass sie auf staatliche Unterstützung angewiesen ist. Bei drei und mehr Kindern beziehen 51 % Sozialhilfe. Die Hälfte aller Alleinerziehenden müssen dabei mit einem Nettoeinkommen von 1000 bis 1750 Euro auskommen. Dabei finanziert sich die Mehrheit der Alleinerziehenden aus eigener Kraft; die Möglichkeit, erwerbstätig zu sein, hängt in hohem Maße von dem Alter des jüngsten Kindes ab, ein weiterer Hinweis auf mangelhafte Betreuungsmöglichkeiten.

Als Einelternfamilie sind Sie mit Ihren Kindern allein. Die müssen ernährt, geliebt, gekleidet, beschützt, erzogen und betüdelt werden. All dies lastet auf Ihren Schultern, während Sie selbst niemanden haben, der Sie betüdelt, beschützt und liebt. Bestimmt machen Sie sich Sorgen, wie sich die schreckliche Trennung auf Ihre Kinder auswirkt und wie Sie ihnen helfen können, damit besser fertig zu werden.

Doch hängt das Kindswohl unmittelbar am Mutterwohl. Deshalb kommt es zuallererst darauf an, dass es Ihnen gut geht. Welche Sorgen haben Sie? Mit wem können Sie sie teilen? Wer bemuttert Sie? Das größte Problem alleinerziehender Mütter ist, dass sie niemanden dafür haben. Sie sind allein. Darüber sollte auch das schöne Wort »Einelternfamilie« nicht hinwegtäuschen.

Die Bedingungen, unter denen Alleinerziehende ihren Alltag bestreiten, könnte man als globalisiert-bilateral, post-patriarchal und bedingt matrilinear bezeichnen. Matriarchat und Patriarchat sind zunächst neutrale Begriffe, die beschreiben, wie Kulturen Verwandtschaftsverhältnisse deuten. Bei der konkreten Ausgestaltung der Lebensverhältnisse gibt es natürlich Unterschiede; hier zeigt sich, dass mit den unterschiedlichen Weltdeutungen Machtverhältnisse verbunden sind. Neben den matriarchalen und patriarchalen Verwandtschaftsbeziehungen gibt es auch die Mischung von beiden: die bilaterale Abstammungspraxis, bei der die Verwandtschaftsverhältnisse über beide Elternteile abgeleitet werden.

Politische Aufklärung und Emanzipationsanstrengungen haben hierzulande eine rechtliche Gleichstellung von Frau und

Mann, Mutter und Vater hervorgebracht, die der bilateralen Struktur entspricht. Die meisten Beziehungen scheitern aber gerade an diesen Zuständen, der Überfrachtung der Paarbeziehung mit emotionalen und praktischen Aufgaben und allerlei ungeklärten Macht- und Abhängigkeitsverhältnissen. Ein einziger Mann soll der Frau jene Unterstützung zuteil werden lassen, die anderswo ein ganzer Clan weiblicher Verwandtschaft und Bekanntschaft übernimmt. Wenn das diesem einen Mann zu viel wird und er verschwindet, hinterlässt er eine Frau, die zusehen muss, wie sie ihr bilaterales Familiennetzwerk in die Gänge bekommt.

Zwar sind und bleiben die Kinder mit beiden Seiten der Familie verwandt. Aber wo ist die liebe Verwandtschaft? Zur Einschulung mögen Oma aus Rostock und Opi aus Münster angereist kommen. Im Alltag aber leben sie in alle Winde verstreut. Vielleicht haben Sie Glück, und Teile des Familiennetzwerks hat es in Ihre Nähe verschlagen. Es kann aber genauso gut sein, dass Sie sich auch noch mit der Verwandtschaft väterlicherseits herumstreiten müssen – nach einer Trennung nichts Ungewöhnliches.

Stellen wir uns stattdessen vor, Sie und Ihre Kinder wären in einer matrilinearen und matrilokalen Gesellschaft geboren. Ihr Kind wäre an erster Stelle mit der mütterlichen Sippe verwandt. Oma, Tanten mütterlicherseits und auch der Mutterbruder würden sich Ihrem Kind verbunden fühlen und elterliche Aufgaben und Verantwortung übernehmen, ein ganzer Haufen weiblicher Verwandtschaft mit Rat und Tat zur Seite stehen. Bestimmt müssten Sie sich bevormunden lassen und herumstreiten – Ihre Unabhängigkeit stünde wahrscheinlich Tag für Tag auf dem Spiel. Aber eines wären Sie und Ihre Kinder bestimmt nicht: allein.

Reine Matriarchate finden sich hauptsächlich in bäuerlichen Gesellschaften oder Gemeinschaften ohne staatliche Organisation. Nun gibt es Soziologen, die meinen, den Trend zu beobachten, dass die Beziehung zwischen Mutter und Kind wieder an Bedeutung gewinne: weil Beziehungen zerbrechen; weil Kinder eine größere Bedeutung innerhalb der Familie haben als früher; weil Paarbeziehungen anstrengend und mit Aufgaben überfrachtet sind. Die Mutter-Kind-Dyade ist eine Bindung, um die herum sich auch die meisten Patchworkfamilien organisieren.

Der logisch nächste Schritt wäre es also, sich ein Netzwerk zu schaffen, das dem matrilinearen Frauenclan ähnelt: Gibt es einen Großelterndienst in Ihrer Stadt? Eine alleinstehende Dame in der Nachbarschaft, die sich freut, wenn Ihre Kinder hin und wieder vorbeischauen, um ein paar Süßigkeiten zu vernichten? Warum nicht mit anderen alleinerziehenden Müttern oder der Singlefreundin, die keine Kinder hat, aber gerne welche hätte, eine Wohngemeinschaft gründen? Dass es sich bei diesem sozialen Netz um Wahlverwandtschaften handelt, kann von Vorteil sein.

Matriarchale Gesellschaften anerkennen die Leistung, die es bedeutet, gebären zu können. Das Motiv der Mutterschaft steht im Zentrum. Die patriarchale Ordnung kehrt diesen ursprünglichen Kult um: Weibliche Fruchtbarkeit wird herabgewürdigt, männliche, geistige Kreativität aufgewertet. Diese Umdeutung gilt als Grundvoraussetzung der modernen Staatenbildung, ermöglichte es doch erst die Herrschaft des Vaters, die Reproduktion unter staatliche Kontrolle und die Früchte des intellektuellen, geistigen Fortschritts über die leibliche Frucht weiblicher Reproduktivität zu stellen. Mit dieser Interpretation lässt sich eine Entwicklungslinie von der antiken Philosophie über die Disziplinierungstechniken des beginnenden Industriezeitalters bis zur Reproduktionsmedizin ziehen, die versucht, die weibliche Fruchtbarkeit zu beherrschen, sei es mit gesellschaftlichen Normen oder mit medizinischen Maßnahmen.

Man sollte sich indessen davor hüten, agrarische Gesellschaften zu idealisieren: Weniger Staat heißt nicht weniger Patriarchat. Auch Kulturen mit einfacher Organisation sind patriarchal organisiert, und die Ungerechtigkeiten, die dort passieren können, sind albtraumhaft. Zum Beispiel das Heiraten: Mit der Hochzeit wird die junge Frau aus ihrem sozialen Umfeld gerissen, von ihrer Verwandtschaft isoliert und in die Lebenswelt ihres Mannes versetzt. Wenn eine Frau in einer solchen Gesellschaft mit ihrem Mann bricht oder der Mann stirbt, tritt dessen Bruder an seine Stelle. Weigert sie sich, diesen zu heiraten, kann es sein, dass sie ohne die Kinder zu ihrer Familie zurückgeschickt wird. Die mütterliche Beziehung zu den Kindern spielt rechtlich gesehen keine Rolle: Ohne Einschränkung entscheidet die väterliche Seite der Familie über ihre Kinder und deren Schicksal. Solche Vergleiche zeigen, welche Erfolge die Frauenbewegung gezeitigt hat; sie erweisen, dass die Belastung von Alleinerziehenden auch mit großer Selbstbestimmung einhergeht.

Liebe

Sich verlieben

Glücklicherweise ist der Zustand des Verliebtseins zeitlich begrenzt. Auf Dauer wäre er nämlich nicht auszuhalten: Er ähnelt einer Zwangsneurose, einer Manie, starkem Stress. Und wird trotzdem als großes Glück empfunden. Verliebte können sogar an Appetitlosigkeit und Durchfall leiden, was in diesem Falle aber nicht ungesund ist, im Gegenteil: Das Immunsystem arbeitet auf Hochtouren, wer verliebt ist, fühlt sich voller Energie und lebt von nichts als Luft und Liebe.

Ein extrem niedriger Serotoninspiegel eint Verliebte und Zwangskranke. Angst- und Panikattacken gehen mit ihm einher sowie die Unfähigkeit, bestimmte Verhaltensweisen abzustellen: Menschen mit Waschzwang stehen andauernd am Waschbecken, Verliebte müssen permanent an den oder die Begehrte denken. Ein Überschuss an Dopamin sorgt bei ihnen überdies für eine Art Manie. Dopamin wird immer dann ausgeschüttet, wenn wir etwas im Sinne der Evolution Richtiges tun, zum Beispiel essen oder Sex haben. Im Gehirn werden die Belohnungsareale aktiviert – wir fühlen uns gut. Verliebt zu sein scheint mithin ein Zustand, bei dem sich zwei verschiedene Arten von Irrsinn die Waage halten. Wen wundert es da, dass angesichts des biochemischen Chaos im Körper auch das Beurteilungsvermögen leidet – allgemein als »rosarote Brille« bekannt. Ein objektives Urteil über den Angehimmelten zu fällen und die weniger guten Eigenschaften ins Auge zu fassen, ist in diesem Stadium praktisch unmöglich.

Natürlich hat die Wissenschaft sich Gedanken darüber gemacht, warum und wozu wir in so einen Zustand geraten. Evolutionsbiologisch wurde argumentiert, dass damit die Fortpflanzung und die Reproduktion unserer Gattung gesichert werden – aber würde dazu nicht auch der schlichte körperliche Trieb ausreichen? Andere meinen, dass das verliebte Hochgefühl dazu dient, sich leichter auf eine monogame Beziehung samt Familiengründung einzulassen. Total verrückt, um dann ganz besonders vernünftig zu werden? Das überzeugt auch nicht so richtig. Vielleicht gibt es auch eine kultiviertere Erklärung, eine, die uns als Menschen, als zivilisierte Wesen sieht und nicht bloß als Rädchen in einer großen Reproduktionsmaschine.

Könnte es sein, dass all dies Durcheinander dazu dient, uns den Mut zu geben, uns zu verändern? Der Beginn einer Liebe bedeutet, eine neue Richtung einzuschlagen, einen neuen Weg zu beschreiten. Dafür muss man sich locker machen, im Kopf und auch sonst. Und auch dafür haben wir biochemische Unterstützung. Neurotrophine, auch Nervennährstoffe genannt, sind für den Aufbau und den Fortbestand von Nervenverbindungen verantwortlich. Bei frisch Verliebten ist ihr Wert ebenfalls erhöht. Verliebtsein ändert also die Gehirnstruktur – zumindest hat es das Potenzial, dies zu tun, wenn wir es denn wollen und wenn aus der Verliebtheit mehr wird.

Der Morgen danach

Schon Sekunden nach dem Erwachen spüren Sie: Das ist kein normaler Morgen. Sie liegen in einem fremden Bett. Es riecht so anders. Ihr Kopf ist schwer, und neben Ihnen liegt jemand, mit dem Sie zum ersten Mal Sex hatten. Dunkel und schwül steigen die Erinnerungen an die letzte Nacht in Ihnen auf, aber nun ist es heller Morgen, ein kühler Wind kommt durch das Fenster, und nichts passt richtig zusammen. Und die Frage »Wo bin ich?« verrutscht in Richtung »Wer bin ich?«

Ist das der Beginn einer großen Liebe oder möchten Sie einfach nur möglichst schnell aus dieser fremden Welt in Ihre eigene zurückkehren? Sie sind vermutlich etwas gespalten – nicht mehr im eigenen Leben und in einem neuen noch nicht angekommen. Der nackte Mensch neben Ihnen erscheint Ihnen fremd. Dabei waren Sie gestern Abend noch heiß verliebt. Was sollen Sie sagen, wenn er aufwacht? Wie wird er sich verhalten? Wird er zärtlich sein oder Sie kühl mustern? Außerdem müssen Sie mal aufs Klo. Der Gedanke an ein fremdes Badezimmer versetzt Ihnen den nächsten Schlag. Wie sollen Sie dort überhaupt hinkommen – so nackt? Sich keusch zu bedecken erscheint andererseits albern angesichts der Schamlosigkeiten, die Ihnen nun wieder einfallen.

Je größer die Verliebtheit, umso größer auch die Angst, den anderen zu enttäuschen, je größer der Wunsch nach einer festen Bindung, umso größer die Furcht, etwas falsch zu machen. Das Einfachste wäre, erst einmal im Bett zu bleiben und die Leidenschaft noch einmal aufleben zu lassen. Das können Sie tun, das ist wunderbar, auch wenn es den Tanz um den Morgen danach nur vertagt. In dem Moment, wo Sie das Bett verlassen, brechen Sie mit dem Zauber der Nacht; ein Spiel beginnt, dessen Regeln Ihnen noch nicht vertraut sind. Und als wäre das nicht schon schwierig genug, müssen Sie all dies mit einem hypothetischen Ich absolvieren, denn zu diesem Zeitpunkt können Sie noch nicht wissen, wie sich die Geschichte entwickelt, in der Sie gerade mitspielen.

Das erste Frühstück ist ein besonderer Eiertanz. Alles erscheint normal – ja, fast banal. Aber das Gegenteil ist der Fall. Gerne würden Sie sich so zeigen, wie Sie sind: müde und verschlafen. Aber die verliebte Angst bewirkt, dass noch die kleinste Tat auf ihre mögliche Wirkung hin abgeklopft wird; die alltäglichen Rituale, die Sie sonst durchs Leben tragen, helfen in diesem Moment gar nicht. Sie fühlen sich beobachtet, und zugleich beobachten auch Sie. Verliebte, die einander belauern. Jede Geste, jede Tonlage, jede kleine Entscheidung gewinnt am Morgen danach eine übergroße Bedeutung, wird hin und her interpretiert, analysiert und bewertet, stellt sich doch in jedem Moment die Frage, ob aus beiden ein Paar werden kann.

Was, wenn er Sie mit Rosen und frisch gepresstem Orangensaft überrascht und Sie einfach nur weglaufen wollen? Wenn er mit einer Riesentüte Brötchen am Küchentisch sitzt und nicht weiß, was er sagen soll? Ihnen gleich seine ganze Lebensgeschichte erzählen will? Und Sie einfach nur Ihre Zähne putzen möchten? Der Morgen danach vergrößert auch die eigenen Handgriffe und die Ausstattung des eigenen Lebens wie ein Brennglas: Wie findet er meine Wohnung, meine Art, mich in der Wohnung zu bewegen, die Eierbecher und dass ich dem Ei den Kopf abschlage?

Bei diesem Frühstück beginnen die Anstrengungen, ein Paar zu werden und zu sein. Hier entscheidet sich, ob sich zwei Lebensstile in einen gemeinsamen verwandeln lassen, ob ich, du und wir noch weitere gemeinsame Frühstücke erleben wollen. Hier beginnen all die Aushandlungen im Dienste einer neuen Gemeinschaft. Wer macht das Frühstück? Muss man reden? Ist der Blick ein liebender oder ein abschätzender? Ein neuer Stil muss gefunden werden – und eine gemeinsame Sprache.

Die überbordende Bedeutung des Morgens danach spiegelt sich auch in seinem Paradox: Er muss verschwinden, um eigentliche Kraft entfalten zu können. Wenn der Morgen danach der Beginn einer Liebe ist, müssen Verwirrungen, Ängste und Verkrampfungen getilgt werden. Der Gründungsmythos verlangt Harmonie, den Gleichklang der Herzen und Einheit. Je normaler also dieser Morgen in seiner Besonderheit erscheint, umso mächtiger bereitet er der neuen Zweisamkeit den Weg in die Alltäglichkeit. Wenn an diesem Morgen gar nichts zu passieren scheint, dann ist sehr viel passiert.

»Eine Ehe ist in gewisser Weise durchaus erträglich, wenn Sie alles heiter nehmen und nicht zu viel davon erwarten. Aber darüber nachdenken, das verträgt sich nicht ... Wenn Sie erst einmal mit Argumenten beginnen, dann heiraten Sie nie. Nur zu, lassen Sie sich trauen. Hinterher werden Sie genug zu diskutieren haben. Das können Sie mir glauben.«

Bernhard Shaw

»Heiraten ist eine Pflicht, einen Liebhaber nehmen ein Luxus.«

Simone de Beauvoir

»Wenn ein Mädchen heiratet, tauscht es die Aufmerksamkeit vieler Männer gegen die Unaufmerksamkeit eines einzigen ein.«

Helen Rowland

»Wer aus Liebe heiratet, hat schöne Nächte und schlechte Tage.«

Französisches Sprichwort

Es ist nicht einfach, ein Zitat zu finden, das sich rundweg positiv zur Ehe äußert. Alles scheint sich gegenüber dieser Institution distanziert, kritisch oder ironisch verhalten zu müssen. Trotzdem kommt das Heiraten nicht aus der Mode. Die Ehe ist die offizielle Registrierung einer persönlichen Lebensgemeinschaft mit dem Zweck der Familiengründung. Wurde sie in früheren Zeiten in der Kirche und vor Gott geschlossen und war daher unauflösbar, so gibt es in Deutschland seit 1875 die Möglichkeit der Aufhebung der Ehe durch Scheidung.

Viele Jahrhunderte lang war die Ehe eine Angelegenheit, die von allgemeinem gesellschaftlichem Interesse war und im Prinzip den Regeln des Frauentauschs folgte. Auf diese Weise formierten sich soziale Zusammenhänge, ökonomische Beziehungen und politische Verbindungen; das galt für politisch motivierte Heiraten in Adelskreisen genauso wie für die exogamen Heiratspraktiken afrikanischer Gesellschaften. Diese Ehen wurden initiiert. Das öffentliche Interesse an einer Eheschließung hielt noch bis in die Mitte des letzten Jahrhunderts an und zeigte sich zuletzt darin, dass die Eltern stets ein Wörtchen mitreden wollten bei der Heirat ihrer Kinder. Dabei hatte sich längst das romantische Ehemodell durchgesetzt: die Liebesheirat.

NACH OBEN HEIRATEN – NACH UNTEN HEIRATEN

Heiratsmarkt ist ein hässliches Wort, denn es bringt zusammen, was gar nicht zusammengehört: das reine Gefühl und das kalte Kalkül. Dabei heiratet man doch aus Liebe. Ganz früher war alles klar: Der Edelmann heiratete das Edelfräulein, die Bauerstochter den Bauerssohn und die Magd den Knecht. Doch dann kam die bürgerliche Epoche. Die Mädchen sollten eine gute Partie machen, was nichts anderes hieß als nach oben zu heiraten, notfalls erkauft mit einer dicken Mitgift. Diese Art von Heiratsstrategie verfolgte noch unsere Müttergeneration. Sie begab sich damit in eine doppelte Asymmetrie – nicht nur als Frau dem Manne untergeordnet, sondern auch als soziale Aufsteigerin im Nachteil. Es soll zwar reiche Bauerstöchter gegeben haben, die einen mittellosen Handwerker zum Manne nahmen und damit nicht schlecht gefahren sind. Für das eheliche Machtgefüge kann es durchaus von Vorteil sein, den Gatten in ökonomischer Abhängigkeit zu wissen. Die Regel aber war das nicht.

Natürlich nahmen sich die reichen Männer die hübschesten Frauen, sodass für die armen Schlucker der unteren Schichten nur die Ladenhüter übrig blieben. Evolutionsbiologen und Soziologen scheuten keine Mühe, um diese Heiratspraxis, nach der Männer auf physische Attraktivität und Frauen auf sozio-ökonomischen Status Wert legen, mit wissenschaftlichen Erklärungen zu unterfüttern.

Neuere Entwicklungen wie Individualisierung und Enttraditionalisierung legen indessen die Vermutung nahe, dass das Heiraten mittlerweile von taktischen und strategischen Überlegungen befreit sein könnte und nun endlich das geworden ist, was es schon immer sein sollte: ein freies Spiel der Gefühle, das glückliche Aufeinandertreffen zweier verwandter Seelen jenseits von Klassendünkel und Statusdenken: Professorentochter und Maurermeister, Bürgermeister und Lidl-Kassiererin, Kanzlerin und Asylbewerber!

Aber nein. Dank Sozialstrukturanalyse und »einer Theorie

des rationalen Kalküls für Verhaltensweisen, die mit Präferenz für die Übernahme in Netzwerken oder Rollen zu tun haben«, konnte der Soziologe Wolfgang Teckenberg feststellen, dass es bei »Heiratsentscheidungen um die Erringung vorteilhafter Lebenschancen und Marktpositionen geht«. Das nun aber unter veränderten gesellschaftlichen Bedingungen: Bildung ist wichtiger als Besitzstand.

Da immer mehr Frauen immer höhere Bildungsabschlüsse erreichen, sinkt allgemein die Zahl der Niedrigstatus-Frauen. Männer, die nach unten heiraten wollen, haben also eine immer schlechter werdende Auswahl. Zugleich ist das aber gar nicht mehr ihr Ziel. Dank Frauenemanzipation haben sie sich nämlich moralisch und faktisch von der Last des Alleinversorgers befreit und heiraten ganz gerne eine Frau, von der sie annehmen, dass sie ihre Brötchen selbst verdienen kann. Der Trend geht deshalb zu, wie es so schön heißt, statushomogenen Hochzeiten. Das wiederum dient einem übergeordneten Zweck: Das Zusammenlegen von ähnlich geartetem Bildungs- und Sozialkapital verschafft den gemeinsamen Kindern gute Startchancen auf einem immer prekärer werdenden Arbeitsmarkt. Mit anderen Worten: Gleich und gleich gesellt sich gern, damit die Kinder Karriere machen.

Verrat

Fall 1: Sie sind Singlefrau, und Ihre liebste, vertraute Singlefreundin, mit der Sie sich nächtelang betrunken haben, um über die Männer im Allgemeinen und die wechselnden im Besonderen zu ratschen, hat sich liiert. Sie hat einen Freund. Sie ist ein Pärchen geworden. Sie ist immer noch Ihre Freundin, immer noch verständnisvoll und einfühlsam. Aber schon bemerken Sie die schleichende Veränderung. Ihre Begeisterung, über Männer zu lästern, hat merklich nachgelassen, ihre Empörung wirkt ein bisschen unspontan und geheuchelt. Die Telefonate spätabends verfehlen ihre Wirkung. Sie wollten sich bei ihr ausweinen und Trost gespendet bekommen. Aber nachdem Sie den Hörer aufgelegt haben, fühlen Sie sich nicht wirklich besser, erleichtert und verstanden, wie früher. Sondern noch ausgeschlossener. Wahrscheinlich hockte der Freund im Nachbarzimmer und wartete nur darauf, dass sie Sie endlich abwimmeln würde. Sie fantasieren schon über die Zeiten, wenn Ihre Freundin Sie anruft, um Ihnen von ihren Sorgen mit den Hochzeitsvorbereitungen, den Schwangerschaftsbeschwerden und dem Baby zu berichten – grauenvoll! Sie suchen sich eine neue beste Singlefreundin.

Fall 2: Sie selbst sind die Verräterin in Ihrem lustigen Freundinnenkreis. Jahrelang haben Sie gemeinsam über die stinklangweiligen Paare gelästert, und nun sind Sie selbst Teil eines solchen. Und es gefällt Ihnen. Die Gespräche, das Gekicher und Getue Ihrer Freundinnen erscheinen Ihnen zunehmend kindisch. Wenn Fragen an Sie und Ihr neues Leben gerichtet werden, ändert sich der Ton, als wären Sie der Feind in den eigenen Reihen. Das sind Sie auch. Sie haben in Ihrem Leben einen Schritt vollzogen, den Ihre Freundinnen nicht gemacht haben. Außerdem wissen Sie genau, dass Ihre Freundinnen am liebsten auch einen Freund hätten. Genau das macht Sie aber in ihren Augen besonders suspekt. Diese emotionale Gemengelage ist keine gute Voraussetzung für lustige und ausgelassene Mädelsabende.

Was tun Sie stattdessen? Sie treffen sich mit den Freunden Ihres Partners und deren Freundinnen. Vielleicht haben Sie Glück, und darunter ist die eine oder andere Frau, mit der Sie sich verstehen. Vielleicht können Sie aber mit seiner Clique auch überhaupt nichts anfangen. Dann haben Sie sehr anstrengende Aushandlungen mit Ihrem Freund oder sehr langweilige Abende mit seinen Freunden vor sich.

An dieser Art Fragen entscheidet sich, was für eine Sorte Paar Sie beide werden: das totale Paar, das einfach alles gemeinsam macht, oder ein gemäßigtes Paar, das verschiedene und gemeinsame Freundeskreise pflegt. Vielleicht überlegen Sie sich auch schon jetzt, was für eine Familie Sie sein wollen. Muss es eine Bilderbuchfamilie sein? Soll Weihnachten konsequent im Kreise der Familie verbracht werden? Genau wie die Wochenenden, die ebenfalls für die Familie freigehalten werden? Familien können selbstgerecht und egoistisch sein. Sie haben es einfach nicht nötig, sich infrage zu stellen. Dabei kostet es auch sie selbst viel Kraft und Energie, den heiligen Schein aufrechtzuerhalten.

Es könnte doch auch anders gehen. Warum nicht die Singlefreundin am Wochenende zum Marmeladekochen einladen? Vielleicht freut sie sich, mit den Kindern zu spielen – das macht nämlich umso mehr Spaß, je weniger oft man dazu gezwungen ist. Beim Marmeladerühren können Sie sich gegenseitig erzählen, was in Ihren so ganz verschiedenen Leben alles schiefläuft, und gemeinsam ein paar Tränen vergießen. Die werden dann gleich mit untergerührt.

Und wo steht geschrieben, dass Weihnachten ausschließlich im Kreise der Familie verbracht werden muss? Warum nicht zusammen mit anderen Familien feiern und den alleinstehenden Opa und die Singlefreundin dazu einladen. Die Anwesenheit eines außerfamiliären Gastes wirkt sich positiv auf die weihnachtliche Familiendynamik aus: Alle benehmen sich besser und verkneifen sich die schlechten Manieren, die in rein familiären Runden so leicht um sich greifen. Dank Singlefreundin wird Ihr Weihnachten malerischer, und Ihre Freundin muss sich nicht alleine grämen an diesen für Singles wirklich grauenhaften Tagen.

Fall 3: Die SMS war eindeutig und ließ keinen Zweifel: »Ich denke an dich. M.« Normalerweise hat er sein Handy immer bei sich, nur heute Morgen war so ein Durcheinander. Es klingelte an der Tür, es klingelte das Telefon, Nina hatte ihr Müsli umgeschmissen, und in der allgemeinen Hektik war sein Telefon liegen geblieben. Während des Aufräumens piepste es, Sie warfen einen Blick darauf, weil es gleich neben dem Geschirrspüler lag, und auf der Anzeige stand »Marie«. Das machte Sie stutzig. Eigentlich würden Sie nie seine Nachrichten lesen. Aber Marie? Wer ist Marie? Sie öffneten also die Nachricht: »Ich denke an dich. M.«

Der Schock, den die Entdeckung der Untreue in einer angeblich monogamen Beziehung auslöst, ist groß. Alles, worauf das Leben aufbaut, ist infrage gestellt: Liebe, Vertrauen, Sicherheit. Ist dies das Ende? Werden Sie ihn vor die Tür setzen? Wird er Sie verlassen? Was ist mit den Kindern? Sollen Sie das Telefon gegen die Wand schmeißen? Sollen Sie diese Marie anrufen und sie anschreien – oder ihn? All dies würden Sie am liebsten tun, und zugleich wollen Sie es auch nicht, denn es würde Sie vor den beiden Personen, die Ihnen das Schlimmste angetan haben, entsetzlich verletzt, schutzlos und schwach erscheinen lassen.

Sie schämen sich. Am liebsten würden Sie sich in Ihr Bett verziehen, tief schlafen und hoffen, dass sich alles als schrecklicher Albtraum entpuppt. Sie können natürlich auch drei Schlaftabletten nehmen, die Sie garantiert umhauen. Aber das ändert nichts. Der Albtraum ist wahr geworden. Vielleicht ist es doch besser, die beste Freundin anzurufen oder gleich zu ihr zu fahren und sich an ihrer Schulter auszuweinen. Ganz bestimmt: Das ist besser.

Untreue ist nichts Ungewöhnliches. Aber die Frage, ob sie ein Zeichen dafür ist, dass die Beziehung zerrüttet ist, oder ob es sich dabei um einen verzweifelten Warnschuss Ihres Partners handelt, entscheidet sich erst, nachdem der Verrat offenbar wird. Untreue kann das Ende bedeuten, aber auch die Chance für einen Neubeginn darstellen. Je schneller Sie das herausfinden, umso besser, denn nichts ist demütigender und quälender als eine sich endlos hinziehende Trennung.

Ist seine Untreue die klammheimliche Aufkündigung der Beziehung, die er nur aufgrund des moralischen Drucks und sozialer Normen nicht offen vollzogen hat? Hat er sich innerlich längst von

Ihnen getrennt und auch nicht die Absicht, den eingeschlagenen Weg rückgängig zu machen? Das ist möglich, und das ist schrecklich. Oder ist es so, dass Ihr Partner nur ein Ventil gesucht hat? Dass er Sie eigentlich noch immer und trotz allem liebt, aber keinen anderen Weg gefunden hat, seinen Wunsch nach Veränderung innerhalb der Beziehung durchzusetzen, weil Sie wiederum zu stark und/oder zu stur sind? Auch das ist möglich. Wenn das der Fall ist, dann können Sie auf den Trümmern Ihrer Beziehung einen vorsichtigen Neubeginn wagen.

Manchmal ist das schwer zu entscheiden. Oder auch der Betrügende weiß nicht, was er will. Die klassische Variante ist, dass er sagt, dass er Sie beide liebt und keine von Ihnen aufgeben will. So einen Mist hört man sich maximal eine Woche an. Entweder er ist ein Feigling, der sich nicht traut, den Schnitt zu vollziehen, und Sie lieber so lange schlecht behandelt, bis Sie endlich selber gehen, oder er ist bequem und eingebildet und meint, die Annehmlichkeiten beider Beziehungen stünden ihm zu. Wenn Sie sich auf eine monogame Beziehung geeinigt haben, muss die Affäre aufgegeben werden. Ein Neuanfang hat unter anderen Bedingungen keine Chance. Sie stellen ihm also ein Ultimatum: zehn Tage zum Beispiel. Das sollte genügen, um sich darüber klar zu werden, welchen Weg man weiter beschreiten möchte.

An sich selbst müssen Sie auch ein paar kritische Fragen stellen: Wie konnte es passieren, dass Sie von alldem nichts mitbekommen haben? Haben Sie es sich vielleicht ein bisschen bequem gemacht in Ihrer heilen Welt und alle Anzeichen von Unzufriedenheit und Krise – bei ihm und auch bei sich selbst – im Dienste des schönen Familienbildes unter den Teppich gekehrt? Wenn Sie von einem solchen Verrat vollkommen überrascht werden, war auch eine mehr oder weniger große Portion Verdrängung im Spiel. Auch für Sie eröffnet sein Verrat die Möglichkeit, zu einem ehrlicheren und offeneren Verhältnis zurückkehren zu können. Wenn Sie den Mut zur Veränderung honorieren können, können Sie ihm auch verzeihen.

Fall 4: Sie betrügen Ihren Partner und sind verzweifelt. Gerne wären Sie ehrlich und offen, würden alles beichten. Aber die Verletzung, die Sie Ihrem Partner damit antun würden, hält Sie zurück, auch haben Sie Angst, dass Ihr Partner Sie verlässt. Sie lieben ihn trotz allem, aber Sie sind auch unglücklich. Sie haben die Beziehung, so wie sie ist, einfach nicht mehr ausgehalten. Ändern konnten Sie auch nichts. Nach all den Kämpfen und Streitigkeiten hat sich Ihr zweites Ich einen anderen Weg gesucht: Sie sind untreu geworden.

Nun ist Ihr Leben total verfahren. Entweder Sie betrügen Ihren Partner oder sich selbst. Der Konflikt hat Sie zwar in die Untreue getrieben, aber das war vielleicht doch noch besser, als die negativen Energien gegen sich selbst zu richten, sich mit Alkohol oder Tabletten zu betäuben, verrückt zu werden oder sich umzubringen. Die Gesellschaft hat ein großes Tabu gegenüber der Untreue aufgebaut. Das erzeugt einen ungeheuren moralischen Druck, der nun auf Ihnen lastet.

Als Verräterin können Sie sich zudem darauf gefasst machen, dass Sie die geballte Wut und die Rachegelüste des Verratenen abbekommen werden. Zwar sitzen Sie auf der Anklagebank. Aber Verrat ist auch mutig. Fast immer hat er damit zu tun, dass das Leben in Bewegung ist, dass Veränderungen geschehen, auch wenn man sich gerade so gemütlich eingerichtet hatte. Alles könnte so bleiben, wie es ist, tut es aber nicht. Menschen verändern sich, machmal gelingt es, sich gemeinsam zu verändern, sich bei aller Bewegung im Auge zu behalten. Dann wieder gelingt es auch nicht. Als Verrat wird wahrgenommen, wenn etwas Gemeinsames einseitig aufgekündigt wird, wenn der oder die eine einen Weg beschreitet, ohne einen mitzunehmen. Jeder hat das Recht, sich zu verändern – auch Sie –, und wenn das bedeutet, dass damit Beziehungen oder auch nur Freundschaften enden, dann ist das zwar schmerzlich und traurig, aber es lässt sich nicht vermeiden. Das ist das Leben. Stillstand bedeutet Tod.

Sich trennen

Der modernen Paarbeziehung wohnt ein Widerspruch inne, der tagtäglich ausgehalten und versöhnt werden muss: »Wie kann man auf möglichst authentische Weise man selbst werden und zugleich – möglichst intensiv – zusammenleben?« An diesem Konflikt scheitern nicht wenige Verbindungen. Und was wird heutzutage von so einer Verbindung nicht alles erwartet: sexuelle Leidenschaft, sinnliche Zärtlichkeit, ökonomische Sicherheit, gegenseitiges Verständnis, Alltagsorganisation, Reproduktion der nächsten Generation. Kein Wunder, dass angesichts dieses Aufgabenspektrums so viele Beziehungen zerbrechen. Von der arrangierten Ehe über die Liebesheirat bis zum Liebespaar wurde dem Modell der Paarbeziehung mit jedem Jahrhundert ein neues Programm aufgehalst. Die Institution ächzt und stöhnt unter dieser Last und geht kaputt – immer wieder.

Eine Trennung beginnt oft als ein stiller und einseitiger Prozess. Nur sehr selten trennen sich die Wege einvernehmlich und gleichzeitig. Der Normalfall ist, dass einer der Partner unzufrieden, unglücklich oder irritiert ist. Das kommt in Beziehungen nun auch so häufiger vor, aber wenn die Unzufriedenheit mehr und mehr Raum im Denken einnimmt und der Grund dafür eindeutig in der Beziehung verortet wird, dann kann das der erste Schritt zu einer Trennung sein. Normalerweise wird der unzufriedene Teil einer Beziehung versuchen, dem Partner seine Unzufriedenheit mitzuteilen, um einen befriedigenden Zustand herzustellen und vielleicht auch die Beziehung zu retten. Das ist nicht einfach, denn oft ist gar nicht klar, wo die Unzufriedenheit genau herrührt: an welcher Stelle Selbst- und Paarbild auseinanderlaufen.

Das berühmte Am-Partner-Herumquengeln hat hier seinen Ursprung; die Unzufriedenheit äußert sich in konkreten Kleinigkeiten: Wie siehst du wieder aus? Musst du so schmatzen, so viel trinken, so laut sprechen, das Fenster aufreißen? Das Herumkritisieren ist natürlich kaum dazu geeignet, bessere Verhältnisse zu schaffen, denn meist kann der kritisierte Partner diese Dinge gar nicht ändern, weil sie tief in seiner Persönlichkeit und seinem Habitus verankert sind, und in der Regel geht es ja auch gar nicht darum. Meist ist das Herumnörgeln nur das Symptom einer tiefergehenden Distanzierung und Abwehr.

Wenn es nicht gelingt, die Unzufriedenheit so zu thematisieren, dass der Partner sie verstehen und etwas ändern kann, rückt das Paar der Trennung näher. Parallel zum Kritisieren wird sich der trennungsinitiative Partner wahrscheinlich umorientieren. Er erschafft sich neue Welten. Das können Hobbys, Lebenseinstellungen oder eine neue Liebesbeziehung sein. Von diesem Neuen ist der alte Partner ausgeschlossen. Vielleicht geschieht das alles im Stillen, und der Partner bekommt es gar nicht mit, aber genau das vergrößert die Geheimnisabteilung: Zur heimlichen Trennungsabsicht oder offenen Unzufriedenheit gesellen sich unabhängige Vergnügungen. Das individuelle Ich entkoppelt sich mehr und mehr der Beziehung. Man entfremdet sich.

All das gibt dem Initiator der Trennung einen Machtvorsprung. Denn der ahnungslose Partner weiß nicht, welche für ihn verhängnisvolle Dynamik im Gange ist. Er ist mit seinem Wissen und seinem »Entwicklungsstand« im Hintertreffen. Wenn der zerrüttete Zustand der Beziehung offenbar wird und offen über Trennung gesprochen wird, dann hat der initiative Partner bereits ein großes Stück des Weges zur Trennung zurückgelegt, während der andere damit erst beginnt – und das gegen seinen Willen.

Das macht Trennungen für den passiven Partner so schrecklich. Man muss einen Entwicklungsprozess vollbringen, den man eigentlich nicht gewollt hat, zu dem man gezwungen wird, und all das mit einem angeschlagenen Selbstwertgefühl und einer tiefen Verletzung. Trotzdem gibt es dazu keine Alternative: Eine Trennung ist erst dann wirklich vollzogen, wenn *beide* Partner zu einem eigenständigen und unabhängigen Leben zurückgefunden haben und auch im sozialen Umfeld nicht mehr als Paar, sondern als unabhängige Individuen wahrgenommen werden.

NOTFALLPROGRAMM ZUR ABWENDUNG DER TRENNUNG

Trennungen sind furchtbar, vor allem wenn Kinder beteiligt sind. Als Notfallprogramm empfiehlt sich zweierlei: Unternehmen Sie etwas Aufregendes: Bergbesteigung, Kanufahrt in wildem Gewässer, Rock-'n'-Roll-Tanzabend. Das Adrenalin, das dabei ausgeschüttet wird, signalisiert Ihrem Körper Trubel, Spannung, Abenteuer. Wenn Ihr Partner dabei ist, färbt das auch auf ihn ab. Ihre Wahrnehmung kann nicht ganz auseinanderhalten, ob das Kribbeln von der wackeligen Brücke kommt, die Sie gerade überqueren, oder von Ihrem Angetrauten. Resultat: Nach der abenteuerlichen Ausfahrt fühlen Sie sich beide mehr verbunden als zuvor. Zweiter Schritt: Reden. Sofern das noch möglich ist. Reden Sie beide vor allem von sich selbst. Sagen Sie Ihrem Partner, wie Sie sich fühlen; vermeiden Sie anklagende Formulierungen. Hören Sie ihm umgekehrt gut zu, wenn er über sich spricht.

AUTONOMIE UND EINSAMKEIT

Sie haben sich getrennt. Vielleicht sind Sie erleichtert oder unendlich traurig? So oder so – Sie sind nun Single. Nichts und niemand setzt Ihnen Grenzen: Sie können sonntags so lange im Bett bleiben, wie Sie wollen, mit Croissants herumkrümeln, Bücher lesen und Ihr schlabbriges T-Shirt samt rutschenden Wollsocken bis zum späten Nachmittag anbehalten. Sie schweben durch Ihr Leben – ganz leicht, denn keine Hausarbeiten, keine Schulöffnungs- und Schließzeiten, keine Ansprüche irgendwelcher bedürftigen Familienmitglieder setzen Ihren Launen und

Ihrer Selbstverwirklichung Grenzen. Sie gehen in Ihrer Arbeit auf, und doch kann Ihr Leben mit jedem Tag eine neue Wendung nehmen – alles ist offen.

Sie sind in guter Gesellschaft, denn Sie sind nicht alleine autonom: In Deutschland hat sich die Zahl der Einpersonenhaushalte in den letzten 50 Jahren um fast 20 % erhöht. Das moderne Individuum will unabhängig und selbstbestimmt sein. Auf dieser gesamtgesellschaftlichen Welle schwimmt auch die Singlefrau und wird durch die Umwelt in ihrem Lebensentwurf bestätigt. Aber das ist leider nur die eine Seite der Medaille.

Denn so schwierig, widersprüchlich und nervend Beziehungen auch sein mögen, sie bilden die gesellschaftliche Norm: Das liebende Paar gilt als Grundeinheit des sozialen Lebens. Dies werden Sie in verschiedenen Situationen zu spüren bekommen, sei es, dass Sie vielleicht schon Mitte dreißig sind und Ihre Eltern die Panik, dass ihre Tochter als »alte Jungfer« endet und sie selbst niemals Großeltern werden, kaum noch verbergen können; sei es, dass Sie sich unbehaglich fühlen, wenn Sie mit lauter Pärchen in der Kinoschlange stehen; sei es, dass Sie auf der großen Familienfeier gefragt werden, welcher der attraktiven anwesenden Herren denn der Ihre sei? Die Situationen, in denen die Singlefrau subtil oder ausdrücklich signalisiert bekommt, dass sie nicht der Norm entspricht, sind zahl- und facettenreich. Das Leben von Solofrauen könnte viel einfacher sein, wenn es nicht unter dem Makel der Anormalität litte.

All das wäre zu ertragen, wenn nicht auch Sie selbst immer wieder von schrecklichen Zweifeln, Fragen und Hoffnungen heimgesucht würden: Warum lebe ich allein? Wann kommt ER?

Bin ich zu alt, zu hässlich, zu dick? NEIN! Das Problem liegt tiefer, und zwar in der gespaltenen Identität, die das Leben als Single mit sich bringt: Sie sind ständig damit beschäftigt, zu reflektieren und Ihr Leben gegenüber der gesellschaftlichen Norm zu verteidigen. Sie befinden sich im Dauerzustand der Identitätskonstruktion. All die kleinen und großen Freuden, die Ihnen Ihr freies, leichtes Singleleben beschert, werden in das permanente Rechtfertigungslamento eingebaut, zu dem alle, die nicht den normalen Maßstab leben, gezwungen sind.

Die wohlsituierte Frau mit Mann, Kind und Haus muss sich überhaupt nicht fragen, warum ihr Leben so ist, wie es ist, und ob mit ihr wohl alles in Ordnung ist. Pausenlos signalisiert ihr die soziale Welt, dass sie alles richtig gemacht hat. Das heißt nicht, dass sie glücklich ist, aber das ist egal. Zu den Paradoxien des Singlelebens gehört es, diesen Zwiespalt zu ertragen: Je erfolgreicher, aktiver und glücklicher Ihr Leben auf der »Flugbahn der Autonomie« – ein Ausdruck des französischen Soziologen Jean-Claude Kaufmann – ist, umso unwahrscheinlicher wird es, dass dieser Zustand endet. Und umso unwahrscheinlicher auch, dass Sie sich auf einen der Männer einlassen, die Ihnen Tag für Tag über den Weg laufen.

Das bedeutet wiederum nicht, dass Sie nicht von einem Märchenprinzen träumen. Wie schön wäre es, wenn Sie IHM begegnen würden, er Sie in seine Arme schließen würde, Sie Ihren Kopf auf seine Brust legen könnten und er über Ihre Haut streichen würde. Der Traum vom Prinzen erfasst Sie genauso spontan wie das schreckliche Gefühl der Leere, der Einsamkeit und des Wartens an langen Wochenenden und Feiertagen. ER würde in Ihre Augen schauen, etwas ganz Einfaches, aber genau Richtiges sagen, und Sie würden leidenschaftlichen Sex haben.

Diesen Traum haben Sie bereits unendlich oft durchgespielt, und Sie haben auch schon einigen Fröschen die Gelegenheit gegeben, diese für sie vorgesehene Rolle in Ihrem Leben zu spielen – aber leider: Fehlanzeige. Je intensiver und länger Sie den Traum vom Märchenprinzen geträumt haben, umso schwerer wird es, sich auf einen ganz normalen Mann einzulassen: Es würde doch nur eine ganz gewöhnliche Geschichte und nicht DIE Liebesgeschichte in Ihrem Leben.

Wenn Sie Ihr Leben als Single auch genießen können, haben Sie eine Identität entwickelt, die sich nicht so einfach in eine Paaridentität überführen lässt. Dieser Konflikt zeigt sich auch, wenn man einmal ganz schnell im Geiste das Märchenprinzgeplänkel überspringt und sich gedanklich direkt in die Realität einer Paarbeziehung hineinbegibt. An Beispielen im persönlichen Umfeld besteht kein Mangel: Will man wirklich diese 08/15-Nummer, die ewigen Verhandlungen, Routine und Langeweile, diese selbstgerechte Gesetztheit, die Einsamkeit zu zweit, diese Normalität? Will man sein unkonventionelles, spontanes Leben gegen so etwas eintauschen? Das müsste dann schon wirklich ein ziemlich toller Typ von Traumprinz sein. So viel Ambivalenz ist eine schlechte Voraussetzung, um sich auf all die Kompromisse einzulassen, die ein Paarungsprozess erfordert.

SICH ANBAGGERN LASSEN

»Die Frau ist die einzige Beute, die ihrem Jäger auflauert«, behauptete die Bremer Kulturwissenschaftlerin Ingelore Ebberfeld und erntete dafür angeblich die geballte Kritik eingefleischter Feministinnen, die damit einmal wieder ihre Humorlosigkeit unter Beweis stellten. Das Niveau, auf dem Frauenfragen diskutiert werden, lässt leider immer wieder zu wünschen übrig.

Nun also Beute oder Jägerin. Das Zitat ist ja ganz witzig, aber wird es der Sache gerecht? Flirten gehört zu den lustigsten Beschäftigungen zwischen Mann und Frau. Ein tolles Spiel, so facettenreich, mit immer wieder neu ausgehandelten Regeln: Da ist einiges drin an Gestaltungsspielraum für das Verhältnis der Geschlechter, vor allem wenn man sich ein bisschen Mühe gibt und über die Stränge schlägt. Ob sich das erschöpfend mit dem Verhältnis von Beute und Jäger beschreiben lässt, darf bezweifelt werden.

Die angenehmste Art, angebaggert zu werden, ist die, wenn sich zwei befreundete Männer in einem ironischen Konkurrenzkampf gegenseitig schlechtmachen, um eine Frau zu becircen. »Glaub ihm kein Wort, er will nur deinen Körper.« – »Nimm mich, ich mein' es ehrlich.« – »Das sagt er bei jeder, ich kenne ihn, glaub mir.« – »Er ist wirklich gefährlich, aber ich werde dich beschützen.« Das ist ein wunderbares Spiel. Man weiß die ganze Zeit, dass nichts stimmt und irgendwie alles. Der Ausgang ist völlig offen und wird Sie garantiert selbst überraschen. Und wenn Sie sich gar nicht entscheiden können, nehmen Sie einen für die Nacht und einen für den Morgen danach – komischerweise können Männer in einem solchen Falle nämlich viel besser teilen. Warum das so ist, müssten sie vielleicht einmal selber erklären.

Nichts tun

Bekanntlich können Frauen nicht nichts tun. Zwanghaft müssen sie die Hände rühren, weil es ihnen schwerfällt, »nein« zu irgendwelchen Forderungen zu sagen und einfach zu entspannen. Tatsächlich aber will das Nichtstun für alle hart erlernt sein. Es ist ja nicht so, dass es reichen würde, nichts zu tun; zum Nichtstun muss man erst einmal gelangen. Dabei ist das Nichtstun attraktiv. Es fordert nichts. Es kostet nichts, noch nicht einmal Anstrengung. Es entlässt Sie als andere Person, ja, verschafft Ihnen bisweilen sogar die Illusion, dass sich während des Nichtstuns recht viel in Ihnen getan hat.

Drei goldene Wege führen zum Nichtstun. Der erste hat mit dem Nichtstun als Gegenstück zum Arbeiten zu tun. Werden Sie dafür sensibel, dass die meisten Menschen nur während eines Bruchteils ihrer Arbeitszeit wirklich produktiv sind. Schon nach einer oder anderthalb Stunden konzentrierter Arbeit lässt ihre Leistung für gewöhnlich nach. Entweder man entscheidet sich dann dafür, auf schwachem Niveau weiterzumachen, oder man legt eine Pause ein, nach der die Arbeit wieder schneller von der Hand geht. Sogar die Drohnen und Arbeitsbienen in den Bürohäusern, die mittags für eine knappe halbe Stunde in die

Freiheit ausschweifen, wo sie dem Rest der Welt dessen Nichtswürdigkeit vorhalten – sogar für sie gibt es während der Arbeitszeit immer wieder nichts als den reinen Leerlauf. Sie trinken Kaffee oder sinnen nach, sie gießen die Büroblumen, schreiben Einladungen zu Sitzungen, melden sich für eine Fortbildung an, quatschen, warten ab oder telefonieren erst einmal.

Ein zweiter goldener Weg zum Nichtstun besteht darin, eine Vielzahl von Aktivitäten aufzuwerten, sodass Sie sich danach zurücklehnen und nichts tun dürfen, und zwar guten Gewissens. Fangen Sie damit an, *alles*, was Sie tun, als nützlich und zielführend anzuerkennen. Stellen Sie sich nur vor, Sie wären Bundeskanzlerin. In diesem Fall müssten Sie nicht nur lesen, sich vorbereiten und briefen lassen, an internationalen Treffen und Kabinettssitzungen teilnehmen, sondern auch repräsentativen Aufgaben nachkommen. Zu ihrem Berufsalltag zählten automatisch auch solche Tätigkeiten, von denen es nicht gleich etikettartig »Arbeit« herunterschreit: Duschen und Anziehen (für die Repräsentation); die Waschmaschine mit 60-Grad-Unterwäsche befüllen (Bereitstellung von Utensilien für die Repräsentation); Zeitung lesen, auch die Seite mit dem Vermischten (Informationsstand aktualisieren); ins Kino gehen (den Menschen da draußen näherkommen); mit der Sekretärin plaudern (das Betriebsklima im Kanzleramt pflegen); ein Telefonat mit der besten Freundin führen (Selbstbewusstsein stärken, damit repräsentative Aufgaben in Zukunft noch besser wahrgenommen werden können); viel schlafen (Kraft sammeln für kräftezehrende Aufgaben).

Nun sind Sie aber nicht Bundeskanzlerin. Noch nicht, möchten wir sagen. Außerdem ist das nicht von Belang. Denn gleichgültig, wie Ihr Arbeitskonzept aussieht – auch Sie müssen sich nähren, kleiden, pflegen, Kraft bewahren, Vorbereitungen für Ihre Arbeit treffen und deswegen immer wieder genügend ausruhen.

Im einem dritten Schritt vergessen Sie natürlich diesen ganzen Zielführungsunsinn. Denn der Gedanke, dass jede Tätigkeit irgendwohin führen sollte, ist der Kern des Problems, der Grund, warum es den meisten Menschen gar nicht gelingt, einfach nichts zu tun. Das Nichtstun nämlich wehrt sich von Natur aus gegen die Vereinnahmung. Es kann seine Kräfte erst entfalten, wenn man sich eben nicht aufs Sofa legt, um hinterher erholt auszusehen und wieder weiterarbeiten zu können oder währenddessen auf gute Ideen zu kommen: All das sind Nebeneffekte, die mit dem Nichtstun nichts zu tun haben.

Auf das Nichtstun müssen Sie sich einlassen wie auf eine eigenständige Tätigkeit. Versuchen Sie daher, das Kausalitätsprinzip des »ausruhen, um besser dies oder besser das« außer Kraft zu setzen.

Stellen Sie sich stattdessen zwei erratische Blöcke vor. Sehen Sie Ihre Wachzeit als gleichmäßig aufgeteilt in Ruhe- und Tätigkeitsphasen. Bäume leben schließlich auch die Hälfte des Jahres ohne Blätter; der weibliche Zyklus ist hälftig geteilt in Aufbau- und Abbauphase; die Sonne scheint, und doch wird's immer wieder Nacht. Das Nichtstun ist ein Menschenrecht. Sie *müssen* sich deswegen immer wieder verweigern; Sie haben die Pflicht, sich von Zeit zu Zeit zurückziehen und nichts zu tun, weil Körper, Geist und Seele auf lange Sicht einfach nur funktionieren, wenn sie immer wieder ausruhen dürfen. Denken Sie daran, dass Ruhetage in der Antike eine ganze Jahreshälfte in Anspruch nahmen.

Eine der Schwierigkeiten, die Ihnen dann begegnen werden, besteht darin, tatsächlich Leere und Stillstand zu schaffen und innerlich nicht abzuschweifen. Darin ähnelt das Nichtstun dem Erledigen ungeliebter Aufgaben: Es erlaubt Raum für jene Tätigkeiten, die die anglofone Welt mit dem Begriff *procrastination* belegt: Wer Fenster putzen wollte, legt lieber erst mal Socken zusammen; wer sich vorgenommen hat, endlich die Steuererklärung aufzusetzen, findet sich plötzlich beim Einkleben alter Fotos wieder. Arbeiten also, aber Scheinarbeiten, die das eigentliche Vorhaben in eine ungewisse Zukunft verlegen.

Genauso könnten Sie sich, wenn Sie das selige Nichtstun pflegen möchten, dabei wiederfinden, der einziehen wollenden Ruhe jeden Zugangsweg zu versperren. Sie schlafen ein. Sie werden traurig. Sie beginnen zu grübeln. Sie springen immer wieder auf, weil Sie, kaum dass Sie liegen und entspannen, von einer eigenartigen inneren Unruhe gepackt werden. Sie langweilen sich und überlegen, was Sie nach dem Nichtstun tun werden. Sie setzen sich selbst eine Frist: In einer halben Stunde mache ich weiter. Kurz, Sie haben das antike Prinzip noch nicht ganz internalisiert. Sie fürchten sich davor, beim Nichtstun nichts zu denken und nichts zu planen – auch wenn das der Sinn der Sache ist.

Üben Sie also. Lassen Sie sich traurig sein; Sie werden schon merken, warum. Gehen Sie an einem verregneten Nachmittag in die Stadtbücherei, ganz ohne Vorhaben. Freuen Sie sich über den verpassten Bus; setzen Sie sich an die Bushaltestelle oder den abgelegenen Bahnhof, und zwar mehr als eine Stunde lang. Starren Sie. Warten Sie. Werden Sie träge. Ergötzen Sie sich an den kleinen, langweiligsten Dingen. Oder legen Sie sich mitten am Tag aufs Sofa. Horchen Sie auf die Geräusche der Außenwelt, das leise trudelnde Radio in der Küche des Nachbarn; Kindergeschrei im Innenhof; Besteckklappern; die rauschende Kastanie vorm Fenster. Keine Musik, keine Zeitschrift, eine weiße Wand zum Daraufsehen, keine einzige Aufgabe. Stattdessen nichts, einfach nichts.

Wenn Sie nun vor sich hin träumen, wenn Ihr Körper richtig entspannt ist, nichts Akutes schmerzt und drückt, wenn die Seele baumelt, dass sie fast hinunterfällt, dann, ja dann mag es geschehen, dass auf einmal lauter Gedanken und Empfindungen in Ihnen hochsprudeln, Erlebnisse und Erinnerungen, Wünsche und Visionen, derer Sie auf keine andere Weise, bei keinem noch so aktiven Umgang mit den eigenen Ressourcen habhaft werden können: War das nicht? Wie hieß noch gleich? Es wäre gut. Ich sollte mal. Nichts ist schöner als das Land der Imagination. Denn gehen, arbeiten, umtriebig sein und zu gleicher Zeit innerlich schweifen, schauen und Gesichte haben – das gelingt nur den wenigsten Menschen. Glücklich ist allein, wer sich erinnert, dass er glücklich war, hat Theodor W. Adorno einmal gesagt. Auf den Weg kommt nur, wer sich auch in Gedanken aufzumachen weiß.

Selbstverteidigung

Weil Sie vor allem schnell sein müssen, sind auch wir schnell:

Wenn Sie Schlüssel oder Pfefferspray zur Selbstverteidigung einplanen, sollten Sie sie wirklich *griffbereit* haben. Und nicht erst in der Tasche danach suchen müssen. Sie brauchen aber für solcherart Verteidigungsmittel eine bestimmte Konstitution. Sind Sie zu ängstlich, schaden sie Ihnen eher als dass sie Ihnen nützen. Haben Sie keine Angst, wehzutun. Sie müssen wehtun. Werden Sie aggressiv: Nicht Sie sind das Opfer, sondern der Angreifer soll es sein. Schreien Sie, auch bei jedem Stoß und Tritt, den Sie ausführen. Das macht Ihnen Mut, erschreckt die angreifende Person, und womöglich werden Sie sogar gehört. Treten und schlagen Sie dem Angreifer in die Weichteile oder in die Augen – boxen und kratzen Sie ihm mit gespreizt-geöffneter Hand ins Gesicht: der Handstich. Oder packen Sie ihn fest bei den Haaren, am besten mit beiden Händen, und reißen Sie ihn nach unten und vorn. Ein Hieb mit der Faust verletzt dagegen eher Sie selbst als die Person, die Ihnen etwas tun will. Ihre Faust sollten Sie deswegen immer eher quer, mit dem Muskelpolster der Handkante, einschlagen lassen als gerade. Steht jemand hinter Ihnen, holen Sie nach hinten aus und treten und stoßen Sie mit aller Macht Ihren quer gestellten Fuß über sein Schienbein weiter nach unten auf den Spann des Fußes. Spannen Sie bei einem Würgeangriff sofort Ihren Hals an. Ziehen Sie dem Gegner Ihren Regenschirm mit beiden Händen über den Kopf oder rammen Sie ihm die Spitze Ihres Regenschirmes in die Weichteile, ebenfalls mit beiden Händen. Wenn Sie zu Boden fallen, seien Sie geschickt, krümmen Sie sich zusammen, um keine Angriffsfläche zu bieten und besser treten zu können.

Vermeiden Sie im Ganzen zu kämpfen, gehen oder laufen Sie lieber davon. Zielen Sie nicht darauf ab, eine Heldin zu sein. Und wehren Sie sich in bestimmten Situationen nicht: Wenn Sie mit Waffengewalt bedroht und gezwungen werden, Ihr Geld oder Ihre Handtasche herauszugeben, tun Sie es einfach.

Schön sein

Schönheit ist ein Versprechen. Davon erzählt bereits die antike Mythologie. Adonis war schon als Baby so schön, dass ihn gleich mehrere Göttinnen begehrten. Aphrodite, Göttin der Liebe, und Persephone, Tochter des Zeus, gerieten derart in Streit um ihn, dass es den Götterhimmel erschütterte. Dabei sind von Adonis weder große Taten noch kraftvolle Eigenschaften überliefert. Zur Schönheit gehört die Freiheit von jeglicher Anstrengung: Adonis war einfach nur wunderschön, das reichte aus.

Die moderne Attraktivitätsforschung bestätigt das. Schöne Menschen bekommen schon als Babys mehr Aufmerksamkeit, in der Schule bessere Noten, als Jugendliche mehr Küsse und später bessere Jobs und ein höheres Gehalt. Den Schönen winkt ein leichtes, unbeschwertes, erfülltes Leben. Dabei wird der zweite Teil des schönen Schicksals zumeist ignoriert, nämlich Traurigkeit und Zweifel darüber, ob die Anerkennung nur der äußeren Erscheinung gilt.

Schönheit wird begehrt, und begehrt zu werden bedeutet Macht zu haben – darüber, das geweckte Begehren nicht zu erfüllen. Vielleicht streben deshalb vor allem Frauen nach Schönheit, weil sie hier ein Feld potenzieller Machtausübung wittern, die ihnen ansonsten oft verweigert wird. Wer schön ist, kann Gunstbezeugungen nach Gutdünken und mit der Gewissheit großer Wahlmöglichkeiten dosieren. Wie glücklich aber kann solche Machtausübung machen? Und gelingt es überhaupt, das Verheißene einzulösen?

Denn vollendete Schönheit lockt zwar, will aber nicht berührt, sondern vor allem aus der Ferne bewundert werden. Lusterfüllung verweigert sie nicht nur dem anderen, sondern auch sich selbst. Es ist langweilig und erwartbar, aber wahrscheinlich ist, dass das superschöne Wesen einsam und ziemlich unbefriedigt bleibt. Hat das Drama der Schönen damit ein Ende? Nein. Nicht selten enden die Widersprüche mit frühzeitigem Tod und Potenzierung der Schönheit posthum, bei Adonis ebenso wie bei James Dean oder Marylin Monroe. Das Schöne an der Schönheit ist eben auch das Lebendige, Unfertige, das Noch-nicht-Sein, Im-Werden-Begriffene.

Es ist eine sonderbare Aufforderung an Frauen, sich dem Schönheitswahn zu entziehen. Wie soll das gehen? Die bewusste Vernachlässigung des Äußeren bedeutet den sozialen Tod. Damals wie heute ist das Streben nach Schönheit unvermeidlich. Doch vielleicht gibt es Möglichkeiten, dieses Streben in Bahnen zu lenken, die verträglich sind mit alltäglichem Glück. Zunächst muss der Anspruch ausgedehnt werden: Der Weg ist das Ziel. Nur solches Handeln darf infrage kommen, das selbst ebenfalls schön ist. Wie schön kann etwas sein, das auf unschönem Wege zustande gekommen ist? Gibt es etwas Abstoßenderes als eine Fettabsaugoperation? Etwas Unangenehmeres als die Handgriffe, mit denen der Chirurg Polster in die aufgetrennte Brust schiebt? Wie viel Lebenszeit muss man hinterher aufbringen, um das ästhetische Grauen, das so ein Ereignis darstellt, zu vergessen?

Schön ist es doch zum Beispiel, sich einen kleinen Malkasten für das Gesicht zuzulegen und in Farben zu schwelgen: Himbeer, Brombeer, Mauve, Schokoladenbraun. Oder Altrosa, Anthrazit und Petrolgrün. Das Gesicht ist eine Leinwand, die Sie mit Pinsel und Puder gestalten können: All das ist schön, was Ihre natürlichen Vorzüge immer noch mehr betont. Leicht können Sie das Haus mit einem schönen Gesicht verlassen und Ihren Beitrag zur Verschönerung des Planeten leisten – übrigens noch mehr durch die Art und Weise, wie Sie sprechen, die Hände halten, Ihren Kopf tragen oder blicken.

War die Schönheit zur Zeit Adonis' noch ein Geschenk der Götter, so hat sich im Lauf der letzten 200 Jahre ein Wandel vollzogen, der die Schönheit in den Strudel von protestantischer Ethik und kapitalistischem Leistungsdenken gezogen hat. Schönheit muss erarbeitet werden: Je rascher die Schweißtropfen fließen, je stärker die Schmerzen nach der OP, desto höher ist das Erreichte wohl zu bewerten. Systematisch schürt die Schönheitsindustrie dabei Zweifel, hängt die Maßstäbe höher und höher, sodass noch die größte Bemühung und der größte Einsatz nicht den avisierten Erfolg bringen können. Seit Neuestem wird der Botox- und Operations-Zirkus auch noch als große Spaßveranstaltung vermarktet, was einmal mehr über seinen ökonomisch-disziplinierenden Charakter hinwegtäuscht. Lassen Sie sich nicht verrückt machen. Alle träumen von einem erfüllten, sinnvollen und glücklichen Leben – das macht den Menschen aus. Auch Träume bedürfen aber der Schönheitspflege, nicht nur die körperliche Hülle, in der sie sich abspielen.

Haare

Haar gehört zu uns – aber nicht so ganz. Haar ist lebendig und tot zugleich, fühlt nichts, vermittelt aber Empfindungen, wird versteckt und offen gezeigt, ist körperlich, aber doch ganz anders als alle anderen Körperteile. Die Mittlerstellung des Haars zwischen Körper und Welt, diese unscharfe Grenze prädestiniert es zur Aufladung mit magischen und spirituellen Bedeutungen. Zu allen Zeiten widmeten die Kulturen der Inszenierung der Haare Aufmerksamkeit: Das Haar galt als Sitz göttlicher Macht oder wurde zum politischen Statement; noch immer kann das Schneiden des Haars ein zivilisatorischer Akt sein oder zur persönlichen Demütigung werden. Die Ambivalenz des Haares eröffnet ein unendliches Spektrum kultureller Wahrnehmungen. Haare können sexy sein, aber auch extrem eklig.

Das Haar offen zu tragen, ist Ausdruck von Demokratisierung und Profanisierung, gilt doch die Wildheit und Erotik offener Haare gerade in religiösen Kontexten als Tabubruch. Lange war es auch in Europa üblich, langes Frauenhaar in irgendeiner Form zu bändigen, hochzustecken, zu flechten oder unter Hauben und Hüten verschwinden zu lassen. Offenes, wallendes Haar war Jungfrauen und Göttinnen vorbehalten; Bräute mussten dann aber ein Stück Stoff auf dem offenen Haar tragen, eine Tradition, die in Gestalt des Brautschleiers bis heute fortlebt.

So ist das moderne, säkularisierte Haar gewissermaßen frei. Doch fordert gerade das offenbar zu Manipulation auf. Die kulturelle Aufmerksamkeit für die Gestaltung der Kopfhaare und der Vermeidung der Körperhaare hat sich zu einer Branche ausgewachsen, die global operiert und weit über das einfache Friseurhandwerk hinausgeht. Abrasieren, Ausrupfen, Bürsten, Dauerwellen, Einwickeln, Fönen, Flechten, Färben, Feststecken, Hochbinden, Kämmen, Pflegen, Schneiden, Verlängern, Waschen, Wachsen oder Waxen lassen: Die Liste dessen, was man mit seinen Haaren anstellen kann, wird immer länger. Was also tun – oder lieber nicht tun?

Noch vor wenigen Jahren wurden Haare so lange gewickelt, besprüht und bearbeitet, bis sie in der einen oder anderen Form vom Kopf abstanden. Heute ist der Schnitt die Frisur. Die Haare sollen natürlich fallen, und damit sie den kürzesten Weg nach unten nehmen können, brauchen wir einen Scheitel. Erinnern Sie sich noch an den Moment, als Sie vom kindlichen Mittelscheitel zum erwachsenen Seitenscheitel wechselten: Waren Sie

14, 18 oder vielleicht schon 28? Inzwischen haben alle einen Seitenscheitel, weil das irgendwie ein bisschen anders ist, aber weil es alle haben, ist es dann leider gar nicht mehr anders. Was hat den armen Mittelscheitel so aus der Mode gebracht?

Die Position des Scheitels wirkt sich unmittelbar auf das Gesicht und seine Form aus. Bei einem Seitenscheitel fallen auf der Seite, wo der Scheitel sitzt, weniger Haare herunter. Das bewirkt, das diese Gesichtshälfte frei und sichtbar bleibt; das Gesicht wirkt insgesamt breiter. Für sehr schmale Gesichter ist das von Vorteil. Beim Mittelscheitel dagegen fallen die Haare zu beiden Seiten des Gesichts herunter, das Gesicht wird eingerahmt und wirkt schmaler. Die fallenden Haare werfen zudem einen Schatten auf die Wangen, sodass das Gesicht konturiert wird – fast ein bisschen so, als wenn man Rouge verwendet.

Für die Augenbrauen gibt es einfache Regeln. Denken Sie sich zwei Linien, die entlang der Nase gerade nach oben gehen. Alle Härchen, die sich zwischen diesen beiden Linien befinden, können weggezupft werden. Dann stellen Sie sich eine Linie vor, die von der äußersten Ecke des Nasenflügels am Augenwinkel entlang weitergedacht verläuft: Bis zu dieser Linie sollten die Augenbrauen gehen, nicht kürzer und nicht länger. Die unteren Kanten der Augenbrauen können nach Geschmack gezupft werden, für die obere Brauenlinie gilt strengstes Zupfverbot.

Blond sein

Zwei Blondinen beim Schach. Sagt die eine: »Hast du die Regeln im Kopf?« Die andere fasst sich erschrocken an die Nase und fragt: »Wieso – blute ich?« Blondinenwitze gehören in die gleiche Kategorie wie ehemals Mantafahrerwitze. Blondinen gelten als blöd, geil und ein bisschen falsch. Das liegt daran, dass die meisten Blondinen nur gefärbte sind. Sie wollen sein, was sie nicht sind; diese Kluft zwischen Schein und Sein reizt traditionell zum Witzeln.

Eigentlich ist Blond die Haarfarbe der wenigen und der Kinder. Nur 2% der Weltbevölkerung sind blond. Davon lebt ein großer Teil in Skandinavien. Von den Naturblonden wiederum dunkelt ein großer Teil im Laufe des Lebens nach. Viel wurde schon darüber gerätselt, warum blond als attraktiv gilt: Ist es die Seltenheit? Die goldene Farbe? Die Aura des Kindlichen? Tatsächlich gilt die blonde Frau als mädchenhaft, naiv, sauber und unschuldig. Obwohl das nicht unbedingt das Paradigma erwachsener, intelligenter Frauen ist, befindet sich das Kunstblond noch immer auf dem Siegeszug.

Seine große Zeit begann im Amerika der 1940er-Jahre. Die Erfindung des Wasserstoffperoxid ermöglichte es Prostituierten und Varieté-Tänzerinnen, sich das Haar aufzuhellen. Ordentliche Mädchen betrachteten ihre Haarfarbe damals noch als Gottesgeschenk. Shirley Polykoff war weder das eine noch das andere. Sie war eine echte Kunstblondine und zugleich eine moderne, berufstätige Frau, die es als Teil ihrer Selbstbestimmung betrachtete, darüber zu entscheiden, welche Haarfarbe sie trug. 1956 bekam sie den Auftrag, für ein neues Blondierungsprodukt der Firma Clairol eine Kampagne zu entwickeln. Polykoff bestand auf Models, die dem Typ »Mädchen von nebenan« entsprachen. Die Bildstrecke zeigte eine strohblonde Frau, die mit ihrer ebenfalls blonden achtjährigen Tochter auf einer Wiese lag. Der Slogan lautete: »Does she or doesn't she?« Die Kampagne bescherte Clairol über Jahrzehnte hinweg Millionengewinne, Shirley Polykoff aber unzählige Briefe von Frauen, in denen diese sich dafür bedankten, dass sie dank Clairol endlich geheiratet worden waren. Honey Moon, Happy End.

Ob Blondieren also blöd ist oder nicht, selbstbestimmt oder ein Rückfall in Mädchenzeiten, kommt eben ganz darauf an. Im demokratisierten, postfeministischen Zeitalter ist es Krux und Chance einer jeden Frau, ihr Blondsein in die eine oder andere Richtung zu gestalten. Blondiertes Langhaar kombiniert mit Pink, Flipflops und sinnfreiem Geschnatter erzeugt einen anderen Eindruck, als wenn das Haar kurz geschnitten ist, dazu ein Hosenanzug getragen und eine Havanna geraucht wird.

Bedenken Sie allerdings, dass Blondine zu sein eine Herausforderung ist, der nicht jede Frau gewachsen ist. Helles Wasserstoffblond ist ein Hingucker. Und die Welt eine Bühne, auf der Sie als Blondine im Mittelpunkt stehen. Das muss man mögen. Außerdem sollte auch der Rest der Erscheinung stimmen. Helles Blond passt zu kühlen Typen, zu blauen Augen und einem blassen Teint. Die Haut sollte makellos sein, die Lippen nicht zu schmal. Sparen Sie auch nicht am falschen Ende. Eine Blondierung gehört in Profihände. Das ist zwar nicht gerade billig, aber wer hier knausert, sieht am Ende selber billig aus.

Sollten Sie dagegen zu dem Resultat gekommen sein, dass Ihre Haarfarbe eigentlich ganz gut zu Ihnen passt, sollten Sie also zur Überzahl der Dunkelhaarigen gehören, kommt es darauf an, das Beste aus Ihrem Haar zu machen. Jede Farbe sieht gut aus, wenn das Haar glänzt. Gut, dass auch dieser Schein nicht der Natur überlassen bleiben muss – die Kosmetikindustrie ist gern behilflich. Halbtransparente Naturfarben machen die eigentliche Haarfarbe satter und glänzender und kaschieren graue Haare.

Längeres Haar bekommt Glanz, wenn man es über die Rundbürste fönt. Und nur sauberes Haar kann glänzen. Also regelmäßig waschen; pflegende Produkte wie Kur und Spülung sollten Sie dabei nur mäßig verwenden. Durch die *bedhead-*, *wet-* und Strubbel-*looks* ist die schöne Tätigkeit des Haarebürstens leider aus der Mode gekommen. Eine gute Haarbürste hat Naturborsten. Setzen Sie sich loreleygleich ans geöffnete Fenster und bürsten Sie sich die Haare. Dabei lässt sich ein bisschen träumen, und auch die Nachbarn haben einen netten Anblick. Manchen Frauen hilft das regelmäßige Haarebürsten sogar, Kopfschmerzen zu lindern oder gar nicht erst entstehen zu lassen.

Alte Zöpfe – Neue Zöpfe

Ein Übermaß an Bedeutung hat den Zopf wahrscheinlich aus der Mode kommen lassen. Dabei macht es gerade Spaß, mit dem

Angebot an kultureller Signifikanz zu spielen: Viele kleine Zöpfchen, die auf dem Kopf ein Muster ergeben, sind aus der afrikanischen Haarkultur bekannt und wirken auf einem blonden, europäischen Kopf entsprechend exotisch. Zwei lange Zöpfe, die sich einfach hinter den Ohren hinunterflechten lassen, kennt man vor allem von Kinderfotos der eigenen Mutter und Großmutter. Es war *die* Mädchenfrisur; nicht wenige Frauen dieser Generation erlebten das Abschneiden der Zöpfe als Initiation zur Frau. Dem Vater kullerten derweil die Tränen hinunter. Zwei Zöpfe bedeuten aber auch: Natürlichkeit.

Eine völlig andere Wendung nehmen Zöpfe, wenn sie nach dem Flechten über den Kopf gelegt und hinter dem jeweils anderen Ohr unsichtbar feststeckt werden. Diese Frisur gemahnt an die gestrengen Hausdamen des späten 19. Jahrhunderts. Die Tugendhaftigkeit und Strenge, die sie signalisiert, braucht allerdings einen Kontrapunkt, zum Beispiel ein figurbetontes, luxuriöses Abendkleid.

Der französische Zopf hat einen biederen Touch. Man kennt ihn von Lehrerinnen und solchen, die es werden wollen. Wahrscheinlich ist es das Kontrollierte und Gezähmte, das der Frisur den Ruf der Spießigkeit gibt. Man kann den französischen Zopf aber an jeder beliebigen Stelle des Kopfes beginnen – darin liegt sein subversives Potenzial. Warum nicht einmal die Verhältnisse umkehren und ihn von hinten nach vorne flechten und den verbleibenden Rest zu einem Dutt knoten, der seitlich über der Stirn sitzt?

Intimrasur

Der Klimawandel ist in aller Munde; aufgeregt werden Ursachen und Auswirkungen diskutiert. Fast unmerklich aber hat sich im textilen Schatten ein Kahlschlag ungeheuren Ausmaßes vollzogen. Wo noch vor wenigen Jahren buschiges Wachstum zu bewundern war, das einer Vielzahl von Mikroorganismen Lebensraum bot, finden sich heute Wüstenlandschaften. Betroffen sind insbesondere die verschiedenen Regionen der heute unter 35-Jährigen weiblichen Geschlechts. Ältere Frauen scheinen verschont zu bleiben, die Ursachen dafür sind – ebenso wie für den Mentalitätswandel im Ganzen – noch nicht vollständig geklärt. Wie dort, so gelten auch hier die Amerikaner als Hauptverursacher. Ihre wirtschaftlichen Interessen und eine gewisse Hysterie spielen sicherlich eine Rolle, können die globale Verbreitung des Phänomens aber auch nicht vollständig erklären.

Technische Errungenschaften sind auch hier ein treibender Faktor, das Epiliergerät, die Technik des *brazilian waxing*, chemische Haarauflösungsmittel, Lasern, Xenonlicht. Die Toleranz gegenüber behaarten Muschis hat rasant abgenommen; viele junge Männer haben in ihrem ganzen Sexleben noch nie eine unrasierte, natürlich bewachsene gesehen. Manche sollen sogar glauben, dass Mädchen gar keine Achselhaare haben – und zwar von Natur aus.

Besonders extrem ist das im Augenblick in der anglofonen Welt. *Pant moustache* zum Beispiel, Unterhosen-Bart, werden in England Schamhaare genannt, die über die Oberkante des Slips hinausschauen. Das kann bei ordentlichen Unterhosen kaum passieren. Bei den tiefgeschnittenen Strings aber, die momentan den Markt überschwemmen, eben doch sehr leicht. Was den Engländern ihre Gemeinheiten sind, ist den Amerikanern ihre Hysterie: Jungen Mädchen, die ein Haar an ihrer Brustwarze entdecken, legen Ratgeberbücher nahe: »Run, don't walk, into the bathroom and pluck away.«

So viel zum angelsächsischen Beitrag zum Klimawandel. Höchstwahrscheinlich sind aber sowieso die Männer an allem schuld. Weil sie rasierte Muschis beziehungsweise Mädchen beziehungsweise blonde Dummchen wollen? So einfach ist die Sache nicht. Die Männer sind schuld, und zwar besonders die schwulen, denn sie haben damit angefangen, sich zu rasieren, und zwar nicht bloß im Gesicht, wo die Mehrheit der heterosexuellen sich auch rasiert. Heute rasieren sich die Männer mit fadenscheinigen Ausreden an allen möglichen Stellen. Die Radfahrer an den Beinen, weil das windschnittiger sei, die Sänger auf der Brust, weil man dann weniger schwitze, und die Strandgänger am Rücken, weil sie nicht wie Affen aussehen wollen. Während das Affenaussehen bei Männern bis vor Kurzem noch als männlich und deswegen okay galt, wird die Welt auf einmal von lauter aalglatten Kerlen bevölkert.

Was bedeutet das für die Frau? Sie muss nachlegen, also nachrasieren, will sie nicht mit ihrem Mann verwechselt werden. Je älter sie wird, desto mehr ähnelt sie ihm in haartechnischer Hinsicht: Haare an den Beinen, zwischen den Beinen, an den Brustwarzen. Bei manchen Frauen sprießen sie sogar am Kinn. Es nützt nichts, den guten alten Zeiten nachzutrauern, als Wasser und Seife es noch taten bei der Körperpflege. Auch tröstet es kaum, um die Nachteile des Nackt- und Sauberkeitswahns zu wissen; mit dem radikalen Wegputzen aller Haare steigt das Risiko für Scheideninfektionen. Den Lauf der Dinge kann man trotzdem nicht aufhalten. Die meisten Frauen rasieren sich, die jüngeren benutzen ihren Rasierer so selbstverständlich wie ihre Zahnbürste. Heute gibt es höchstens noch die Wahl zwischen verschiedenen Kulturlandschaften.

Zunächst der Schnitt. Für die Skeptikerin empfiehlt sich der *Fassonschnitt*: Die fransigen Ränder werden begradigt und das Haar im Ganzen gekürzt. Sieht schön ordentlich, adrett und erwachsen aus. Sehr verbreitet ist auch ein Intimhaarschnitt, der im Volksmund »Landebahn« genannt wird und bei dem bis auf einen Streifen in der Mitte alles weggenommen wird. Dieser Mittelstreifen kann luftig gewachsen oder seinerseits ein wenig gekürzt sein. Vorsicht ist geboten bei dunklem Schamhaar und *pant-moustache*-Vermeidung. Das könnte an Adolf Hitlers Barttracht erinnern. Wer sich in die Motivecke wagen will, der steht die Möglichkeit offen, sich einen Pfeil schneiden zu lassen. Das bietet sich an, weil Männer nie nach dem Weg fragen mögen. Frisch Verliebte tragen ein Herzchen. Wenn Sie obenherum dann noch ein Slogan-T-Shirt tragen, können Sie das Sprechen gleich ganz einsparen.

Immer beliebter ist der Hollywood- oder L. A.-*cut*, auch *brazilian waxing* genannt: Alles kommt weg, Dreieck, Haare auf den

Schamlippen und am Anus, wie vor der Pubertät. Der Serie *Sex and the City* war zu entnehmen, dass man nach Totalrasur ständig an die eigene Vagina denken muss und sich auf einmal ganz nackig fühlt.

Wenn Sie sich für ein Modell entschieden haben, stellt sich die Frage der Methode. Der Klassiker für die Frau, die kein Gewese macht, ist das Rasieren – weitverbreitet, wenig schmerzhaft und überall anwendbar. Aber natürlich nicht von langer Dauer. Außerdem wachsen die Haare stoppelig nach. Kostenpunkt: null, wenn Sie einfach seinen Rasierer nehmen, ein paar Euro, wenn Sie sich auf den Schnickschnack einlassen, den Rasierapparatefirmen mittlerweile für Frauen anbieten. Ein Epiliergerät hingegen kostet zwischen 70 und 120 Euro und zupft mit schnell rotierenden Rädchen die Haare aus. Das tut weh und ist nicht für alle Körperstellen geeignet. Chemische Enthaarungscremes wiederum sind billig, riechen aber schrecklich. Man sollte keine Allergieprobleme haben und sich nicht vor der schmierigen Masse ekeln, die man schließlich in den Ausguss spült.

Sollten Sie Zeit und Lust dazu haben, eigene Termine und Dienstleistungen zur Haarentfernung wahrzunehmen, kommen weitere Methoden in Betracht, zum Beispiel das *brazilian waxing*. Warmes Wachs wird auf die relevanten Körperstellen gestrichen und nach dem Abkühlen mit einem Ruck samt Haaren abgerissen. Die freundliche Kosmetikerin versichert, dass es jedes Mal weniger wehtue, es komme auf die Kundin an, wie groß das Trauma wird. Manche Kundinnen sagen denn auch, man müsse den Schmerz bloß irgendwie umdeuten und genießen. Wahrscheinlich muss jede Frau mit sich selbst ausmachen, wo und inwiefern ihr die Umdeutung gelingt. Das *brazilian waxing* jedenfalls ist an allen Stellen des Körpers möglich. Wenn Sie sich für ein Basisprogramm, Beine, Achseln und die sogenannte Bikinizone entscheiden, sind Sie mit ungefähr 30 Euro dabei. Das macht, wenn Sie sich monatlich behandeln lassen, 360 Euro im Jahr. Sind Sie momentan dreißig Jahre alt und haben vor, bis ins sechzigste Lebensjahr haarlos schön zu sein, müssen Sie 11520 Euro investieren. Die Inflation nicht mitgerechnet. Es sei denn, Ihre Haare haben ein Einsehen und geben nach einigen Jahren des *waxing* auch das Wachsen auf. Das soll vorkommen.

Wenn Sie das Thema Körperbehaarung ein für alle Mal abhaken möchten, kommt die Fotoepilation infrage. Lichtimpulse werden auf die Haut projiziert, der Haarfarbstoff Melanin verwandelt die Lichtenergie in Hitze und leitet sie zur Haarwurzel, wo kurzfristig zerstörerische Temperaturen um die 70 Grad entstehen. Da dies nur während einer bestimmten Wachstumsphase des einzelnen Haares funktioniert, muss der Vorgang mehrmals wiederholt werden, um alle Haare im richtigen Moment zu erwischen. Das Melanin, das bei dieser Methode wichtig ist, findet sich vor allem in dunklen Haaren. Blonde, helle Haare lassen sich nicht so erfolgreich entfernen. Zugleich ist es von Vorteil, eine helle Haut zu haben, denn je weniger Melanin in der Haut ist, desto unwahrscheinlicher sind Pigmentstörungen nach der Behandlung. Sonst besteht die Gefahr, dass zwar die entsprechenden Haare erfolgreich entfernt wurden, die Haut aber später nicht mehr der Sonne ausgesetzt werden darf, weil sie unnatürlich dunkel wird. Aus diesem Grund sollte man sich auch vor der Behandlung keiner intensiven UV-Strahlung aussetzen.

Bedenken Sie dabei, dass die Fotoepilation kostenaufwendig ist. Eine Behandlung der Unterschenkel, Achselhöhlen und Bikinizone kann sich auf gut 1000 Euro belaufen.

Die kulturgeschichtlich älteste Methode der Haarentfernung ist zugleich die trendigste. Das *sugaring* basiert auf einer Technik, die schon im alten Ägypten angewendet wurde und in der islamischen Welt noch immer verbreitet ist. Dafür wird eine Masse aus Zucker, Zitronenöl und Wasser angerührt, die sich Halawa nennt und aussieht wie ein goldglänzendes riesiges Kaugummi. Fast möchte man sie essen. Die geübte Kosmetikerin streicht sie aber vielmehr gegen die Haarwuchsrichtung auf die Haut und rupft die Haare dann in Wuchsrichtung aus.

Diese Methode ist aus verschiedenen Gründen sanfter als die Behandlung mit Wachs. Die Masse ist wasserlöslich, klebt deshalb nicht so hartnäckig an der Haut und reißt nicht alles mit ab, was nicht ganz fest sitzt. Außerdem wird sie bei Körpertemperatur aufgetragen. Tatsächlich tut nur der erste, breitflächige Rupf weh. Die verbliebenen Haare werden herausgezupft, und zwar schwungvoll aus dem Handgelenk. Das sieht ganz lässig aus und ist so angenehm, dass man dabei einschlafen könnte, solange es um die Beine geht. Bei der Bikinizone sieht es etwas anders aus. »Ich glaube, beim Damm ist noch keine eingeschlafen«, haben wir aus berufenem Munde gehört. Die professionelle Ausführung hat ihren Preis. Derzeit kostet eine Behandlung von Beinen und Bikinilinie knapp 50 Euro. Wenn Ihnen das zu teuer ist und Sie aus Ihrer Haarentfernung ein soziales Ereignis machen wollen, können Sie an eine alte persische Tradition anknüpfen und Ihre Freundinnen zur Halawaparty einladen.

Problemzonen

1994 wurde der Begriff »Problemzone« in den Duden aufgenommen: »Pro/blem/zone, die: 1. Problemregion. 2. (Kosmetik) Bestimmter Teil des Körpers, der Probleme bereitet in Hinsicht auf die Pflege und die Erhaltung der äußeren Gestalt: -en wie Hüfte und Gesäß.«

Die selbstkritische Beäugung und Betastung der Regionen um Bauch, Gesäß und Oberschenkel ist vielen Frauen vertraut und gilt als Ursache von schlechter Laune und Minderwertigkeitsgefühlen. Standen bis vor Kurzem nur Bauch-Beine-Po im Fokus, so bescheren uns Mode, Kosmetik und die rasant fortschreitenden Möglichkeiten der plastischen Chirurgie regelmäßig neue Problemzonen. Extrem schmal geschnittene Stiefel werfen die Frage nach dem angemessenen Wadenumfang auf. Hände können verjüngt und von Altersflecken und Runzeln befreit werden. Das Intimrasurgebot legt die Problemzone »Kleine Schamlippe« frei: zu hässlich, zu schlabberig, zu groß, zu prominent; die operative Straffung der kleinen Schamlippen ist längst Bestandteil der plastischen Chirurgie. Dabei ist gerade hier die Unkenntnis groß. Augen, Nasen, Taillen oder Zehen lassen sich leicht miteinander vergleichen. Doch schon bei der Brust wird es schwierig, erst recht bei den Schamlippen. Retuschierte Fotos in Hochglanzmagazinen geben einen falschen Eindruck. Wer kennt schon die Vulva einer Sechzehnjährigen? Oder die der eigenen Mutter?

Doch jede Ausweitung der Problemzone ist gewollt, weil sie einen neuen Markt schafft. Inzwischen gibt es Franchise-Unternehmen, die sich ausschließlich der Figurformung widmen und die geplagte Kundin mit immer neuen Techniken und Methoden umwerben: Dehnungs- und Auflockerungsmassage für das tiefe Bindegewebe, manuelle Lymphdrainage zur Ödem- und Entstauungsbehandlung, Vakuummassage für eine straffe Haut und besondere Trainings für die Rumpfstabilisation. Der Weg zur Wunschfigur? Ein Klacks – wenn auch ein teurer.

Indessen ist die Aufteilung des weiblichen Körpers in Zonen nicht neu. In den Siebzigerjahren zum Beispiel wurde im Zuge von sexueller Revolution und Aufklärung intensiv nach den erogenen Zonen der Frau gefahndet. Oswalt Kolle riet in seinem Aufklärungsbuch *Das Wunder der Liebe* von 1968 zu körpergeografischem Raffinement und andererseits davon ab: »Der Mann, der an eine Frau gewissermaßen herangeht mit einer Landkarte der erogenen Zonen und seine Kenntnisse allzu deutlich und fast mechanisch beweist, enttäuscht den Wunsch der Frau, auch für ihren eigenen Mann ein Stück rätselhaftes Neuland zu sein. Trotzdem sollte jeder Mann über die wichtigsten ›erogenen Zonen‹ der Frau Bescheid wissen.« Dass weder das Problemzonen-Programm noch das Anknipsen der »weiblichen Schaltzentrale« (Kolle) sexuelles Erleben genussreicher machen, dürfte klar sein.

Begonnen hat die Landvermessung des weiblichen Körpers vor ungefähr zweihundert Jahren mit den Anfängen der modernen Medizin. Erst der ärztliche Blick schuf den Körper als Objekt, das es zu untersuchen, zu behandeln oder zu sezieren galt, erst durch die wissenschaftliche Verarbeitung der Beobachtungen wurde er in immer neue Bereiche eingeteilt. Deutliches Zeichen dafür sind die vielen medizinischen Spezialdisziplinen, die es heute gibt, Neuro- und Proktologie, Hals-Nasen-Ohren-Heilkunde oder Orthopädie. Die Wissenschaft definiert die Wirklichkeit des Körpers; sie bestimmt, wie er funktioniert und wann er als krank oder anfällig betrachtet werden muss. Zwar gehört der Körper irgendwie noch uns. Aber was in ihm vorgeht, wissen Mikrobiologen, Medizinerinnen und alle anderen Spezialisten für gewöhnlich besser.

Anfang des 18. Jahrhunderts haben Frauen wie die Schuhmachersgattin, von der die Historikerin Barbara Duden in ihrem Buch *Geschichte unter der Haut* berichtet, vielleicht an einem »nässenden und zuweilen übelriechenden Fluss unter den Brüsten« gelitten, der später in »Magen und Unterleib große Ängstlichkeit« bereitet. Jahre später starb dieselbe Frau an den Folgen eines Treppensturzes – doch möglicherweise auch daran, dass »der dann unter der Brust ›rückgängig gewordene‹ Fluss nicht mehr erscheinen will und alle Materie im Kopf stecken bleibt«.

Das Gelächter heutiger Schulmediziner über solcherlei Erklärung wäre sicher schallend. Aber ist nicht auch etwas verloren gegangen, als der Frauenleib mit seinen Weiberkrankheiten durch den neuzeitlichen Körper ersetzt wurde? Die Frauen von damals beschrieben ihrem Arzt immerhin interessante Phänomene: der üble Atem, der auftrat, als die Leberflecken verschwanden; der Durchfall, der sich immer dann einstellte, wenn die Monatsblutung ausblieb; ein Fluss an der Brust, der sich an einen anderen

Ort verzog und dort noch größere Unannehmlichkeiten verursachte. Im weiblichen Leib konnten sich Verwandlungen der unterschiedlichsten Art abspielen. Die größte, unglaublichste von ihnen: Die monatliche Blutung hört auf, der Bauch schwillt an und heraus kommt ein neuer Mensch. Eine ganz erstaunliche Metamorphose.

Die Heilkundigen des 18. Jahrhunderts versuchten, die Wahrnehmungen, von denen Frauen berichteten, zu deuten und auf die Vorgänge in ihrem Körperinneren zu schließen. Im Zentrum all dieser Bemühungen stand die Frau, die eine Erklärung für ihr Leiden bekommen sollte. Sie wurde mit all ihren Empfindungen ernst genommen, als ein, wie Duden schreibt, »einzigartiges, verkörpertes Selbst«.

Problemzone: Diät

Die typische Problemzone ist eine Ansammlung von Fettgewebe an einer Stelle des Körpers, an der die Trägerin dieser Fettpolster lieber keine hätte, die übliche Reaktion darauf ist die Diät. Frauen wollen meistens schlank sein. Die Mächtigkeit dieses Körper-Ideals hängt damit zusammen, dass Schlankheit mit zwei Bildern in Verbindung gebracht wird, die eigentlich in Widerspruch zueinander stehen. Zum einen wird Schlankheit mit femininer Zartheit assoziiert. Die schlanke, elfenhafte Frau weckt den Beschützerinstinkt. Doch ist auch die erfolgreiche, karriereorientierte Frau schlank. Ihr durchtrainierter Körper repräsentiert all die Eigenschaften, die in der Geschäftswelt zählen, Durchhaltevermögen, Aggressivität und Flexibilität. Dick zu sein bedeutet also, doppelt versagt zu haben: Das Pummelchen hat weder für den Prinzessinentraum noch für die Karriereleiter die richtige Figur.

Das Problem an der Diät aber ist, dass sie Problemzonen nicht zum Verschwinden bringt, sondern neue schafft. Zumindest, wenn es nach der statistischen Wahrscheinlichkeit geht. Diäten schaffen schlechte Laune, Hunger, Minderwertigkeitskomplexe und bringen dank Jo-Jo-Effekt im Nachhinein mehr Kilos als je zuvor. Die Wahrscheinlichkeit, dass eine Frau unter der Diät mehr isst als wenn sie keine macht, ist hoch. Denn die Gedanken kreisen pausenlos ums Essen.

Geht es nicht auch ohne? Ernährungswissenschaftler raten, sich den eigenen Körper wie ein Haus vorzustellen und das Essen als Einrichtung dieses Hauses. Alles, was wir essen, wird ein Teil von uns. Deshalb sollte es Qualität haben. Was das bedeutet, wissen Sie selbst am besten. Hören Sie auf Ihren Körper. Trinken Sie genug. Essen Sie nicht über den eigenen Hunger hinaus. Wie fühlen Sie sich nach einer Tüte Gummibärchen oder Chips? Steigen Sie mehr Treppen, gehen Sie mehr zu Fuß. Wechseln Sie aus: Vollkornbrot mit Tomate schmeckt feiner als ein Brötchen mit billigem Käse, frisches Gemüse bekommt Ihnen besser als ein Fertiggericht mit einer Zutatenliste so lang wie das Alphabet. Werfen Sie vor allem nicht nur Ihre Waage, sondern auch Ihren Mann weg, falls er an Ihren Problemzonen rummäkelt. In der Regel sind Männern oder Liebhaberinnen die Problemzonen nämlich egal. Sollten sie es nicht sein, ist es sowieso besser, ihn oder sie wieder loszuwerden. Hieß es einst: »Ich liebe auch deine Pickel«, so sollte es heute heißen: »Ich liebe auch deine Problemzonen.«

Sich kleiden

Laut einer Umfrage des Allensbacher Instituts von 2002 kleidet sich der überwiegende Teil der Bevölkerung nach eigener Aussage praktisch, zweckmäßig, sportlich und zurückhaltend. Nur eine verschwindende Minderheit bezeichnet die eigene Kleidung als extravagant oder modisch. Eine Blitzstudie an einem beliebigen öffentlichen Platz bestätigt diesen Befund: Die meisten Menschen tragen Sportschuhe, eine Hose, Hemd oder Bluse, T-Shirt oder Pulli und eine Jacke – nicht selten aus der Abteilung Funktionskleidung. Sich-Schönmachen und Herausputzen gelten als eitel, arrogant und oberflächlich. Die letzte große Welle der Verachtung schöner Kleidung rollte mit der Frauenbewegung durch das Land. Im männlichen Blick erkannten die Feministinnen der ersten Stunde die Wurzel allen Übels und rieten den Frauen, sich nicht mehr für die Männer herzurichten. Das wurde wahrscheinlich nirgendwo so konsequent beherzigt wie in Westdeutschland.

Dabei ist in Vergessenheit geraten, dass Kleidung auch eine Sprache ist, die eine komplexe und widersprüchliche Leistung vollbringt. Kleidung bedeutet nicht nur Schutz vor Kälte und

Nacktheit. Sie sagt auch etwas darüber aus, wer wir sind und mit wem wir zusammen sein wollen. Das Spannungsverhältnis von Individualität und Konformität ist aus Kleidung und Mode nicht wegzudenken.

Wie also mit dieser komplexen Sprache umgehen? Sich zu kleiden ist ein Spiel, und wie bei anderen Gesellschaftsspielen auch, so muss man sich hier an Regeln halten. Zugleich sollte man sich stets bewusst sein, dass es eben ein Spiel ist. Man muss Kleidung ernst nehmen! Man darf sie aber nicht zu sehr ernst nehmen!

Schauen wir doch einmal der einkaufenden Osteuropäerin zu. Diese hat dank realexistierendem Sozialismus, von oben verordneter Gleichberechtigung und einem festen Krippenplatz eine ganz andere Emanzipationsgeschichte, und das lässt sich auch beim Kleiderkauf beobachten.

Die Polin, Russin oder Tschechin geht allein oder in der Gruppe einkaufen. So oder so – das Ganze wird zelebriert. Berge von Tüchern, Stoffen und Stücken werden herangeschleppt. Sie dreht und wendet sich vor dem Spiegel, hält den Kopf mal so, mal so, drapiert alles wieder um und berät sich ausführlich mit Freundin, Mutter oder Verkäuferin. Eigentlich geht sie auch gar nicht einkaufen. Die ganze Unternehmung ist mehr eine Ego-Party, bei der die neuen Produkte im Hinblick auf die eigene Person ausprobiert werden. Da lässt sie sich nicht hetzen. Vielleicht hat sie am Ende gar nichts gekauft, sich aber dafür in einem neuen Licht gesehen. Die Läden funktionieren für sie wie ein erweiterter Kleiderschrank, in dem sie ausprobiert, was ihr stehen könnte.

Eigentlich ist es ein Wunder, dass Frauen es überhaupt schaffen, das Haus zu verlassen, ohne wahnsinnig zu werden. Die Kleidung nämlich, die zugleich Professionalität und Weiblichkeit repräsentiert, ist noch nicht erfunden worden – oder nicht bezahlbar, wenn man Coco Chanels Kostüme als beispielhaft betrachten will. Moderne, berufstätige Frauen befinden sich in der paradoxen Situation, Fähigkeiten und Werte verkörpern zu müssen, die angeblich im Widerspruch zu ihrem Geschlecht stehen.

Sie können es eigentlich nur falsch machen. Kleiden sie sich betont businessmäßig, negieren sie ihre Weiblichkeit. Präsentieren sie sich umgekehrt weiblich-attraktiv, werden ihnen die professionellen Fähigkeiten aberkannt. Das Resultat dieses Dauerkonflikts spiegelt sich in dem schon zum Klischee gewordenen Bild der Frau, die vor ihrem proppenvollen Kleiderschrank steht und meint, dass sie nichts zum Anziehen habe. Gut, dass es immerhin humorbegabte Damen wie die Schauspielerin Liv Ullmann gibt: »Ein Kleiderschrank ist ein Möbelstück, in dem Frauen, die nichts zum Anziehen haben, ihre Kleider aufbewahren.«

Wie also umgehen mit dem täglichen Drama vorm Kleiderschrank? Wie den gegenläufigen Anforderungen kleidungstechnisch gerecht werden – ohne sich selbst zu verleugnen? Wahrscheinlich hilft nur eins: Sie müssen sich öfter umziehen. Ganz aus der Mode gekommen ist nämlich das Sich-Kleiden für verschiedene Anlässe. Dabei ist das eine tolle Variante, der sozialen Konformität und der Individualität gleichermaßen Genüge zu tun. Wenn Sie das Situative – den Anlass – zwischen sich und die

Welt schieben, entlastet Sie das ganz ungemein. Mit dieser Art der Kleidung bringen Sie sich selbst ebenso zum Ausdruck wie das, was Sie tun.

Darüber hinaus bietet ein situationsorientierter Kleidungsansatz mehr Möglichkeiten. Wenn nicht jedes Kleidungsstück ängstlich daraufhin befragt werden muss, ob es die Frau, Mutter, Geliebte, IT-Analystin und Bundeskanzlerin in Ihnen passend repräsentiert, rücken Kleidungsstücke in den Bereich des Möglichen, die Sie sonst nie in Betracht zögen. Der Biergartenbesuch verträgt ein Dirndl. Zum Meeting gehen Sie im Anzug, in die Kirche in Omas Kleid, und in der Küche tragen Sie eine Schürze.

Natürlich dürfen, können und müssen Sie diese Verkleidung pragmatisch anpassen. Manchmal reicht schon ein einzelnes Stück, um den Anlass zum Ausdruck zu bringen, ein Strohhut zum Grillfest, Jazzpants zum Date, ein Kopftuch bei der Gartenarbeit und auf dem Spielplatz eine Pippi-Langstrumpf-Perücke. Kleidungsstücke aus der Trachten- und Folkloreecke, Hüte, Schals und Plastikschmuck – all die Dinge, die oft aus Kleiderschränken verbannt werden – können wieder zu Ehren kommen. Eine solche Art der Kleidungspraxis trägt einer Grundwahrheit der Kleidung Rechnung: Um gesehen zu werden, muss man sich maskieren. Das aber macht allemal mehr Spaß, als sich in zermürbenden Sitzungen vor dem Spiegel daraufhin zu befragen, wer man ist und welche Problemzone gerade das größte Problem darstellt.

Egal jedoch, was Sie oben tragen oder unten drunter: Das wichtigste Kleidungsstück sind die Schuhe. Denn das Sein bestimmt zwar das Bewusstsein – aber der Cowboystiefel bestimmt das Unterbewusstsein. Der Urheber dieses schönen Bonmots lässt sich leider nicht mehr ermitteln. Es gefällt aber so gut, weil es die überwältigende Bedeutung zum Ausdruck bringt, die das Schuhwerk für das Gesamtbefinden hat. In flachen Ballerinas fühlt eine Frau sich völlig anders als in hochhackigen Pumps. Während der seidenweiche und geräuschlose Auftritt an die Indianerspiele der Kindheit erinnert und in die Welt von Winnetous Schwester Nscho-tschi versetzt, ist der Sexappeal in hochhackigen Pumps unvermeidlich: Po und alles, was mit ihm zusammenhängt, geraten in Bewegung. Das Klacken der Absätze auf dem Boden kündigt eine Frau an, die gesehen werden will und sich ihrer Attraktivität bewusst ist. Wieder anders der Turnschuh, der Unsichtbarkeit erzeugt. Die Turnschuhe wurden von amerikanischen Gettokids in die Mode eingebracht, weil man in ihnen schnell vor der Polizei weglaufen kann. Genau diese Botschaft transportiert der Turnschuh noch immer an das limbische System. Immer auf dem Sprung, immer bereit zu rennen, immer auf der Flucht im Groß- und Kleinstadtdschungel. Und der Cowboystiefel schließlich? Natürlich cool! Mit ihm geht man nicht durchs Leben, man schreitet oder reitet. Im Cowboystiefel sind wir überall zu Hause, bei den Asphaltindianern genauso wie in der Prärie. Und der Kopf bleibt immer oben, denn ausziehen tut die Cowboystiefel entweder der Stallknecht oder keiner.

Schmuck

Die wichtigste Entscheidung, die Sie hinsichtlich Ihres Schmucks treffen sollten, ist nicht die, ob Sie ihn teuer oder preiswert mögen, falsch oder echt, sondern die, ob Sie ihn nur geschenkt akzeptieren oder bereit sind, bei der Auswahl mit dabei zu sein oder sich sogar selbst welchen zu kaufen. Sie mögen zum Beispiel finden, echten Schmuck sollte man geschenkt bekommen, kaufen sich aber ab und zu selbst ein Stückchen Modeschmuck. Oder Sie sammeln Vintage-Ohrringe aus den 1930er-Jahren, für die Sie viel Geld bezahlen, und echter Schmuck interessiert Sie nur dort, wo Sie ihn an Ihre kleine Nichte verschenken; für die gestanzte Massenware, die Sie bei Ihrem Juwelier bekommen, geben Sie nicht besonders viel aus. Vielleicht heiraten Sie auch demnächst und kaufen sich die passenden Ohrstecker selbst? Ihr zukünftiger Mann, finden Sie, kann froh sein, dass Sie zugestimmt haben, identische Eheringe zu tragen.

Schmuck ist Distinktionsanzeiger (wo rangiere ich im sozialen Gefüge?), erotisch (welches Diadem macht mich besonders schön?) oder magisch (wie finde ich das Amulett, das zu mir passt?). Sie können ihn auch als Wertanlage begreifen. Machen Sie sich aber bewusst, dass es sich mit Schmuck wie mit Möbeln verhält. Sobald Sie die Kasse passiert haben, ist Ihr schöner Einbauschrank nur noch ein Viertel des ursprünglichen Preises wert.

Entscheiden Sie sich daher von Anfang an dafür, nie etwas Billiges zu kaufen. Gerade für Diamanten und Edelsteine gilt, dass Sie mit einem kleineren, höherwertigen Stein besser fahren als mit einem größeren, der winzige Makel hat. Welcher Ihnen dabei steht, müssen Sie ebenso probieren, wie es gilt, im Geschäft ein extravagantes Kleid oder eine farbstarke Bluse überzustreifen. Schon deswegen sollten Sie den kleinmädchenhaften Wunsch fahren lassen, die Hauptrolle in einem Schmuckmärchen zu übernehmen, in dem Ihnen ein Mann das perfekte Schmuckstück an Hand, Hals oder Ohr steckt.

Echter Schmuck ist aber auch eine Frage des Alters. Sind Sie 22 Jahre jung und nicht zufällig Thronfolgerin in einem der europäischen Königshäuser, könnte es wunderlich wirken, Rubine und Brillanten zu tragen. Als Mittfünfzigerin dagegen greifen Sie vielleicht zu falschem Schmuck, um sich jünger zu fühlen. Auch das kann problematisch aussehen. Mit Perlen können Sie Ihren persönlichen Weg zwischen alt und jung, teuer und preiswert, echt und falsch besonders gut ausmachen. Echte nämlich lassen ihre Trägerin rasch alt aussehen, vor allem dann, wenn sie es bei der einreihigen Halskette belässt. Andererseits werden Perlen oft und gern gefälscht getragen. Vor allem in der Massierung – gleich mehrere Ketten übereinander – haben sie einen frischen, jugendlichen Appeal und versetzen Sie umstandslos zurück in die 1920er-Jahre, zu Flappern und Charleston-Tänzerinnen. Wer so weit nicht zurückgehen will, mag mit der Eleganz Coco Chanels vorliebnehmen. Falsche Perlen waren lange das zentrale Attribut ihres Schmucks. Die große Erfinderin des kleinen Schwarzen fand echten Schmuck sowieso »Angeberei«.

Sich bewegen

Weder mit der Devise »Kopf hoch, Brust raus« noch mit täglichem Dauerlauf ist es heute getan. Als Frau wollen Sie nicht nur durchtrainiert, sondern auch anmutig wirken, nicht nur äußerlich stark, sondern auch innerlich gefestigt sein. Zu anstrengend soll es aber auch nicht werden. Das sind viele Wünsche auf einmal – kaum eine Sportart, kaum eine Bewegungstechnik wird ihnen vollkommen entsprechen können. Am besten wäre eine Mischung aus allem:

Vom klassischen Ballett nehmen Sie die Groschenspannung: Pobacken zusammenkneifen, bis auch eine eingeschobene Münze nicht fallen kann. Das verleiht Haltung.

Von der Leichtathletik die Gewissheit, dass es preiswert ist und sein sollte, sich systematisch zu bewegen. Sie müssen dafür nicht in ein teures Studio eintreten. Die Monatsbeiträge sind sowieso eher dazu da, Ihnen ablassbriefmäßig die Gewissheit zu geben, in die eigene Gesundheit investiert zu haben, als dass Sie sie tatsächlich regelmäßig an die Geräte zwängen.

Vom Flamenco die Aufmerksamkeit für die Hände.

Von der Alexander-Technik die Reduktion unnötigen Aufwands beim Bewegen. Und die Art, den Kopf zu halten, nämlich so, als habe jemand an Ihrem Hinterkopf eine Schnur befestigt, mit der er sie liebevoll, ja marionett nach oben zieht. Zugleich sollten Sie sich frei fühlen, den Kopf nach rechts und links zu drehen. Sie werden wacher in die Welt schauen. Und mit all dem wird sich auch Ihr Becken in eine Position schieben, in der es erst seiner Aufgabe als Becken, das die Eingeweide hält, gerecht werden kann.

Vom Schwimmen den starken Rücken und die Ganzkörpergeschmeidigkeit.

Von der Feldenkrais-Methode die Freude am Ausprobieren neuer Bewegungen: Schon einmal gespürt, wie sich der linke Unterarm anfühlt, wenn Sie komplett verdreht auf dem Boden liegen? Das Prinzip der »Bewusstheit durch Bewegung« können Sie leicht auch in Ihren Alltag tragen: Gehen Sie buchstäblich andere Wege als sonst. Setzen Sie sich anders, verschränken Sie die Arme beim Kurzschlaf im Büro nicht links- sondern rechtsherum.

Vom täglichen Spaziergang die Lust an der Kontemplation.

Vom Yoga das ruhige Atmen sowie die durch Jahrtausende geschärfte Wahrnehmung für das Miteinander von Körper und Geist. Wer regelmäßig Yoga betreibt, darf nicht nur auf bessere Körperbeherrschung und Freiheit von Schmerzen selbst bei vermeintlich unnatürlichen Haltungen hoffen, sondern auch auf mehr geistige Ruhe und Konzentrationsfähigkeit.

Eine gute Ärztin finden

Gar nicht so leicht. Die Suchmaschinen im Internet stecken noch in den Kinderschuhen und funktionieren mehr oder weniger wie ein Adressverzeichnis – wirkliche Empfehlungen finden Sie dort nicht. Am besten funktioniert nach wie vor die Mundpropaganda. Fragen Sie aber nur solche Frauen um Rat, die ähnliche Vorstellungen und Ansprüche haben wie Sie. Prüfen Sie überdies, wie viel Behandlung Sie sich wünschen. Einem offenen Beinbruch begegnet man anders als einer Neurodermitis. Vielleicht haben Sie sich schon wieder eine lästige Blasenentzündung zugezogen und möchten einfach nur ein paar Laborwerte und das passende Antibiotikum – dann dürfen Sie jegliche Gaben der Medizin als Dienstleistung betrachten, die Sie mündig in Anspruch nehmen. Oder Sie wünschen sich endlich einmal ein sensibles Gespräch über Ihre Schlafschwierigkeiten. In diesem Fall hätte es wenig Sinn, in einer Krankenhaus-Ambulanz vorzusprechen.

Sekundär und trotzdem wichtig ist zunächst alles Logistische: Bekommen Sie rasch einen Termin? Gibt es Parkplätze? Dürfen Sie Ihr Kind mitbringen? Müssen Sie schon bei der Anmeldung der Helferin alles beichten, Verzeihung, berichten, was Ihnen zu schaffen macht?

Achten Sie auch im Sprechzimmer darauf, wie man Ihnen begegnet. Seit Jahrzehnten wird die Arzt-Patient-Kommunikation erforscht. Neuere Ergebnisse zeigen, dass Patienten nach ungefähr 20 Sekunden zum ersten Mal unterbrochen werden, dass vonseiten des Arztes oder der Ärztin Fragen gestellt werden, die nur mit Ja oder Nein beantwortet werden können, und dass sich die Ärzteschaft gern hinter Fremdwörtern verschanzt. All das dient dazu, das Gespräch so zu strukturieren und zu kontrollieren, dass sich die erste und wahrscheinlichste Diagnose, die von ärztlicher Seite angenommen wird, bestätigt. Informationen, die davon abweichen, versucht der Arzt zu ignorieren.

Ihre Ärztin sollte sich Ihnen schon körpersprachlich zuwenden, gut zuhören und Ihnen wirklich Aufmerksamkeit schenken. Im Ernstfall irritiert Sie dieser Strauß an positiven Eigenschaften so sehr, dass Sie sich genötigt fühlen, trotzdem schnell zu sprechen, damit sich das Sprechstundenkarussell nur ja weiterdrehen kann. Doch bleiben Sie ruhig. Freuen Sie sich daran, dass hier jemand seinen Heil-Beruf ernst zu nehmen scheint. Im Übrigen haben auch Sie wahrscheinlich längst im Internet gegoogelt, was Sie haben könnten. Seien Sie deswegen auch achtsam, wenn es darum geht, eine Eigendiagnose vorzustellen. In einer Welt, in der man nur drei Worte in die Suchmaschine eingeben muss und dafür eine Handvoll Diagnosen erhält, kann nicht nur das Arzt-Patient-, sondern auch das Patient-Arzt-Verhältnis Schwierigkeiten schaffen. Manche Ärzte mögen es nicht, wenn man selbst recherchiert. Gut wäre es deswegen, wenn Sie auch zu jenen Sorgen und Mutmaßungen, die das Internet oder andere Auskunftgeber geschürt haben, Auskunft erhalten und auch in dieser Hinsicht ernst genommen werden.

Eine gute Ärztin wird Ihnen erklären, warum Sie diese oder jene Beschwerden haben. Lassen Sie sich darüber informieren, wie effizient eine Behandlung ist, wie langwierig sie wahrscheinlich sein wird und wie schmerzvoll. Sie sollten sich am Ende in die Lage versetzt fühlen, selbst zu entscheiden, welchen therapeutischen Weg Sie gehen möchten. Selten nämlich geht es um Leben und Tod, und selten gibt es nur eine einzige Lösung für Ihre Beschwerden. Genauso, wie Sie entscheiden können, bei Kopfschmerz eine Tablette zu nehmen und sofort weiterzuarbeiten oder früher nach Hause zu gehen, um sich dort aufs Ohr zu legen, sollten Sie auch die Möglichkeit haben, sich für eine Behandlung zu entscheiden, die zu Ihnen passt.

Ein neues Problem, das die letzten Jahre mit ihren Gesundheitsreformen geschaffen haben, stellen die Individuellen Gesundheitsleistungen (IGel) dar. Schnell lassen diese den Verdacht aufkommen, dass nicht das Wohl der Patienten, sondern eher das des ärztlichen Kontostandes im Mittelpunkt stehe. Im Zuge der IGel-Einführung drängen hie und da bereits Kommunikationsberatungen auf den Markt, die Arzt oder Ärztin gezielt als Teamchef und Unternehmer ansprechen. Dabei haben es sich die wenigsten Mediziner ausgesucht, zu Gesundheitsverkäufern zu werden, und dem medizinischen Eid widerspricht die Fixierung aufs Geld sowieso. Allerdings entsprechen die Individuellen Gesundheitsleistungen tatsächlich oft dem Stand fortschrittlicher Medizin; mitunter kann es sinnvoll sein, sich nicht allein auf jahrzehntealte Methoden zu verlassen.

So ist die IGel-Freudigkeit der Ärzte sehr unterschiedlich. Einige haben ihre Sprechstunden zu einer Art Verkaufveranstaltung umgemodelt. Das ist nicht ehrenrührig – auch Ärzte müssen schließlich von etwas leben. Außerdem reicht das Geld, das ein reiner Kassenarztsitz einbringt, manchmal nicht, um eine große Praxis zu unterhalten; auf Privatpatientinnen und IGel sind Ärzte und Ärztinnen manchmal angewiesen. Machen Sie sich zugleich bewusst, dass die meisten IGel nicht teuer sind. Knapp zwanzig Euro sind zum Beispiel nicht viel für einen Zuckerbelastungstest in der Schwangerschaft. Damit machen Sie niemanden reich.

Wenn Sie schon privates Geld in Ihre Gesundheit investieren, kann es eine Überlegung wert sein, sich alternativen Heilmethoden zuzuwenden, vor allem bei wiederkehrenden Leiden und dann, wenn bislang nichts Konservatives gefruchtet hat und Sie den vagen Verdacht haben, dass Sie eine umfassendere Betreuung brauchen. Bei Allergien, Kopf- und Rückenschmerzen oder Magenbeschwerden können Traditionelle Chinesische Medizin, Osteopathie oder Homöopathie gute Heilerfolge erzielen. Das mag nicht zuletzt daran liegen, dass diese Therapieansätze Krankheiten weniger isoliert betrachten und auch unser Lebensumfeld, die Ernährung und alltägliche Belastungen mit in den Blick nehmen. Gute Schulmediziner tun dies ebenfalls. Mit all diesen Ansätzen ist von Anfang an eine ganz andere Kommunikation möglich – leider selten auf Kosten der Krankenkassen.

Menstruieren

»Die Menstruation ist bei jedem ein bisschen anders«, stand Anfang der 1980er-Jahre auf jeder o.b.-Packung, bis sich Luise F. Pusch der Sache annahm und die Firma ihre Ansage änderte. Denn selbstverständlich ist die Menstruation – von Lateinisch »mens« für »Monat« – bei *jeder* ein bisschen anders. Einige Frauen sind von ihr genervt, anderen macht sie nichts aus. Diese liegen tagelang mit Schmerzen auf der Couch, jene fühlen sich wie neugeboren, sobald sie einsetzt. Manche sind erleichtert, wenn sie menstruieren, wieder andere aus demselben Grund furchtbar traurig: schon wieder nicht schwanger. Und junge Mädchen sehnen ihre erste Menstruation nicht selten herbei.

Viele Völker zelebrieren die erste Menstruation bei ihren Mädchen, weil sie das erste Anzeichen von Fruchtbarkeit darstellt; sie schaffen Räume und Rituale, um die Mädchen auf ihre neue Rolle vorzubereiten. Dass Eltern mit ihren Töchtern essen gehen und feiern, gibt es auch in unseren Breiten. Es bleibt aber die Ausnahme. Meist wissen nur die besten Freundinnen, was läuft, und nur sie bringen auch die notwendige Anerkennung auf.

Früher fand die Menstruation viel offensichtlicher für die nahe Umgebung statt. Vor einem Jahrhundert noch war es schwierig, damit zurechtzukommen, gerade im bäuerlichen Umfeld. Die Frauen trugen keine Hosen. Die Unterwäsche war unbequemer.

Binden wurden aus Stoff hergestellt, mühsam festgesteckt und später gewaschen. Dank moderner Hygieneartikel merkt man heute keiner Frau mehr ihre Periode an. Wie funktioniert dieses komplizierte Regelspiel unseres Körpers nun genau?

Zwei Schaltstellen bestimmen das Zyklusgeschehen. Die eine sitzt im Kopf: die Hirnanhangsdrüse. Die Befehlsempfänger liegen im Bauch, in den beiden Eierstöcken. Diese Drüsen produzieren Hormone, die in die Blutbahn gehen, sodass sie durch den Körper wandern und Informationen weitergeben können.

Bei jungen Mädchen kommt das Zyklusgeschehen nach ungefähr zweijährigem hormonellem Vorlauf in Gang. Im Alter von acht oder zehn Jahren beginnt das Gehirn, in regelmäßigen Abständen Informationen an die Eierstöcke auszusenden, die diese dazu anregen, Östrogene zu bilden. Diese sorgen zunächst für das Wachsen der Schamhaare, der Brustdrüse und für den ersten Ausfluss. Hat der Körper sich genügend vorbereitet, setzt die erste Monatsblutung ein, die sogenannte Menarche. Mütter sollten sich also nicht wundern, wenn ihre Töchter bereits mitten in der Pubertät scheinen, von einer Regelblutung aber noch nichts zu merken ist. Auch Mädchen sollten sich auf keinen Fall grämen, wenn die Klassenkameradin bereits über Tampons fachsimpelt und angebe-

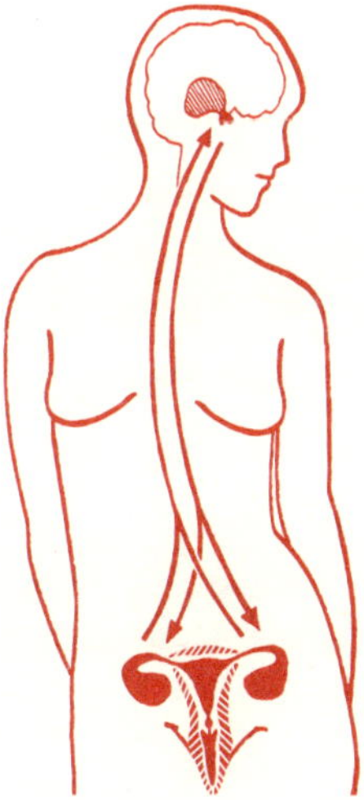

Oben: Im normalen weiblichen Zyklus beginnt direkt nach der Menstruation der Aufbau einer neuen, dicken Schleimhaut in der Gebärmutter, parallel zum Wachsen der Eizelle im Eierstock. Nach dem Eisprung wird diese Schleimhaut in ein stark durchblutetes Gewebe umgewandelt, das »Nest« für die eventuell befruchtete Eizelle.

Unten: Wenn Frauen die Pille einnehmen, findet keine Eizellreifung und kein Eisprung statt, die Periode ist schwächer und es wird viel weniger Schleimhaut gebildet.

risch verkündet, sie sei jetzt zur Frau gereift. Es lässt sich auch nicht sagen, ob eher elf oder eher sechzehn das »richtige« Alter für die Menarche ist. Interessant ist in diesem Zusammenhang eher, dass die Grundschulen meistens gar nicht auf Mädchen vorbereitet sind, die früh ihre erste Periode bekommen. Hygienebeutel auf den Toiletten sucht man dort oft vergebens.

Bis beide Instanzen, die Hirnanhangsdrüse und die Eierstöcke, sich aufeinander eingespielt haben und ein Rhythmus zu erkennen ist, der in etwa dem eines Mondmonats entspricht, kann ein Jahr ins Land gehen. Auch hier werden junge Mädchen manchmal etwas unruhig, vor allem dann, wenn die wenig ältere beste Freundin schon längst die Pille nimmt und auf abzählbare Zyklen eingestellt ist. Der Körper muss aber erst üben und lernen, wie das Ganze vor sich geht.

Unsere Zyklen schwanken meist zwischen einer Länge von 25 bis 35 Tagen. Äußere Einflüsse können die taktgebende Arbeit der Hirnanhangsdrüse jedoch zeitlebens beeinflussen. Der Einfachheit halber wollen aber auch wir hier von einem 28-tägigen Zyklus ausgehen (dabei wird immer von Periodenbeginn zu Periodenbeginn gerechnet), weil das die Erklärung der Vorgänge im Körper erleichtert.

Tritt also keine große Irritation ein oder ist eine Frau mit Gelassenheit gesegnet, läuft der Zyklus folgendermaßen ab: Blut fließt aus, die von der Gebärmutter aufgebaute Schleimhaut wird nicht mehr gebraucht. Der Körper begreift, dass er nicht schwanger geworden ist. Er beginnt noch einmal von Neuem. Die Hirnanhangsdrüse sendet die Botschaft an die Eierstöcke, eine Eizelle so heranreifen zu lassen, dass binnen vierzehn Tagen ein neues Ei daraus springen kann. Die Natur hat es schließlich darauf angelegt, dass wir jeden Monat die Chance haben, schwanger zu werden; wenn es nach ihr ginge, hätten wir alle ein, zwei Dutzend Kinder.

Im Übrigen liegen Eier schon zu Millionen im Eierstock eines neugeborenen Mädchens bereit. Sie warten dort, bis der Körper kräftig genug für die Fortpflanzung ist. Bis dahin gehen Tausende Eier einfach so zugrunde. Mit anderen passiert auch im Laufe des späteren Lebens gar nichts mehr, sie kommen niemals heraus. Bei jedem Zyklusbeginn werden dann gleich mehrere unreife Eier auf einmal an die Startbahn gestellt. Nur ein einziges von ihnen aber – in seltenen Fällen zwei oder drei – kommt zur Reifung. So erklärt sich die riesige Differenz zwischen den Millionen Eiern, die eigentlich im Körper angelegt sind und unauffällig bleiben, und denen, die tatsächlich ins Leben springen. Die Wechseljahre setzen auch nicht ein, wenn alle vorbereiteten Eier aufgebraucht sind, sondern dann, wenn die Hirnanhangsdrüse langsam aufhört, Signale für die Eireifung auszusenden.

In den ersten vierzehn Tagen des Zyklus produziert also einer der beiden Eierstöcke fleißig seine Eibläschen, die sogenannten Follikel. Eines, das Siegerinnen-Ei, wird ca. 20 bis 25 Millimeter groß. Auf dem Höhepunkt des Zyklusgeschehens, vierzehn Tage nach Beginn der Periode, findet eine Art Vulkanausbruch im Kleinen statt. Das Eibläschen platzt, das Ei springt, die Eileiter fangen es auf und führen es weiter. Während der Wachstumsphase wird von der Eizelle Östrogen gebildet, das in der Gebärmutter eine Schleimhaut entstehen lässt, in der es sich eine befruchtete Eizelle gemütlich machen könnte. An der Stelle aber, wo das Ei aus dem Bläschen gesprungen ist, bleibt ein Hohlraum für Zellen, die nun ein anderes Hormon bilden, das Progesteron. Dieses Progesteron hilft ebenfalls mit, die Gebärmutterschleimhaut flauschig aufzubauen; es sorgt gewissermaßen nach Herbergselternart dafür, dass die eben losgelassene Eizelle eine aufnahmebereite neue Heimat findet.

Sollte das Ei nun auf ein Spermium treffen, sollte ein Spermium das Ei finden, dockt das befruchtete Ei in der Gebärmutter an und setzt sich in die Schleimhaut hinein. Dadurch werden über die Blutbahn Botenstoffe an die Herbergseltern gesendet, dass es gut angekommen ist und diese bitte ihre Hilfsstoffe weiterproduzieren mögen. Bleibt das Ei hingegen ohne Spermium, stirbt es ab. Dann findet die Hormonproduktion im Hohlraum

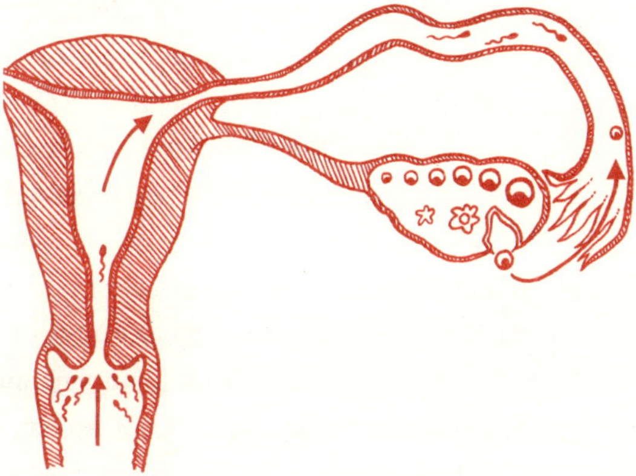

der gesprungenen Eizelle ein Ende, die Schleimhaut, das nicht benötigte Nest, wird abgestoßen, und alles beginnt von Neuem.

Es ist nicht verwunderlich, dass die ständigen Veränderungen im Hormonhaushalt große Wirkung ausüben. Die erste Phase des Zyklus zum Beispiel, in der viel Östrogen gebildet wird, erfahren viele Frauen als produktive, kreative Zeit. Manche von ihnen fangen an, das Haus zu putzen, ihr Leben metaphorisch aufzuräumen, sie sind ideenreicher als noch kurz zuvor, voller Kraft und neuer Energie. Um den Eisprung herum hat diese Phase ihren Höhepunkt; dann ist auch oft die Haut am schönsten und die Lust am größten, den Körper anziehend zu präsentieren.

Wenn dann keine Befruchtung stattfindet und der Körper versteht, dass keine Schwangerschaft eingetreten ist, sinkt sowohl die Östrogen- als auch die Progesteron-Produktion. Auch das macht sich oft körperlich und seelisch bemerkbar. Missmut, Gleichgültigkeit, schlechte Laune treten auf. Manche Frauen haben Kopfschmerzen, ihre Brust spannt, die Waden schwellen an. Alle diese Phänomene werden unter dem Begriff »prämenstruelles Syndrom« (PMS) zusammengefasst. Gegen die Stimmungen, die sich in diesen Tagen einstellen, kann man sich gar nicht immer wappnen. Freilich machen hier nicht alle Frauen dieselben Erfahrungen. Manche merken von Veränderungen während des Zyklus nichts, andere fühlen sich richtig mitgenommen.

Auch bei der Menstruation selbst werden mitunter Schmerzstoffe in die Blutbahn ausgeschüttet, die sie unangenehm werden lassen. Einigen Frauen hilft Ruhe, eine Wärmflasche oder eine Schmerztablette, anderen körperliche Bewegung, weil durch die verstärkte Durchblutung die Schmerzstoffe schneller abtransportiert werden. Mitunter ist es auch angezeigt, hormonell einzugreifen, d. h. die Pille zu nehmen.

Ab Ende dreißig, Anfang vierzig werden Periodenblutungen häufig stärker, mitunter auch länger und schmerzhafter. Irgendetwas ändert sich im Hormongefüge, das die Blutung unangenehmer werden lässt. Viele Frauen entwickeln deswegen eine echte Sehnsucht, nicht mehr zu bluten. Zugleich haben sie oft etwas Respekt vor dem, was auf sie zukommt. Denn die zyklischen Veränderungen gehen mit Beginn der Wechseljahre zurück. Das kann nach drei, knapp vier Jahrzehnten eine große Umstellung bedeuten. Mit der letzten Blutung hören die hormonellen Veränderungen indessen nicht auf. Eher noch spiegeln sich die Anfangsjahre der Geschlechtsreife mit all ihrem Hin und Her – die Blutungen versiegen allmählich, die Haut verändert sich, die Schleimhaut wird trockener, der seelische Haushalt stellt sich um. Noch werden Hormone produziert. Ihre Menge reicht jedoch nicht immer aus, um einen Eisprung auszulösen oder in der Gebärmutter eine Schleimhaut aufzubauen, die dann abgeblutet werden kann.

Einige Frauen empfinden sich in dieser Zeit als lustlos, antriebsarm oder sogar deprimiert. Viele nehmen zu, vor allem dann, wenn sie ihr Ess- und Bewegungsverhalten nicht rechtzeitig auf den veränderten Stoffwechsel einstellen. Andere lassen sich auf das Spiel des Wechseljahre-Schlechtredens gar nicht erst ein. Auch die Zeit regelmäßigen Blutens ist ja schließlich nichts, vor dem sich Mädchen fürchten müssen, auch wenn es noch immer Mütter gibt, die ihnen so etwas suggerieren. Schließlich hat es bei aller positiven Aufregung, die das normale Zyklusgeschehen verschafft, auch Vorteile, nicht mehr in regelmäßigen Abständen Blut lassen zu müssen und sich auf beständige Hormonverhältnisse stützen zu können.

Doch gehen wir noch einmal zurück zum Zyklusgeschehen, das ja eigentlich die Mitte unseres Lebens bestimmt. Eigentlich. Denn häufig ist es so, dass es jahrelang gar nicht an die Oberfläche kommt. Erinnern wir uns zunächst daran, dass es seine Zeit braucht, bis eine junge Frau weiß, wie ihr Körper tickt. Die nächste Mathearbeit, die leise Unstimmigkeit mit der besten Freundin oder der Junge aus der Parallelklasse sind zu dieser Zeit wichtiger. Die meisten Mädchen merken nur, dass sie ungefähr alle vier Wochen beginnen zu bluten. Nach ein oder zwei Jahren fangen viele dann schon damit an, die Pille zu nehmen, die – ganz simpel gesprochen – das Zyklusgeschehen kaltstellt und nur eine Schein-Periodenblutung aufkommen lässt. Dadurch verpassen sie erst recht die Möglichkeit, die Vorgänge in ihrem Körper kennenzulernen. Es gibt aber in diesem Lebensalter keine guten Alternativen; eine Schwangerschaft im Teenageralter kommt in der Regel ungelegen, eine sichere Verhütung ist daher den meisten Mädchen – und Eltern – ein zentrales Anliegen. So greifen viele Mädchen zur Pille.

Wenn sie sie nach zehn oder fünfzehn Jahren absetzen, um schwanger zu werden, erleben sie ihren Zyklus häufig wieder nur für eine kurze Zeit. Erst nach Schwangerschaft und Stillzeit bietet sich vielen Frauen die Chance, ihren Körper und das eigene Zyklusgeschehen in Ruhe kennenzulernen. Häufig sind sie dann überrascht, was der Körper so alles anstellt, wenn man ihm nicht regelmäßig mit Hormongaben beikommt.

Neben allen diesen Aspekten hat die Pille leider auch den Nachteil, dass sie jene körpereigenen Faktoren kaschiert, die den Zyklus und damit auch die Fruchtbarkeit beeinflussen. Wer magersüchtig ist oder übergewichtig, wer unter Schilddrüsenfehlfunktionen leidet oder ständig einen Mega-Stress hat, wird bei Einnahme der Pille gar nicht merken, dass der Zyklus von selbst vielleicht nur noch fehlerhaft ablaufen würde, die Blutung ausbliebe oder andere Schwierigkeiten aufträten. Mitunter denken Frauen sogar, die langjährige Einnahme sei schuld, wenn sie nach Absetzen der Pille zum Beispiel keine Periodenblutung bekommen. Das Gegenteil ist der Fall: Die Pille hat die Zyklusstörung zuvor unsichtbar gemacht.

Mit Einnahme der Pille können wir entscheiden, wann unser Zyklus oder wann eine menstruationsähnliche Blutung stattzufinden hat oder wann wir sie ganz weglassen möchten. Längst gibt es in den USA Ganzjahrespillen, die demnächst auch in Deutschland zugelassen werden. Dass die regelmäßige Blutung bei solcher Dauereinnahme gänzlich ausbleibt, stellt für die meisten Frauen wohl keine Irritation mehr dar. In den Anfangsjahren der Pille, vor einem halben Jahrhundert, wäre es undenkbar gewesen, das Zyklusgeschehen so deutlich zu beeinflussen, dass es auch zur Blutung nicht mehr kommt. Man brauchte die regelmäßige »Menstruation« als Versicherung, dass noch einigermaßen alles beim Alten blieb, zudem vielleicht auch als eine Art Lackmustest, dass es zu einer Schwangerschaft am Ende wieder nicht gekommen war.

Verhüten

Ein wenig ist es mit dem Verhüten wie mit dem Geldanlegen: Es will abgestimmt sein auf die eigenen Wünsche, die finanziellen Möglichkeiten und das Lebensalter. Vor allem aber sollte sich die Verhütung an das individuelle Sicherheitsbedürfnis anpassen. Eine vorsichtige Geldanlegerin kauft sich auch keine hochvolatilen Aktien.

Die Fruchtbarkeit wird unmittelbar vom Hormonhaushalt beeinflusst, und dieser ändert sich im Lauf des Lebens ständig. Nicht immer sind die Veränderungen berechenbar und offenkundig. Eine vierzigjährige Frau mit drei Kindern, die keine weiteren Kinder mehr bekommen möchte, konnte sich vielleicht in den zurückliegenden zehn Jahren ihres Lebens darauf verlassen, dass ihre Zyklen regelmäßig abliefen. Doch in den kommenden Jahren wird sich das ändern. Der Zyklus wird nicht mehr so stabil sein wie zuvor – eine normale Erscheinung dieses Lebensalters. Eine Schwangerschaft jedoch bleibt auf Jahre noch möglich. Nur um ein paar Tage muss sich der Eisprung aufgrund der langsamen Annäherung an die Wechseljahre verschieben, schon wäre diese Frau bei Verhütung nur durch Zyklusbeobachtung schwanger. Erst wenn sie ein oder zwei Jahre blutungsfrei geblieben ist, kann sie davon ausgehen, nicht mehr fruchtbar zu sein.

Junge Mädchen von fünfzehn oder sechzehn Jahren hingegen, die noch keine Zeit hatten, ihr Zyklusgeschehen in Ruhe kennenzulernen, werden vor allem auf die Pille setzen. Die meisten Teenager haben auch keine Vorbehalte gegen Hormone. Eher stört sie ihre Vergesslichkeit, das Problem, die Pille regelmäßig einzunehmen. Frauen in den Dreißigern wiederum sind der Pille gegenüber oft reserviert eingestellt und greifen auch auf andere hormonelle Methoden ungern zurück. Allerdings haben sie einen verlässlich ablaufenden Zyklus, der es ihnen erlaubt, sich bei der Verhütung auf Methoden der Natürlichen Familienplanung (NFP) zu verlassen. Und dann fällt es ihnen meist auch leichter, das Risiko in Kauf zu nehmen, überraschend schwanger zu werden, dann nämlich, wenn der Zyklus doch einmal Kapriolen schlägt.

Typischerweise werden Verhütungsmethoden in hormonelle und nicht-hormonelle eingeteilt. Hormonelle Verhütungsmittel wie die Pille greifen in das Zyklusgeschehen ein, in das Hin und Her zwischen Hirnanhangsdrüse und Eierstöcken. Auch das Hormonpflaster oder der Vaginalring, der für drei Wochen in die Scheide eingesetzt wird, sondern Hormone ab, die den Eisprung verhindern.

Die Pille wirkt zwar nicht mehr so massiv wie vor Jahrzehnten, als Frauen die drei- bis fünffache Dosis an Inhaltsstoffen einnahmen. Heute hat sie zum Beispiel kaum noch Einfluss auf das Körpergewicht. Meist hilft sie sogar gegen unreine Haut. Doch bleiben Nebenwirkungen zu spüren. Die Pille sorgt etwa dafür, dass das Hochgefühl der ersten Zyklushälfte sich nicht einstellt. Bei der Einnahme von hormonellen Verhütungsmitteln kann es auch zu überraschenden Begleiterscheinungen kommen, etwa dazu, dass der Geruchssinn sich verändert. In krassen Fällen mag eine Frau ihren Mann nicht mehr riechen, obwohl sie doch gerade die Pille abgesetzt hat, um schwanger zu werden.

Langfristiger funktioniert die Dreimonatsspritze, die in die Pobacke gesetzt, oder das Hormonstäbchen, das für drei Jahre in den Oberarm eingepflanzt wird. Hormonell, doch nicht eisprungunterdrückend, wirkt auch die Hormonspirale. Sie kann für maximal fünf Jahre in die Gebärmutter eingelegt werden und verhindert dort das Einnisten eines befruchteten Eis. Zu den angenehmen Effekten gehört, dass die Hormonspirale die Stärke der Periodenblutung erheblich abschwächt, was wiederum dafür sorgt, dass sie sicher sitzt und nicht – wie etwa die Kupferspirale – durch eine starke Blutung verrutschen kann.

Das Einnisten des befruchteten Eis verhindert auch eine Verhütungsmethode, die nur in Notfällen angewandt werden sollte, weil sie eine enorme Belastung für den Körper darstellt: die Pille danach, die bis zu zwei Tage nach ungeschütztem Sex eingenommen werden kann. Auch sie wandelt die Gebärmutterschleimhaut so um, dass sich kein Ei einnisten kann.

Zu den nicht-hormonellen Methoden gehört das Kondom für den Mann. Seit geraumer Zeit gibt es auch das Kondom für die Frau, mit dem sie ihre Scheide von innen mit einer Art Plastikplane auskleiden kann. Das Kondom für die Frau scheint allerdings selten benutzt zu werden. Auch das Diaphragma, eine Gummischeibe, die den Muttermund abdichtet, hat seine Hochzeit wohl hinter sich. Das Diaphragma wird mit spermizider Creme bestrichen und vor dem Sex eingeführt. Die Portiokappe, die vom Arzt oder der Ärztin gleich nach der Periode eingesetzt und erst kurz vor der nächsten wieder herausgenommen wird, ist so etwas wie ein Tässchen ohne Henkel, das nun über dem Muttermund sitzt. (Im Übrigen kann man ähnliche Tässchen auch als Menstruationshygiene benutzen und so die Abfallberge vermeiden, die durch Wegwerfartikel entstehen. Man leert es während der Blutungstage einfach regelmäßig aus, spült es unter fließendem Wasser und setzt es sich wieder ein.)

Auch die Kupferspirale arbeitet mechanisch. In der Gebärmutter sitzend, stellt sie eine Barriere dar, die verhindert, dass sich ein Ei einnistet. Der Kupferdraht macht die Spermien überdies weniger beweglich. Allerdings muss, wer sich die Kupferspirale einsetzen lässt, mit einer stärker werdenden Menstruation rechnen.

Bevor wir zur Natürlichen Familienplanung gelangen, rasch noch ein abfälliges Wort zum Thema »spermizide Zäpfchen und Cremes«. Beide sind als Verhütungsmethode untauglich. Dann doch lieber noch etwas zum Thema »Sterilisation«. Männer und Frauen gleichermaßen können sich operativ unfruchtbar machen lassen. Eine Sterilisation ist jedoch so gut wie irreversibel; eine sterilisierte Frau kann eigentlich nur noch durch künstliche Befruchtung schwanger werden.

Schließlich also die Natürliche Familienplanung, die nur etwas für Frauen ist, die mit einem gewissen Risiko leben können und Spaß an der Beobachtung von Blut und Schleim haben sowie am regelmäßigen Messen ihrer Körpertemperatur und am Führen eines Kalenders, der es ihnen ermöglicht, aus dem Vergangenen Rückschlüsse für die Zukunft zu ziehen. Zumindest ein paar Monate lang sollte ein solcher Kalender geführt werden. Danach geht es auch mit stichprobenartigen Kontrollen.

Unter NFP fällt übrigens auch die Verwendung von Hormoncomputern. Sie sind nicht ganz billig, und für Frauen, die gelernt haben, die Vorgänge in ihrem Körper zu deuten, bringen sie keinen Erkenntnisvorsprung. Andere mögen den Computer, weil er das Abschätzen der eigenen Fruchtbarkeit erlaubt, ohne dass sie deswegen ihren Zyklus penibel beobachten müssen. Ursprünglich wurden Hormoncomputer für Frauen ersonnen, die schwanger werden wollten, aber natürlich geht es auch andersherum, wie überhaupt das Wissen um die Zyklusphasen auch jenen Frauen nützt, die ein Kind bekommen möchten.

Zunächst gilt es, die Länge des eigenen Zyklus zu bestimmen. Der erste Tag ist der erste Tag der Blutung, der letzte Tag jener vor dem Einsetzen der nächsten Blutung. Gut wäre es, wenn die Zyklen der Länge nach nicht mehr als ein oder zwei Tage variieren. Keinesfalls soll hier so getan werden, als ob nur der superregelmäßige Zyklusablauf richtig und erstrebenswert sei, schließlich ist das Leben anstrengend, und der Zyklus passt sich daran an. Aber das Heraussuchen der fruchtbaren Tage fällt mit einem regelmäßigen Zyklus leichter.

Nach der Periode ist die Scheide einige Tage trocken und fängt dann erst an, wieder feuchter zu werden. Von Tag zu Tag wird das Scheidensekret ein wenig durchsichtiger, eiweißartiger und spinnbarer. Es gibt dann in jedem Zyklus einen Zeitpunkt, an dem es geradezu aus dem Körper heraussuppt, einen Tag der maximalen Spinnbarkeit. Die Fäden, die sich dann mit den Fingern aus dem Sekret ziehen lassen, können bis zu zehn Zentimeter lang werden. Typischerweise findet an genau diesem oder am Tag danach der Eisprung statt. Danach geht die Menge des Ausflusses auf einmal zurück. Zumindest wird er, bis die Periode schließlich einsetzt, wieder zähflüssiger, auch undurchsichtiger.

Absichern kann man die Beobachtung des eigenen Eisprungs, indem man täglich gleich nach dem Aufwachen die Körpertemperatur misst. Ob anal, vaginal oder unter der Zunge, ist egal, Hauptsache, die Stelle bleibt immer gleich. Nur das Messen unter der Achsel ist unzuverlässig. Diese täglich gemessene Temperatur wird zunächst ebenfalls über ein oder zwei Zyklen beobachtet und aufgezeichnet. Besonderheiten wie Krankheit, Fieber, Schlaflosigkeit oder durchzechte Nächte sollten vermerkt werden, weil sie Einfluss auf die Körpertemperatur haben. Ein typischer Temperaturverlauf zeigt eine gleichbleibend hohe Temperatur an, die nach etwa vierzehn Tagen um 0,5 bis 1 Grad nach oben schnellt. Wenn Sie beispielsweise vorher eine tägliche Temperatur von 36,1 Grad gemessen haben und plötzlich bei 36,8 oder 36,9 Grad landen, wissen Sie, dass das Ei gesprungen ist. Leider gibt die Temperaturkurve nur im Nachhinein Aufschluss über den Eisprung; das Steigen der Körpertemperatur hängt mit dem gestiegenen Progesteronspiegel zusammen.

Auch wenn das Temperaturmessen nun witzlos erscheinen könnte (schließlich zeigt es den Eisprung erst an, wenn er längst vorbei ist) – zusammen mit der Schleimbeobachtung hilft es, den Tag des Eisprungs zu bestimmen. Ist dieser Tag einmal festgelegt, ist auch offenkundig, wann genau verhütet werden sollte, nämlich eine Woche vor dem Eisprung und für die Dauer von 36 Stunden nach dem eindeutigen Temperaturanstieg.

Sex

Alles in allem und vernünftig betrachtet, haben Sie nur den einen Körper. Was an Lust für Sie erreichbar ist, bemisst sich an seinem Vermögen; Sie können nur Ihre eigenen Empfindungen haben, nicht die jeder Shampoo- und Eiscreme-Reklame oder jene, von der Anaïs Nin, Benoîte Groult und Catherine Millet sprechen oder wie die französischen Damen auch heißen mögen, die es zu erotischer Literatur im gehobenen Segment haben kommen lassen. Vielleicht stört es Sie, dass Sie sich beim Sex auf sich selbst begrenzen sollen. Doch was anderer Leute Körper spüren, interessiert nicht, und das, was für Sie und Ihren Körper maximal drin ist an Erotik, all das können Sie haben.

Hören Sie also auf, von den »Stunden um Stunden der Lust« zu träumen, von denen Sex-Gurus sprechen, vergessen Sie die Kontaktanzeigen im hinteren Drittel Ihres Stadtmagazins, aus denen der Lustsaft nur so herausläuft, ja, geil, direkt auf den Schoß: Schön und gut für die tollen mittleren Zyklustage, an denen es manche Frauen so sehr nach Sex verlangt, dass sie versonnen Phalli zeichnen, auf dem Büroklo masturbieren oder am liebsten vor den nächsten Baum im Stadtpark springen würden. Aber nichts für den ganz normalen Sex.

Fangen wir langsam an. Sex handelt von Nähe. Der implizit vereinbarte Abstand zwischen zwei Personen bemisst sich im öffentlichen Leben auf wenige Dutzend Zentimeter. Im arabischen Raum, wo Geschäftsleute gern so dicht beieinanderstehen, dass sie den Atem des Gesprächspartners spüren, ist es weniger, in den USA, wo sich Menschen schon entschuldigen, wenn sie in großzügig dimensionierten Supermarktgängen aneinander vorbeigehen, mehr. Wer die von einer kulturellen Gemeinschaft vereinbarte Distanz ohne Legitimation unterschreitet, schafft eine der inzwischen selten gewordenen Gelegenheiten für einen totalen Tabubruch. In unseren Breiten ist dieser bereits vollzogen, wenn man zu dicht an einen Gesprächspartner herantritt, sich auf einer Schwimmbadwiese zu nah neben fremde Leute legt oder in der Straßenbahn auf dem Schoß der Sitznachbarin Platz nimmt. Man kennt sich schließlich nicht, der Mensch ist ein Tier, Distanz tut not.

Um wie viel extremer mutet die Nähe an, die man eingeht, wenn man eine Person umarmt, wenn Haut auf Haut trifft, man nackt zusammen ist oder gar die Körper ineinander steckt und schließt. In all diesen Fällen geht es um Grenzüberschreitung: Wenn alles gut geht, wird diese als ungemein lustvoll empfunden.

Woher aber kommt die Lust? Das hängt einerseits davon ab, wie lüstern der eigene Körper wird, wenn kein Stress droht, von nirgends, alle gröberen Bedürfnisse befriedigt sind und das Wetter schön ist, die mittägliche Brise lau, die Sonne warm. Der Wunsch nach Sex kann hochsprudeln wie die diffuse Lust auf Vollmilchschokolade, aufs Schlafen oder auf irgendwelche Unternehmungen. Andererseits kann Lust von außen geweckt werden. Wer frisch verliebt ist, zerfließt im Angesicht des anderen, verzehrt sich danach, zu umschlingen und selbst umschlungen zu werden, kurz, ebenjene Grenzüberschreitungen im Exzess zu gewähren und zu vollziehen, die andernorts und mit anderen Personen tabu sind. Es ist herrlich, geliebt und begehrt zu werden und sich zu öffnen, einen neuen Menschen zu entdecken und zu erobern; man kommt ihm schneller näher als irgend sonst möglich und denkbar. Sprengsatzartig wird die Gemengelage, wenn beides aufeinandertrifft, die Hormone und die günstigen äußeren Umstände: selige Zeiten, in denen nichts süßer, tiefer, wichtiger und lustvoller erscheint, als jetzt und hier und sofort miteinander zu schlafen.

Diesem Innen-Außen entspricht eine gewandelte Metaphorik. Früher hat man Sex im Sinne eines Dampfkesselmodells verstanden. Gerade für Männer galt, dass Druck regelmäßig abgelassen werden musste – noch heute lassen sich Frauen Schuldgefühle aufdrängen, wenn er, der Mann, mal wieder eine Erektion hat und nicht sofort Befriedigung findet. Heute wird Sex mehr als gemeinschaftlich-gegenseitiges Handeln und Erleben begriffen, bei dem beide für sich selbst Verantwortung übernehmen.

Idealerweise gelingt das so, dass es zu einem fantasiereichen, erfinderischen, für beide erfüllenden Akt kommt. Statistisch wahrscheinlich ist es jedoch nicht, im Bett alle zwei Tage den Himmel voller Geigen und die Englein singen zu hören, und das in ständig ansteigender Intensität. Mehr Zufriedenheit schafft es, damit vorliebzunehmen, dass Qualität mehr zählt als Quantität, dass erfüllter, zutiefst befriedigender Sex keine Alltagsware sein kann und zwischen immer toller werdenden Nächten auch einige lagern müssen, in denen es eher gewöhnlich zugeht.

Dabei können Sie einiges dafür tun, dass Ihr Erleben tiefer und lustvoller wird. Vertrauen Sie Ihrem Körper und Ihrem biologischen Lebenslauf – Sex in den Dreißigern und Vierzigern macht mehr Spaß als davor. Betrachten Sie Sex als ein großes, unendliches Spiel für Erwachsene. Freuen Sie sich auf die ersten Zyklushälften, weil die Hormone Sie regelrecht zuschütten mit Unternehmungs-Lust. Leider gilt auch das Umgekehrte: Für Frauen, die die Pille einnehmen, tritt an die Stelle des Auf und Hurra, das die Vorbereitung des Eisprungs jeden Monat mit sich bringt, ein ziemlich gleichförmiges Körpergefühl.

Berühren Sie sich selbst. Schaffen Sie Zeit für ausgedehnte Fantasien. Das ist nicht nur erquicklich, weil Sie sich vorstellen dürfen, wie es wäre, Ihren missmutigen Vorgesetzten nach Domina-Art in die *bondage* zu nehmen oder mit dem jungen Marlon Brando eine brandheiße Nacht zu verbringen, sondern vor allem deswegen, weil Sie nur so spüren können, auf diese bedächtige, immer wieder Ruhepausen einlegende Weise, wie Ihr Körper funktioniert und worauf er besonders gut reagiert.

Sie kennen ihn, wer hätte das gedacht, nämlich besser als Ihr Partner. Erhoffen Sie sich also lieber von sich selbst als von Ihrem Gegenüber, immer neue Empfindungs-Räume für sich zu erschließen. Die Sie dann gemeinsam mit ihm beschreiten können. Es ist zwar ein hübsches Denkmodell, aber dennoch eher ein Glücksfall, wenn ein Liebhaber Sie an die Hand nimmt: »Er führte sie in ein erotisches Fantasialand, das sie bis dahin nicht gekannt hatte.« Das ist nichts weiter als die Fortführung des Bildes von der zurückhaltenden Kindfrau, deren Begierden nur von außen geweckt werden dürfen. Besser, Sie wissen selbst, wo es für Sie langgeht und welche Früchte und Blumen Ihr ganz persönliches Fantasien ausmachen. Ihre eigene Genussfähigkeit wird die seine nur noch mehr anstacheln.

Zum ganz normalen Leben gehört allerdings auch die Lustlosigkeit. Weil es inzwischen von jeder Häuserwand, jeder Bushaltestelle und jedem Werbespot »Sex« hinunterschreit, könnte man glatt auf die Idee kommen, dass Lustlosigkeit nur die Teigigen ergreift, die Blassen, Unscheinbaren und Unglücklichen. Das stimmt aber nicht. Lustlosigkeit kann es immer mal wieder geben. Was tun, wenn sie im eigenen Haushalt Station macht?

Stellen Sie sich vor, Sie kommen erschöpft von der Arbeit nach Hause. Der Tagestrubel hat Sie mürbe gemacht; Sie würden den Abend am liebsten in eine Wolldecke gekuschelt beenden. Nun sind Sie aber zu einer Cocktailparty eingeladen. Lust haben Sie keine, aber Sie wissen, dass man Sie erwartet. Also machen Sie sich zurecht und gehen hin. Und was passiert? Es wird nett; Sie amüsieren sich vortrefflich und sind hinterher froh, sich aufgerafft zu haben.

Vielleicht ist es mit der Lust auf Sex ähnlich. Lustlosigkeit an sich ist zunächst kein Problem. Sie wird es erst, wenn bei einem Paar einer oder eine mehr Lust hat als die andere Person. Dann stellen sich Fragen: Was ist normal? Wie viel Sex sollte ein Paar haben, und wie gewöhnlich ist es, dass das Ganze mit der Dauer einer Paarbeziehung nachlässt? Grundsätzlich gilt hier allerdings, dass gar nichts gilt. Was für die einen richtig ist, mag den anderen zu viel sein, zu wenig oder was auch immer. Solange beide miteinander zufrieden sind, ist alles in Ordnung.

Oft eben hat aber eine Person mit der Zeit weniger Lust auf Sex als die andere. Mitunter entwickelt sie sogar raffinierte Sexvermeidungsstrategien; ganze Rituale können sich einschleichen, »Ich bleibe im Bad, bis er/sie eingeschlafen ist« oder »Ich ziehe extra Wollsocken an, damit ich nicht sexy wirke«. Es geht bei der Lustlosigkeit nie um »die lustlose Frau« oder »den lustlosen Mann«, sondern stets um »das lustlose Paar«. Lustlosigkeit betrifft beide, weil sie auch erst durch eine bestimmte Interaktion des Paars geprägt wird. Auf den ersten Blick wirkt es zwar, als sei es allein die sexvermeidende Person, die unter Druck steht. Sieht man jedoch genauer hin, behält gerade sie oder er die Zügel in der Hand, fällt also die Entscheidung, wann und wie oft Sex überhaupt stattfindet: eine machtvolle Position, auch wenn sie ohnmächtig anmutet.

Die Ursachen für Lustlosigkeit sind vielfältig. Dennoch gibt es einige grundsätzliche Faktoren. Studien haben gezeigt, dass die Koitusfrequenz bei Paaren unabhängig vom Alter der Partner mit der Dauer der Beziehung sinkt, was heißen kann, dass 30-Jährige nach sechs bis zehn Jahren Beziehungsdauer seltener miteinander schlafen als 60-Jährige nach zwei bis fünf Jahren.

Hinzu kommt, dass sich die Bedeutung der Sexualität mit der Dauer der Beziehung wandelt. Am Anfang dient Sex der gegenseitigen Bestätigung; alles ist neu, aufregend und spannend, das Miteinander-Schlafen gibt der frischen Beziehung viel Halt. Nach der ersten großen Phase der Verliebtheit wird Sex eher zu einem Bestandteil des Alltags. Bindung und Sicherheit mögen inzwischen durch Familiengründung, geteilte Interessen, gemeinsames Wohnen und andere Rituale gewachsen sein.

Dabei passiert es häufig, dass das Interesse an Sex bei Frauen vom Verlangen nach Zärtlichkeit und Intimität abgelöst wird. Dagegen bleibt der Wunsch nach regelmäßigem Sex bei Männern offenbar über die Dauer einer Beziehung stabil. Ob das einem archaischen Rollenverständnis entspricht, das wir alle in uns tragen, sei dahingestellt – solange die Unterschiede nicht zu groß werden, kommen Frauen in der Regel gut damit zurecht. Wenn die Wünsche aber zu sehr auseinanderklaffen, die Lustlosigkeit auf der einen Seite immer offensichtlicher, das Werben und Drängen auf der anderen immer stärker wird, wird die einst als schön erlebte Sexualität zum Problem.

Oft wird dann im Rückblick idealisiert, der einstige Sex wie eine Heiligkeit auf einen Sockel gestellt, den wieder zu erreichen es immer schwieriger erscheint. Das macht die Situation nicht besser. Manchmal hilft hier der Versuch, den Sex vom Sockel des Einmaligen, absolut Wunderbaren herunterzuholen und wieder zuzulassen, dass das Ganze auch langweilig, lustig oder mäßig prickelnd sein darf. Dann kann man sich langsam wieder darantrauen. Und dann ist es auch keine Katastrophe, wenn es beim nächsten Mal nicht sofort wieder bombastisch wird: wie die Cocktailparty, die eben auch einmal ganz nett sein darf und nicht umwerfend sein muss, um Spaß zu machen.

Kinder haben

Pro	Kontra
Sie quieken so süß, wenn man sie kitzelt, und man kann schön mit ihnen herumalbern	Sie werden krank, verschlucken sich oder fallen von Bäumen
Erwachsen werden, Verantwortung tragen	Wenig Schlaf und chronische Müdigkeit
Im Hier und Jetzt sein	Kinderfeindliche Welt: Krieg, Umweltkatastrophen, Ungerechtigkeiten
Über ihre Putzigkeit lachen	Sich zum Sex verabreden müssen
In der Schlange beim Großevent mit dem Kinderwagen nicht drei Stunden warten müssen	Kinder sind Weltmeister im Undank. Man tut alles für sie und sie schreien nach *mehr*
Neue Freunde: Die Eltern anderer Kinder, und man darf im Schwimmbad ins warme Babybecken	Wenig Zeit zum Alleinsein, damit verbunden wenig Zeit zum Nachdenken und Entwickeln beruflicher Perspektiven
Beim Erziehen muss man sich ständig entscheiden und wird sich dabei seiner Werte bewusst	Zu viel Arbeit. Vor allem Frauen verlangt die Aufzucht enorme körperliche Leistungen ab
Die alten Familiendramen noch mal durchleben	Die alten Familiendramen noch mal durchleben

Pro	Kontra
Nackedeis, die in der Wohnung herumspringen	Langweilige Entwicklungsgespräche auf den Spielplätzen: »Ach, wie alt ist sie denn?« »Unser Lukas ist ja mit elf Monaten gelaufen.«
Zu wissen, dass die TH-Twins Bill und Tom totale »Drinnis« sind, die nie zelten würden, weil sie Angst vor Spinnen haben	Früh aufbrechen, weil die Kinder ins Bett müssen
Eine neue Sprache erfinden	Die eigenen Träume auf die Kinder projizieren
Jeden Tag Eis essen	Jahrelang in Klamotten herumlaufen, die wie ein benutztes Küchenhandtuch aussehen

Keine Kinder haben

Pro	Kontra
Zeit haben für sich	Kindisch bleiben und die eigenen Eltern nicht zu Großeltern machen
Sich hübsch machen am Sonntagnachmittag, Geld für überflüssige Sachen ausgeben und sich einen Rausch antrinken können	Sich selbst zu wichtig nehmen, sich ausschließlich über die Arbeit definieren und die Bedeutung der Karriere überschätzen
Sich auf Abenteuer aller Art einlassen können	Sich sinnlos fühlen und dem Ticken der biologischen Uhr lauschen
Mit vielen verschiedenen Personen Sex haben	Nie Sex mit Empfängnis haben und nie schwanger sein
Viele gute Bücher lesen, oft ins Theater gehen und kulturell, politisch und gesellschaftlich auf dem Laufenden sein	Gestylte Wohnung und die Gefahr der ästhetischen Zwangsneurose
Dem Weltuntergang gelassen entgegensehen und Porsche fahren	Vor lauter Langeweile zu viel Fernsehen gucken
Zeit und Lust haben, um mit den Kindern der Freunde zu spielen	Nicht für jemanden sorgen
Einen Job in Hongkong annehmen können	Sich ständig zwischen zu vielen Optionen entscheiden müssen

Einer Niederkommenden beistehen

Eine Freundin hat Sie gebeten, bei ihrer Geburt dabei zu sein? Ein großer Vertrauensbeweis, denn eine Geburt ist eine Grenzerfahrung und ein enormer Kraftakt. Körper und Seele sind im Moment der Geburt eins; die Trennung, die wir in unserem alltäglichen Leben normalerweise aufrechterhalten, verschwindet unter der Geburt – seelisches Erleben ist körperlich und körperliches ist seelisch. Die Gebärende verliert sich selbst, damit sie sich öffnen kann für einen neuen Menschen. So etwas tut weh und macht natürlich auch Angst. Deshalb ist es gut, wenn Sie wissen, wie so eine Geburt im Normalfall abläuft. Das erste Anzeichen für die bevorstehende Geburt kann sein, dass Ihre Freundin anfängt, Rechnungen, Quittungsbelege und Kontoauszüge zu sortieren.

Sie finden, das ist keine geeignete Beschäftigung für eine Hochschwangere? Doch! Halten Sie sie nicht ab, sondern helfen Sie ihr. Sie ist dabei, letzte Dinge zu erledigen. Vielleicht bekommt sie auch einen Putzfimmel, will endlich die Garage ausmisten oder näht Gardinen fürs Kinderzimmer. Helfen Sie ihr in jedem Fall. Ihre Freundin bereitet sich damit auf die Geburt vor. Erst, wenn das alles erledigt ist, kann es losgehen.

Aber wie geht es los?

Der hochschwangere Uterus ist der stärkste Muskel des

menschlichen Körpers. Bei einer Wehe zieht sich der Gebärmuttermuskel um das Kind zusammen und schiebt es so nach unten zum Ausgang des Beckens. Nur Wehen, die von oben nach unten verlaufen, haben diesen gewünschten Effekt. Diese Phase der Geburt nennt sich Eröffnungsphase, denn unter dem Druck, den der unten liegende Kopf des Kindes auf den Gebärmutterhals ausübt, öffnet sich dieser, ähnlich wie bei einer Massage, wo sich, wenn man einen Muskel gekonnt an der richtigen Stelle drückt, der gesamte Muskel entspannt. Das ist wichtig, denn nur, wenn sich der Gebärmutterhals mit dem Muttermund zehn Zentimeter öffnet, kann das Kind hindurch. Die Frau spürt all dies durch ein Ziehen in der Scheide, das mit der Zeit immer intensiver wird. Das ist ein gutes Zeichen und bedeutet keine Gefahr. Es darf auch ein bisschen bluten, die Flecken können bis zu handtellergroß werden.

Im Englischen heißen die Wehen *labour* und das sind sie auch – harte Arbeit. Ihre Rolle als Beistehende in dieser Phase ist es, dafür zu sorgen, dass die Frau in Ruhe arbeiten kann. Sie soll schön ihre Wehen singen und den Mund aufmachen; das öffnet. Meistens ist man zu diesem Zeitpunkt noch zu Hause. Alles Fremde, Störende, Überraschende sollten Sie also fernhalten. Anrufer, Besucher vertrösten Sie auf später, die Post nehmen Sie entgegen. Sie sollten dafür sorgen, dass sich Ihre Freundin ganz auf sich selbst konzentieren kann. Vielleicht möchte sie ein Bad nehmen. Vielleicht entspannt das, die Wehen legen sich wieder, dann ist es noch nicht so weit. Es kann aber auch sein, dass die Wehen in der Badewanne richtig in Schwung kommen. Vermeiden Sie intellektuelle Debatten und bleiben Sie im Hintergrund.

Tun Sie so, als ob sie beschäftigt sind. Die Gebärende soll sich nicht beobachtet fühlen.

Mit einem Ohr hören Sie, wie sich die Dinge entwickeln und ob es vielleicht Zeit für den Aufbruch in die Klinik ist. Sicher kennen Sie die Regel »alle vier Minuten eine Wehe, dies über zwei Stunden«. Nur leider hält sich die Natur nur in Ausnahmefällen daran. Sobald sich aber eine Regelmäßigkeit einstellt, die Wehen also regelmäßig kommen, sollte man daran denken, in die Klinik zu fahren oder die Hebamme anzurufen, wenn die Geburt zu Hause geplant ist. Aber auch hier gilt vor allem der Wunsch der Frau. Wenn sie das Gefühl hat, dass es Zeit ist, dann sollten Sie gemeinsam professionellen Beistand suchen.

Die Eröffnungsphase wird von der Übergangsphase abgelöst. Hier herrscht ein großes Durcheinander. Die Eröffnung ist vorbei, aber die Austreibung hat noch nicht begonnen. Jetzt kommt es oft zu Erbrechen oder Durchfall. Das ist in diesem Moment nicht krankhaft: Der Körper entledigt sich aller anderen Aufgaben, um sich voll auf die bevorstehende Herausforderung konzentrieren zu können. Die Gebärende hat nun oft Angst: »Ich sterbe.« Sie hat keine Lust mehr: »Macht eure Scheiß-Geburt allein!« Sie will zu ihrer Mama. Sie ist wütend: »Fass mich nicht an!« All das sind mögliche Reaktionen in der Übergangsphase.

Für Sie als Freundin bedeutet das, dass Sie ab jetzt eine andere Rolle einnehmen. Die Hebamme oder der Arzt, die Ärztin haben den professionellen Part übernommen. Ihnen fällt nun die Aufgabe zu, ihr schwesterlich zur Seite zu stehen. Lassen Sie sich von der Angst, Wut, Frustration nicht anstecken. Ihre Freundin wird nicht sterben. Alles wird gut, und vor allem wird es auch bald vorbei sein. Ihre Aufgabe ist es, enthemmend zur wirken. Sprechen Sie alle Peinlichkeiten aus, die sich gerade abspielen, Pupsen, Kacken, Schreien. Ihre Freundin soll es nicht durch falsche Scham und zivilisatorische Etikette extra schwer haben. Singen Sie mit ihr die Wehen. Denn sie muss sich nun auf die Austreibung konzentrieren und die Wehenkraft durch eigenes Mitschieben unterstützen. Lassen Sie sich anbrüllen und in den Arm kneifen. Feuern Sie sie an. Sprechen Sie ihr Mut zu, noch einmal auf Kommando mitzupressen, auch wenn sie denkt, es geht nicht weiter.

Dann wird mit einem Mal der Kopf erscheinen, und mit der nächsten Wehe rutscht der Körper hinterher. Bleiben Sie nun bei Ihrer Freundin. Beherrschen Sie Ihre Sensationslust und schauen Sie nicht zwischen ihre Beine, halten Sie sie einfach fest. Die Hebamme wird das Kind der Mutter gleich auf den Bauch legen. Lassen Sie die Mutter und den Vater mit ihrem Baby sein.

Treten Sie einen Schritt zurück. Sorgen Sie für Wärme, Ruhe und Dunkelheit. Drehen Sie das Licht herunter, schließen Sie die Fenster. Später, wenn der Mutterkuchen kommt, können Sie ihr das Neugeborene abnehmen, vielleicht muss dann noch eine Wunde versorgt werden. Eine Geburt ist erst vorbei, wenn der Mutterkuchen da ist. Es ist schön, wenn der Vater sein Kind nach der Geburt berührt. Das mag in der Aufregung und Geschäftigkeit untergehen, vielleicht können Sie darauf achtgeben, dass sich eine solche Gelegenheit ergibt. Und schließlich dürfen Sie gratulieren und etwas zu Essen servieren.

HORMONE

Der Ausnahmecharakter einer Geburt zeigt sich auch im Hormonspiegel aller daran Beteiligten. Zwei Stoffe spielen dabei die Hauptrolle: Adrenalin und Oxytozin. Adrenalin wird ausgeschüttet, wenn es darauf ankommt, extreme körperliche Anstrengungen zu bewältigen, wie zum Beispiel einen Marathon oder eben eine Geburt. Adrenalin setzt Kräfte frei, über die wir im Alltag nicht verfügen, beschleunigt den Herzschlag und steigert die Durchblutung. Der andere Stoff, das Oxytozin, wird auch »Bindungshormon« genannt. Es wirkt allgemein entspannend und beglückend. Nur nicht auf die Gebärmutter – die zieht sich unter Oxytozin zusammen. Oxytozin findet sich in erhöhten Konzentrationen auch bei stillenden Frauen oder bei Männern, die beim Geschäftsessen zusammensitzen. Die Kuschel-Wirkung des Oxytozins wirkt sich nicht nur beim Gebären positiv aus, sondern auch beim Abschluss geschäftlicher Verträge.

Nie wieder allerdings ist die gleichzeitige Konzentration von Oxytozin und Adrenalin so hoch wie bei unserer eigenen Geburt. Nur durch die Kombination dieser beiden Stoffe ist es für das Kind möglich, den Kraftakt zu bewältigen, den es bedeutet, geboren zu werden. An zweiter Stelle kommt die Gebärende. Auch bei ihr kreisen die beiden Stoffe in höchster Dosierung. Das bewirkt, dass sie während der Wehe eine ungeheure Kraft entwickelt, in der Wehenpause aber sogleich in einen Zustand totaler Entspannung verfällt, um Kraft für die nächste Wehe zu sammeln. Auch bei Ihnen als Beistehender ist der Oxytozingehalt erhöht. Sie werden also für die Aufregung, die Ihnen zugemutet wird, durch beglückende Hormone entschädigt. Bei gutem Sex wird übrigens ebenfalls Oxytozin ausgeschüttet. Der Kalauer einer Frau über ihr Geburtserlebnis »Ich kam wie noch nie – und zwar nieder« ist also durchaus ernst zu nehmen. Trotzdem bleibt die orgiastische Geburt, bei der die Gebärende bauchtanzend und stöhnend ihr Kind zur Welt bringt, leider die Ausnahme.

STURZGEBURT

Eine Sturzgeburt ist eine Geburt, die so schnell geht, dass alle Beteiligten vom Verlauf der Ereignisse überrascht werden. Für Sie als Beistehende bedeutet das, dass Sie auch die Rolle der Hebamme übernehmen müssen. So gut das eben geht. Viel Zeit zum Nachdenken werden Sie nicht haben. Eine Sturzgeburt ist an sich unproblematisch. Alles läuft ja wie geschmiert, nur eben ein bisschen zu schnell. Sie sollten also zur Stelle sein, um das Kind aufzufangen. Dann kommt es vor allem darauf an, dafür zu sorgen, dass das Kind nicht auskühlt. Die größte Gefahr für ein Neugeborenes ist Kälte. Packen Sie es also warm ein, am besten am warmen Körper der Mutter oder des Vaters. Das Abnabeln beschäftigt zwar stets die Gemüter, ist jedoch nicht so wichtig. Es gibt sogar Kulturen, die die Nabelschnur gar nicht durchtrennen, sondern warten, bis sie zusammen mit dem Mutterkuchen abfällt. Wenn das Kind warm und sicher versorgt ist, sollten Sie versuchen, die Hebamme zu erreichen. Das ist besser als der Notruf, da kann es nämlich passieren, dass in kurzer Zeit zehn Feuerwehrmänner in voller Montur im Zimmer stehen.

VÄTER

Die Diskussion, ob der Vater bei der Geburt dabei sein sollte, ist müßig und ideologisch aufgeladen. Das muss jedes Paar ganz für sich entscheiden. Tatsache aber ist, dass sich die Männer bei der Geburt oft hilflos fühlen, weil sie nichts tun können. Nichts zu tun angesichts solch dramatischer Ereignisse ist auch schwer auszuhalten. Für Frauen – aber für Männer ganz besonders. Früher wurden die Männer geschickt, Wasser zu kochen und Zeitungen in Schnipsel zu reißen. Nützlichere Beschäftigungen sind: Trinken anbieten nach jeder Wehe, für warme Füße sorgen, Traubenzucker, Knabbersachen und Obst bereithalten, alle halbe Stunde einen Positionswechsel anregen, kalte Waschlappen auf die Stirn legen. Und bei langen Geburten: Lippenpflege besorgen. Natürlich besteht die Gefahr für Sie als Freundin, in Konkurrenz mit dem Vater zu geraten. Überlassen Sie ihm die Beschützerrolle. Wenn Sie aber das Gefühl haben, dass er einmal eine Pause braucht, schicken Sie ihn ruhig vor die Tür.

DIE ZEIT DANACH: WOCHENBETT – STILLEN

Wochenbett heißt nicht umsonst Wochen*bett*. Schicken Sie Ihre Freundin so oft es geht ins Bett. Je mehr sie sich jetzt ausruht, umso unwahrscheinlicher sind spätere Komplikationen. In der arabischen Welt bleiben die Frauen acht Wochen im Bett. Hierzulande hat sich die Zeit des Wochenbetts auf 10–14 Tage verkürzt. Die frischgebackene Mutter sollte von allen Anstrengungen befreit sein. Wenn Sie es also einrichten können, den Einkauf zu erledigen, die Wäsche zu waschen, das Kind spazieren zu fahren, das Lieblingsessen zu kochen und – ganz wichtig – den Besuch zu dosieren, ist das eine große Hilfe. Höchstwahrscheinlich ist Ihre Freundin die meiste Zeit des Tages mit Stillen und Schlafen beschäftigt. Entweder hat sie zu viel Milch (in diesem Falle sollten Sie ihr Kohlblätter und Quarkwickel auf die Brüste legen und dazu Salbeitee reichen) oder sie klagt, sie habe zu wenig Milch. Dann gehen Sie mit ihr einen Sekt trinken. Raten Sie Ihrer Freundin, das Kind nach Bedarf zu stillen. Die immer wieder gehörte Empfehlung, dem Kind nur alle zwei bis drei Stunden eine Mahlzeit zu gönnen, verursacht bloß Stress und Verunsicherung.

Wenn Mutter und Kind sich ohne Blick auf die Uhr aufeinander einspielen können, kann die Zeit des Wochenbetts der Beginn einer glücklichen Beziehung sein, zu der Sie einiges beitragen konnten. Die beiden werden diese Zeit brauchen. Denn entgegen der landläufigen Meinung, dass Mutterliebe in der Sekunde erwache, in der das Kind das Licht der Welt erblickt, muss sie erst wachsen. Manche Frau erschrickt vor sich selbst, weil sie das Kind als fremd und ungewohnt erlebt, anstatt es sofort von Herzen zu lieben. Auch für diese Beziehung aber gilt, dass man sich erst mal kennenlernen muss, um sich miteinander anzufreunden.

DIE FREUNDIN ALS MUTTER, FREUNDIN SEIN FÜR EINE MUTTER

Praktisch jede Mutter berichtet davon, dass eine Frauenfreundschaft durch ihre Mutterschaft zerbrochen sei. Sie sind nun also – auch dank Ihres Engagements bei der Geburt – die Freundin einer Mutter. Ihre Freundin wird sich verändern, ihre Interessen werden sich verlagern, ihre Zeiten werden sich verschieben. Für eine Freundschaft bedeutet das eine große Herausforderung. Ihre Freundin wird auch neue Freundinnen haben, nämlich andere Mütter, die sie im Geburtsvorbereitungs- und Rückbildungskurs, der PEKIP-Gruppe oder auf dem Spielplatz kennengelernt hat. Die Gespräche mit Ihrer Freundin werden zunächst um ihr Kind kreisen: Entwicklungsgespräche. Da geht es darum, was das Kind schon alles kann, was es macht, was es sagt, wie es strampelt, wie die Kacke aussieht und wie oft es die Milch ausspuckt. Welche Windeln wirklich dicht sind und ob die Milchpumpe mal wieder klemmt.

Kinder und das Leben mit Kindern sind ein unendlich ergiebiges Gesprächsthema. Vielleicht haben Sie selbst keine Kinder und Ihre Begeisterungsfähigkeit für dieses Themenfeld hält sich in Grenzen? Schauen Sie sich das Kind an! Gefällt es Ihnen? Können Sie sich vorstellen, sich mit ihm anzufreunden? Wenn es Ihnen gelingt, eine Beziehung zu dem Kind Ihrer Freundin aufzubauen, sind auch die Chancen für Ihre Freundschaft nicht schlecht. Sie können die Zeit der Stilldemenz, wenn Ihre Mutterfreundin zu interessanten, intellektuellen Gesprächen kaum in der Lage sein wird, damit überbrücken, dass Sie das Baby knuddeln und Ihre eigenen mütterlichen Seiten ausprobieren. Wenn Ihre Freundin dann nach einem Jahr aus dem Milchdusel erwacht und das Gefühl hat, bloß ein Tag sei vergangen, wird sie sehr froh sein, wenn Sie noch da sind und ihr den Weg zurück in die Erwachsenenwelt erleichtern. Füllen Sie ihre Wissenslücken in Bezug auf modische, politische und kulturelle Ereignisse und erfinden Sie ein paar neue Rituale, um Ihre Freundschaft wieder zu beleben.

Sparen

Glücklicherweise sind die meisten von uns heute nicht mehr in der Situation jener Frauen, die gegen Ende des 19. Jahrhunderts in deutschen Großstädten lebten, hart arbeiten gehen und außerdem den Haushalt organisieren mussten. Für diese Frauen wurden Ratgeber mit Speiseplänen aufgesetzt, die sich über Wochen hinziehen und an das in der Haushaltskasse vorhandene Geld angepasst werden konnten: Wer arm war, nahm mit einer dünnen Fleischbrühe vorlieb, stand etwas mehr Geld zur Verfügung, durfte es auch ein Braten sein.

Sparen tut heute noch not. Manchmal zumindest. Kochen Sie in solchen Zeiten selbst und meiden Sie *convenience food*; studieren Sie vor dem Einkaufen die Postwurfsendungen der Supermärkte; nutzen Sie Energiesparlampen; schalten Sie den *stand-by*-Betrieb von Elektrogeräten aus; kaufen Sie gegenjahreszeitlich ein, also Weihnachtsschmuck gleich im Januar; essen Sie aber keine Erdbeeren zu Weihnachten, denn die sind besonders teuer. Gehen Sie lieber in einen Sportverein anstatt in ein Fitness-Studio; duschen Sie kürzer, baden Sie weniger oft. Und fahren Sie im Zweifelsfall lieber Fahrrad statt Auto. Schmuggeln

Sie Bier ins Kino. Und wenn Sie noch jung genug aussehen: Besorgen Sie sich einen Studentenausweis.

Das alles klingt natürlich extrem unsexy. Überhaupt scheint der Reiz vor allem des freiwilligen, nicht erzwungenen Sparens nicht im Mehrwert der Dinge zu liegen, die sich, wer spart, schließlich gönnen kann. Sondern vor allem in der Genugtuung, sich den Spießrutenlauf durch die finanziellen Anforderungen des Alltags besonders hart gestaltet zu haben.

Die höheren Weihen des Sparens liegen aber an anderer Stelle. Wenn Sie tatsächlich sparen müssen oder auch nur möchten, sollten Sie sich der Weichen bewusst werden, die Sie innerlich stellen, bevor Sie eine bestimmte Summe ausgeben: das introspektive Gegenstück zum guten alten Haushaltsbuch. Das Zurückhalten ebenso wie das Ausgeben von Geld hat nämlich mit Konzepten von Geld und Gütererwerb zu tun, die meist schon jahrzehntelang angelegt sind.

Überlegen Sie, wie verschieden Sie die Waren und Dienstleistungen bewerten, die Sie für dieselbe Summe kaufen können. Sind Sie fürs Flüchtige zu haben? Von 75 Euro können Sie sich ein Abendessen zu zweit leisten oder einen Flug zu den Eltern. Oder mögen Sie es dinghaft? Dann käme eine Schreibtischlampe für Sie infrage, ein Lexikon oder eine Fußmatte für das Badezimmer. Vielleicht wollen Sie das Geld auch spenden? All diese Güter halten verschieden lange vor, Sie bewerten sie verschieden, das Geld dafür sitzt unterschiedlich locker.

Und warum überhaupt geben Sie Geld aus? Zum Trost, weil Ihre Woche so anstrengend war? Um der Wirtschaft aufzuhelfen? Weil Sie eine materielle Stütze brauchen, um etwas Neues in Ihr Leben einziehen zu lassen? Oder einen Hang zum Exzess spüren? Aus Schuldgefühlen der netten Verkäuferin gegenüber, die sich nun schon eine halbe Stunde mit Ihnen auseinandergesetzt hat? Es gibt viele Gründe, einen Kauf zu tätigen. Psychologen weisen darauf hin, dass der euphorisierende Teil des Kaufvorganges stattfindet, bevor das Geld Ihre Tasche verlässt, beim Ausmalen und Planen, beim Entscheiden und Zur-Tat-Schreiten. Wer spart, umgeht diese Klippen, arbeitet mit dem Muster der aufgeschobenen Belohnung, könnte das Geld jetzt und gleich ausgeben, vertagt sich aber lieber auf die Zukunft.

Zu den Schwierigkeiten beim Zurückhalten von Geld gehört, dass Sie sich damit in gewisser Weise zur Außenseiterin machen. Schließlich verbindet sich das Sparen mit einer anderen Zeitdimension, der Zukunft. Dabei braucht auch das Jetzt sein Geld, etwas mehr davon sogar, wenn man das Haus verlassen möchte. Das betrifft nicht nur die gewöhnlichen Statussymbole. Aufstiegs- und Abstiegsprozesse vermitteln sich zwar über Konsum, ein direktes Ergebnis der Tatsache, dass beruflicher Erfolg fast immer mit einem höheren Einkommen einhergeht und sich die Anerkennung dafür buchstäblich auszahlt.

Doch auch die Tasse Kaffee, die Sie in der Innenstadt trinken möchten, spielt in diesem System eine Rolle. Auf jeder Ebene dient das Konsumieren der sozialen Rangierung; Individualität wie Gruppenzugehörigkeit drücken sich durch unterschiedliches Kaufverhalten aus. Gegenstände, Dienstleistungen und andere Genüsse, die wir uns leisten oder auch nicht, sind weit mehr als ein kapitalistisches Zuviel – wir vermögen durch sie auszudrücken, wer wir sind oder sein wollen.

Ins Ausland gehen

Verhüllen Sie sich bei Aufenthalten in Saudi-Arabien, sehen Sie Einladungen in einen Privathaushalt in den USA eher als freundliche Geste denn als tatsächliche Aufforderung, geben Sie in Deutschland allen die Hand und lächeln Sie in China, denn China ist das Land des Lächelns: Unmöglich können wir hier mit den Spezial-Bedingungen für alle möglichen Länder aufwarten, weshalb wir uns gleich den substanziellen Fragen Ihres Auslandsaufenthaltes zuwenden wollen.

Rechnen Sie mit allem, wenn Sie für ein Jahr oder noch länger ins Ausland gehen möchten, besonders damit, dass niemand und nichts Sie richtig auf diese Zeit vorbereiten kann. Insofern ähnelt ein Auslandsaufenthalt dem Kinderkriegen; davon erzählt Ihnen auch niemand etwas Richtiges. Zu den Vorteilen eines Auslandsaufenthaltes gehören die bekannten, oft heruntergebeteten Punkte: Nachweis von Flexibilität, Spracherwerb, Übung in Gelassenheit, Horizonterweiterung – das Erleben, dass alles auch ganz anders geht. Zu den weniger benannten Vorteilen zählt, dass es ungeheuer erholsam sein kann, der belasteten, anstrengenden Heimat für einige Zeit zu entfliehen. Sie werden zurückkehren und ein neuer Mensch sein, Ideen geboren haben, die Ihnen zu Hause nie gekommen wären, Kräfte entwickelt haben, die Sie sich im Leben nicht zugetraut hätten.

Es gibt allerdings auch Schwierigkeiten. Zum Beispiel werden einige Leute aus Ihrem Freundes- und Bekanntenkreis den Sprung nicht mitvollziehen und während Ihres Auslandsaufenthalts aus Ihrem Gesichtsfeld verschwinden. Wer das sein wird, ist im Vorhinein leider nicht abzusehen. Alle werden versprechen, den Kontakt gut zu halten. Einige von diesen Freunden, Freundinnen und Bekannten sind dann aber irgendwie nicht in der Lage, Briefe oder E-Mails zu schreiben oder auch nur anzurufen, anderen fehlt das Vorstellungsvermögen dafür, dass Sie die Kontakte in die Heimat brauchen. Wieder andere werden sich als äußerst treue Seelen erweisen.

Das Gegenstück zu einem solchen sprunghaften Verhalten ist, wie Sie selbst sich in Ihrem Gastland geben. Anfangs wird Ihnen der Übergang womöglich einfach vorkommen, weil Sie das Reise-Paradigma auf den etwas ernsthafteren Umzug ins Ausland übertragen. Ortswechsel kennen schließlich die meisten Leute, der Unterschied ist nur, dass man hier erst einmal bleibt. Nach einiger Zeit – mitunter wird vom Dreimonatsloch gesprochen – setzt vielleicht eine gewisse Irritation ein, zugleich die Sehnsucht danach, blind verstanden zu werden und zu verstehen, mit nur halbem Ohr zuhören zu dürfen, Witze umstandslos zu begreifen: leichtes Heimweh. Jetzt entscheidet sich, wie geschickt Sie darin sind, den Kontakt zur Heimat zu wahren, ohne dem Gastland innerlich den Rücken zu kehren. Wie oft fahren Sie während dieser Zeit nach Hause? Wie viel Besuch von daheim empfangen Sie? Lassen Sie sich wirklich auf die Fremde ein? Suchen Sie den Kontakt zu Einheimischen, auch wenn das bedeutet, dass Sie Ihren heimeligen Kokon aus Identität und Zugehörigkeit verlassen müssen? Oder betreiben Sie ein Privat-Getto, leben und sprechen Sie vor allem mit mühsam aufgespürten Landsleuten?

Stellen Sie sich dann möglichst früh darauf ein, dass die Menschen bequem sind. Nur wenige werden Ihnen nach Ihrer Rückkehr aus dem Ausland jene Fragen stellen, die Sie so dringend zu beantworten wünschen. Die meisten geben sich mit einem schnellen Häkchen zufrieden: »Ach, du warst ein Jahr in Grönland? Wie war es denn?« – »Gut.« Ende der Debatte, mehr Fragen gibt es nicht. In einem solchen Fall müssen Sie nicht nur mit den erwartbaren Eingewöhnungsschwierigkeiten zurechtkommen, *jet-lag*, Klimawechsel, Rück-Umzug, Einwohnermeldeamt und Arbeitsbeginn, sondern auch noch zusehen, wie Sie den Übergang in die vermeintlich so stehen gebliebene Heimat innerlich bewerkstelligen, ein Unterfangen, das durchaus mehrere Monate in Anspruch nehmen kann.

Die größte Herausforderung beim Ins-Ausland-Gehen besteht darin, dass Sie, insbesondere, wenn Sie sich auf Kettenaufenthalte einlassen und ein regelrechtes Länderhopping betreiben, Ihre Fähigkeit zur Schwerkraft verlieren können. Sie werden nur mit Mühe in der Lage sein, Ruhe für sich und andere herzustellen, nachhaltige Bindungen zu knüpfen und auf Menschen anders zuzugehen als mit jenen geschmeidigen sozialen Fertigkeiten, die Weitgereiste nur zu oft an den Tag legen. Hier muss sich erst erweisen, wie weit Ihre Freundlichkeit und Ihr Engagement wirklich führen, wie sehr Sie auf die natürliche Trägheit der ganz normal Stationierten herabsehen. Doch lassen Sie an dieser heiklen Stelle jene Kernkompetenzen greifen, die Sie durch Ihren Auslandsaufenthalt gewonnen haben sollten. Sie sollten mehr Kraft haben als vorher und zugleich sensibler geworden sein für die Botschaften, die Menschen aussenden. Sie dürften ein wenig gelassener auf eigentümliche Charaktere reagieren, weil Sie nun schon einiges und einige gesehen haben. Sie haben gelernt, auch harte Zeiten auszusitzen, Sie wissen einfach, wie viel Reichtum jenseits der etwas grauen Gegenwart lauert.

Mit einer Umweltkatastrophe umgehen

Das Monströse, Gewalttätige, Gigantische einer Katastrophe löst bei denen, die sie nicht direkt erleben müssen, wonniges Gruseln aus. Wir fürchten den Ausbruch solcher Mächte, haben aber auch eine geheime Freude daran, uns auszumalen, wie gerade wir, mit unserem Talent oder Glück, dem Tode entrinnen.

Es gibt kleine Umweltkatastrophen, mittlere und große. Beginnen wir mit den kleinen: Eines schönen, aber etwas kühlen Spätsommertages wühlen Sie sich auf der Suche nach Ihrem Kaschmir-Schurwoll-Dufflecoat durch die Jacken, Mäntel, Taschen, Hüte und Schals, die sich auf Ihrer Garderobe angesammelt haben. Hinten in Reihe 5 auf Haken 3 werden Sie schließlich fündig.

Ihr Glück währt nicht lang, denn zu Ihrem Entsetzen bemerken Sie beim Hineinschlüpfen kleine Löcher am Ärmel. Mottenfraß! Sie würden am liebsten losheulen, denn gerade dieser Mantel steht Ihnen nicht nur hervorragend, er ist auch ein Geschenk von Ihrem Liebsten. Das Ganze ist eine Katastrophe. Sie googeln schnell »Motten im Haus«, um herauszufinden, was in solchen Fällen zu tun ist, und sehen ein: Sie müssen sich krankmelden oder Urlaub nehmen, denn der Kampf gegen die Motte wird Ihre ganze Energie erfordern.

Egal, welchen Beruf Sie ausüben, für die nächste Zeit sind Sie Detektivin und Killerin. Ihr Feind trägt den hübschen Namen *Tineola bisselliella*. Lassen Sie sich davon nicht täuschen. Tatsächlich ist nicht nur der Mantel, sondern der kostbarste Teil Ihrer Garderobe in Gefahr: die Kaschmirpullover, die selbstgestrickten Socken, die Schurwolljacken und die Pelzstola, sogar Ihre Angoraunterwäsche, aber auch die Kamelhaardecke, der marokkanische Hirtenteppich und Ihre Kaninchenfellhängematte.

Vermutlich ist im Mai dieses Jahres ein befruchtetes Mottenweibchen durch Ihre Wohnung geflattert und hat festgestellt, dass es sich um eine angenehme Umgebung für ihre 200–350 Babys handeln könnte. Die Mottenlarve ernährt sich nämlich von tierischen Fasern, wegen des darin enthaltenen Keratins. Und kleine Mottenlarven sind zwar winzig, haben aber kräftige Kauwerkzeuge: Sie fressen und werden dicker und dicker, bewegen sich in immer dunklere, ruhigere, wärmere Ecken, verpuppen sich schließlich und schlüpfen etwa zwei Monate später.

Was bedeutet das für Sie? Sie müssen alles in Ihrer Wohnung, das aus tierischen Fasern gemacht ist, absuchen, durchschütteln und einer Behandlung unterziehen: Die Socken können Sie bei 40 Grad waschen, Wollpullover 14 Tage lang bei minus 18 Grad einfrieren. Alle Stücke aber sollten Sie auf kleine weiße Eier oder verpuppte Gespinströhren untersuchen. Diese können weiß oder braun sein, je nachdem, welche Farbe die gefressene Wolle hatte. Wenn Sie auf solche Einester stoßen, haben Sie die Ursache des Mottenfraßes gefunden – nur dort, wo Gespinströhren sind, sind auch Mottenlarven. Saugen Sie alle Ritzen und Fugen aus und verwenden Sie Niemspray.

Wecken Sie die Killerin in sich. Aus einem Geschäft für biologische Schädlingsbekämpfung besorgen Sie sich *Trichogramma evanescens*. Die 0,3 Millimeter kleine Schlupfwespe ist ab heute Ihre beste Freundin. Überall dort, wo Sie Nester gesichtet haben, setzen Sie sie aus: Die Schlupfwespe patrouilliert ab sofort durch Ihre Schränke und sucht Motteneier, in die sie ihre eigenen Eier legt. Das tötet die Motteneier ab. Sie selbst lebt sechs Tage und stirbt, sobald sie keine Motteneier mehr findet. Für den Menschen ist die Wespe ungefährlich.

Das Gute an einer solchen Plage ist, dass man mal wieder richtig durchputzt und den Hausstand bis in die letzte Ecke kennenlernt. Nach so einer Aktion werden Sie sich besser fühlen: Sie sind wieder Herrin im Haus. Falls Ihnen das Ganze aber einen solchen Schock versetzt hat, dass Sie nun vorbeugend Mottenpapier in die Schränke hängen möchten, wollen wir Sie dringend warnen. Die darin enthaltenen Insektizide sind in allen gewerblichen Einrichtungen verboten und für den Privathaushalt nur deshalb erhältlich, weil es nie ein offizielles Genehmigungsverfahren gab. Die Symptome, die die Gifte auslösen, hängen von Ihrer Konstitution ab und sind unspezifisch: Schlappheit und Appetitlosigkeit. Finger weg also! Als Prävention eignen sich Zitronelle, Lavendel oder Zedernholzringe, die einen Duft im Schrank verbreiten, den die Motte nicht mag.

Katastrophenszenarien setzen die Normalität und damit das Regelwerk außer Kraft, die das Zusammenleben unter normalen Umständen steuern. In der Krise ist die Welt offen für Veränderungen, von denen wir im Alltag nur träumen können. Das Neugestaltungspotenzial steckt vor allem in der mittleren Umweltkatastrophe, die regional begrenzt ist, aber durchaus dramatisch in ihren Auswirkungen sein kann.

Machen wir uns nichts vor: Unsere »natürliche« Umwelt besteht aus wohltemperierter Luft, fließendem Wasser, hell erleuchteten Nächten, aufgeregten Telefonaten, musikalischer Dauerberieselung und einem Haufen E-Mail-Verkehr. Bei einem Stromausfall ist damit Schluss. Das haben Ihnen die Herren in den Vorstandsetagen der großen Energiekonzerne eingebrockt. Da wurden Monopole gebildet, da wurde auf die Rendite geschielt und am Nötigsten gespart: der Wartung der Technik. Und so ist, nehmen wir einmal an, das schöne Stromnetz nun zusammengebrochen und hat dank Dominoeffekt große Teile Niederbayerns oder das gesamte Sauerland lahmgelegt.

Nehmen wir nur den dreitägigen Stromausfall. Kerzen zum Beleuchten mögen Sie noch haben. Aber Kochen, Waschen mit der Maschine, Geschirrspülen, Telefonieren können Sie abhaken, es sei denn, Sie gehören zu den ewig Gestrigen, die noch einen Analoganschluss haben. Dann könnten Sie noch schnell all die anderen Zurückgebliebenen anrufen, die ein grünes Tastentelefon im Flur stehen haben. Ihr Computer hat vielleicht einen Akku. Diese Kapazität sollten Sie auf keinen Fall mit dem üblichen überflüssigen Zeug verplempern. Schalten Sie das Ding also aus. Sie haben jetzt sowieso Wichtigeres zu tun.

Kühlschrank und Tiefkühltruhe arbeiten nicht mehr. Es ist bloß eine Frage der Zeit, dass Schweinebraten, Grünkohl, Hähnchenschenkel und Vanilleeis auftauen und allerlei Mikroorganismen aufwachen. Am späten Nachmittag erhalten Sie eine SMS: Der Rückflug Ihres Lebensgefährten aus Kopenhagen verzögert sich wegen Stromausfalls auf unbestimmte Zeit. Na ja, Sie haben sowieso alle Hände voll zu tun. Ohne Strom wird Ihnen auch ohne Mann nicht langweilig.

Werfen Sie einen Blick in Ihr Portemonnaie. Noch 33 Euro. Das Geld legen Sie in Holzkohle, Streichhölzern und Kerzen an. Gehören Sie zur Mehrheit der Elektroherd-Besitzerinnen? Dann aber mal ran an den Nachbarn mit dem Gasherd. Aber klopfen Sie, denn die Klingel wird nicht gehen. Leider ist er nicht da. Sie müssen die Kocherei also auf offenem Feuer erledigen. Das macht mehr Arbeit – ist aber dafür romantisch. Vielleicht laden Sie Ihre Nachbarin ein. Sie können dann Ihre Vorräte zusammenschmeißen, die eine kann das Feuer im Kamin schüren, während die andere in den Töpfen rührt. Wasser zum Löschen haben Sie; glücklicherweise fiel Ihnen in letzter Minute noch ein, die Badewanne volllaufen zu lassen. Sind jetzt alle Nahrungsmittel verwertet oder zumindest in einen Zustand befördert, der ihnen eine gewisse Haltbarkeit verleiht? Das ist gut, denn bei Stromausfall wäre eine Lebensmittelvergiftung enorm ungünstig. Krankenhäuser haben zwar Notstromaggregate, aber vor allem für die Intensivstation und die OP-Abteilung. Und nach 24 Stunden mit Notstromaggregat wird es auch dort zappenduster.

Bleiben Sie also lieber gesund und überlegen Sie gemeinsam, welche Nachbarn Sie noch einladen könnten. Bei Kerzenschein und Livemusik lernen Sie sich alle von ganz anderen Seiten kennen. Sie essen und trinken bis zum Umfallen, denn auch der Champagner wird nie wieder kühler, als er er gerade ist. So haben Sie schon lange nicht mehr gefeiert – auch nicht so viel getrunken. Deshalb dröhnt Ihnen der Schädel, als Sie am nächsten Morgen einen Blick auf Ihr Handy werfen: Der Mann hat sich eingeschifft und kommt auf dem Seeweg zurück.

Das kann dauern. Sie schlafen erst einmal Ihren Kater aus, denn arbeiten bei Stromausfall macht ja keinen Sinn. Am späten Nachmittag werden Sie wieder munter und lesen bis zum Sonnenuntergang, schließlich muss der Kerzenvorrat geschont werden. Nach zwei Stunden in der dämmrigen Wohnung wird Ihnen ein wenig langweilig. Deshalb klopfen Sie abermals beim Nachbarn an. Die zweite Nacht ohne Strom. Sie regen einen Ausflug in die dunkle Stadt an. Es ist ein bisschen unheimlich, deshalb ist Ihnen ein männlicher Beschützer ganz recht. Gemeinsam ziehen Sie in die völlig überfüllte Eckkneipe. Die Stimmung ist ausgelassen, man trinkt lauwarmes Bier und alles auf Deckel.

Am dritten Morgen kramen Sie Ihr batteriebetriebenes Kofferradio aus dem Schrank. Ungewohnt ernst klingt die Stimme des Mannes, der berichtet, dass der Katastrophendienst daran arbeite, das Stromnetz wiederherzustellen, dass die Lage, von kleinen Zwischenfällen abgesehen, unter Kontrolle sei und die Bevölkerung aufgerufen werde, sich weiterhin ruhig zu verhalten.

Den Tag verbringen Sie mit Bikinihäkeln und Yoga. Am Abend geht der Schlüssel im Schloss. Ihr Mann hat tatsächlich einen der raren Überlandbusse erwischt. Voller Dankbarkeit isst er nun den Eintopf mit Grünkohl, den Sie für ihn aufbewahrt haben. Danach haben Sie wilden Sex, und dann unterhalten Sie sich wie seit Langem nicht mehr. Er bewundert Ihren Auftritt als Heldin des stromlosen Alltags und Sie seinen odysseushaften Mut. Da der Strom an Tag vier immer noch nicht zurückgekehrt ist und die Wäsche nun schon den Weg ins Bad versperrt, geben Sie ihm einen Einführungskurs »Waschen mit der Hand«. Sie selbst müssen nämlich wieder auf den Schwarzmarkt – Sachen organisieren.

Eine große Umweltkatastrophe globalen Ausmaßes mit einer unabsehbaren Zahl von Toten wäre zum Beispiel ein atomarer Schlagabtausch. Diese Art von Katastrophe vernichtet nicht nur Menschen, sondern auch das Menschliche schlechthin – ein Albtraum. Alles, was sich nach so einem Ereignis auf der Welt abspielen wird, wollen wir eigentlich nicht erleben. Deshalb ist es das Beste, alle Freunde einzuladen und zum Nachtisch Zyankalipillen zu servieren. Falls diese nicht zu beschaffen sind, tut es auch eine Überdosis Insulin. Danach sollten Sie aber nichts mehr essen.

Survival

Und was, wenn Sie eines Tages quer durch Deutschland müssen, aber zu Fuß und nur durch den Wald? Wenn Sie entschieden haben, allem Städtischen für einige Zeit den Rücken zu kehren und von Luft und Natur zu leben? Oder auch nur einen *survival*-Wochenendkurs besuchen möchten? Zum Beispiel bei dem Hinterzartener Unternehmen Zwerger & Raab.

Versuchen Sie zunächst, empfiehlt Reinhard Zwerger, Ihren Ausflug in die Natur in den Frühsommer zu legen und ziehen Sie sich jahreszeitlich passend an. Ihre Kleidung sollten Sie nach dem Zwiebelschalenprinzip auswählen, lieber zwei dünne als eine dicke Jacke anziehen, lieber zwei Paar Socken als dicke Wollstrümpfe. Leichte Bergwanderschuhe sollten es außerdem sein, am besten ein Paar, das bis über den Knöchel geht und das Sie bereits eingetragen haben. Je nach Empfindlichkeit können Sie Regenkleidung mitnehmen, wie Sie überhaupt früh entscheiden sollten, was für ein Typ Sie sind. Manche finden bereits die kuschelige Schlafsack-Nacht im eigenen Garten extrem. Andere fühlen sich erst dann survivalmäßig wohl, wenn sie außer der eigenen Unterwäsche nichts weiter mit sich führen.

Ein ganzes Zelt mögen Sie vielleicht nicht schleppen wollen. Versuchen Sie aber, im Baumarkt eine einige Quadratmeter große regendichte Plane aufzutreiben. Mit einer Schnur können

Sie sich später daraus eine Unterkunft bauen. Es ist wichtig, dass Sie einen Unterschlupf für die Nacht haben, auch psychisch; verzweifelt durch den dunklen Wald zu irren, im Extremfall noch einen Abhang hinunterzustürzen, bringt nichts als Unbill.

Nehmen Sie außerdem ein feststehendes Messer mit. Damit können Sie Feuerholz bereiten, Fische ausnehmen, Speck schneiden oder Käse. Sie brauchen außerdem Material, mit dem Sie unter allen Umständen Feuer machen können – unter allen Umständen heißt nicht auf einer Eisscholle oder in der Wüste. Dort geht es eben nicht. Bleiben Sie daher lieber zunächst in mitteleuropäischen Gefilden. Sie lernen beim Wildnistraining, wie Sie auf klassisch steinzeitliche Weise Feuer machen: das Feuerbohren. Oder Sie kaufen sich einen Magnesiumfeuerstarter. Wenn Sie mit Ihrem Messer daran entlangreiben, springen Funken, und wenn Sie gelernt und geübt haben, mit Zunder umzugehen, haben Sie Ihr Feuer rasch bereit. Mit der Taschenlampe ginge es ebenfalls – denn auch eine batteriebetriebene Stirnlampe sollten Sie sich besorgen.

Auch beim Essen sollten Sie sich genau überlegen, wie radikal Sie werden möchten. Wollen Sie es wie Rüdiger Nehberg halten und Schlangen ausdrücken, um an die halbverdauten Frösche darin zu kommen? Oder möchten Sie sich mit Materialien ernähren, die Sie von zu Hause mitnehmen und die leicht zu transportieren sind? Inzwischen gibt es gefriergetrocknete Mahlzeiten, die Sie fertig eingeschweißt in Aluminium kaufen und mit heißem Wasser zubereiten können. Dann sollten Sie sich nicht allzu weit entfernt von Bächen oder Wasserhähnen halten. Sie können natürlich auch Reis oder Nudeln einpacken und sie mit den Sachen mischen, die Sie in der Wildnis finden: Heidelbeeren, Pilze, Fisch. Auf einer größeren Tour sollten Sie daher auch immer eine 30 Meter lange Angelschnur und einige Haken dabeihaben. Die passende Rute dazu schneiden Sie sich unterwegs.

Wenn es einmal nicht klappen sollte mit dem Unterschlupf-Bauen und dem Nahrung-Beschaffen, zählen Sie darauf, dass es in Deutschland schwierig ist, der Zivilisation aus dem Weg zu gehen. Leicht können Sie sich von Pfarrhaus zu Pfarrhaus bewegen und überall um ein Almosen bitten. Wasser gibt es auch an jeder Straßen- und Waldesecke. Das Wasser steht denn auch an dritter Stelle, wenn es um die großen vier des Survival geht: »Feuer, Unterschlupf, Wasser, Nahrung«. Nicht ohne Sinn aber steht die Nahrung erst am Schluss. Hunger nämlich, so Reinhard Zwerger, ist vor allem eine Frage der Einstellung. Also fast.

Denn nur in den ersten drei Tagen findet er im Magen statt. Danach wandert Hunger in den Kopf. Bei einem Aufenthalt in Kanada, erzählt Zwerger, haben Bären einmal einer Truppe aus Männern und Frauen den Proviant geraubt. Plötzlich war nur noch für drei Tage Essen da – nicht für die restlichen zwölf, die man unterwegs sein würde. Die Männer wurden unruhig. Die Frauen kamen besser damit zurecht. Einige von ihnen hatten schon einmal gefastet und wussten, dass sie so schnell nicht umfallen würden. Acht oder zehn Tage, so Zwerger, kommt der wohlgenährte Zivilisationsmensch gut ohne Essen aus, Versuche mit Langstreckenläufern haben sogar gezeigt, dass sie nach einigen Tagen des Fastens Spitzenleistungen erbrachten. Alle Frauen aber legten das berühmte weibliche Durchhaltevermögen an den Tag. Sie vermochten es gerade deswegen, in der Not gelassen zu bleiben.

Aus Ostpreußen fliehen

Warten Sie erst einmal Weihnachten ab. Vielleicht kommt der Russe ja doch nicht. Mitte Januar aber fängt es an, da hören Sie den ganzen Tag auf einmal Artilleriegeschütze. Die NSDAP-Kreisleitung hat allerdings verboten, dass sich irgendjemand aufmacht, deswegen warten Sie auch jetzt noch ein bisschen ab. Womöglich wird ja doch noch alles gut. Irgendwann aber finden Sie, dass es reicht. Das Land zeigt sich noch einmal in schönster Blüte, also Winterpracht: verschneite Wiesen, unendliche Weiten. Werden Sie die Heimat für immer verlassen müssen? Wahrscheinlich schon. Noch wissen Sie nicht, dass Sie in den 1980er-Jahren eine Busreise ins alte Ostpreußen buchen werden, um zu kontrollieren, ob die Bäume alle noch stehen, wie sie standen, was aus dem alten Schulhaus geworden ist und wie der Pole mit Ihrem Hab und Gut umgeht.

Die Trakehner wiehern ungeduldig und schlecken die letzten Futterreste auf, die Ihr alter Knecht ihnen vorwirft. Die Nachbarn auf den anderen Höfen haben längst zusammengepackt. Hätten Sie es doch gemacht wie Ihre Freundin, die einfach vor zwei Wochen zum Bahnhof gegangen ist, um einen Zug Richtung Westen zu nehmen. Zwar hat es einer ihrer sechs Koffer nicht in den Zug geschafft, doch sie selbst war drin, ihre vier Kinder ebenfalls, und ein paar Hundert Kilometer weiter nach

Westen ist sie auch gekommen. Sie aber sind noch da. Ihre Angestellten schauen Sie mit großen Augen an und warten auf eine Entscheidung; treu sind sie, das wohl. Ihre vierjährige Kleine fragt immer wieder, warum es nicht regnet, wenn es doch andauernd donnert. Und wann Papa endlich wiederkommt. Schwanger sind Sie auch noch. Na, das kann ja heiter werden.

Es ist 48 Grad unter Null. Ihr Gutshof wird immer wieder von russischen Fliegern angegriffen. Da entscheiden Sie sich, erst einmal zu Ihren Eltern zu fahren, die nur ein paar Kilometer weiter wohnen. Sie nehmen sich Ihren französischen Kriegsgefangenen und Ihre Tochter und machen sich auf den Weg. Die Tochter heult, weil ihr die Füße weh tun und sie das lange Laufen nicht gewohnt ist. Sie halten sie an, nicht zu jammern, aus dem Kind soll eine echte Ostpreußin werden. Ihre eigenen Stiefel haben allerdings auch schon bessere Tage gesehen, doch zum Glück hält der Zobel Sie warm. Der Kriegsgefangene ist ein Herr; er beschützt Sie, so gut es geht. Die Straßen jedoch sind zu – Militärfahrzeuge, Trecks, Fußgänger, Pferde. Häuser brennen, Menschen schreien. Kanonenkugeln fliegen so nah, dass Ihnen die Haare wehen. Der Schnee liegt hüfthoch. In den Gräben ächzen Verwundete, Sie können ihnen aber nicht helfen, Sie müssen weiter und immer weiter.

Bei Ihren Eltern stehen einige Fluchtwagen bereit. Weil sie glücklicherweise auf dem Land leben, gibt es noch genügend zu essen. Sie nehmen mit: Mehl, Kartoffeln, Eingemachtes, Brot, geräucherte Wurst, Wäsche, Futter für die Pferde, Schnaps und ein paar Tafeln Schokolade. Am nächsten Morgen verlässt der Treck sehr früh den Hof. Es sind vielleicht ein Dutzend Wagen –

Sie selbst wissen auch nicht, woher die auf einmal alle kommen, aber irgendjemand hat sie hervorgeholt und auch noch Pferde dazu gefunden. Als Gutsherrin sind Sie so menschenfreundlich, dass auch ein paar russische Tagelöhnerinnen mit ihren Kindern mit auf Ihrem Wagen sitzen dürfen. Die Kleine findet es alles ziemlich aufregend.

So fahren Sie vor sich hin. Gegen halb acht am Morgen hören Sie Motorengeräusch, vielleicht auch den hässlichen Klang eines Panzers. Auf einmal tauchen Soldaten der Roten Armee auf, die den Treck unter Beschuss nehmen. Die meisten Leute springen vom Wagen, laufen in den Wald und werden totgeschossen. Sie selbst haben schon grässliche Dinge von Vergewaltigungen gehört und suchen schnell nach Asche, um sich das Gesicht zu schwärzen. Es findet sich aber so schnell keine. Sie halten die Kleine an, sich unter der Bank zu verstecken und sich still zu verhalten, was sie ausnahmsweise einmal tut, und stellen sich tot. Das schlucken die Soldaten, glücklicherweise. Wie durch ein Wunder geschieht Ihnen kein Leid.

Irgendwann sind alle weg. Sie sehen sich um: Überall liegen Leichen. Die Pferde sind verwundet, einige Wagen umgestürzt. Sie selbst sind ebenfalls verwundet, doch immerhin nicht vergewaltigt, und Ihrer Kleinen geht's auch noch gut. Sie umarmen sich und frieren gemeinsam. Bei Einbruch der Dämmerung beginnt es zu schneien, schon fürchten Sie zu erfrieren, doch auf einmal taucht wie durch ein Wunder aus heiterem Himmel ein alter Nachbar auf, der Sie beide rettet und mit auf seinen eigenen Treck nimmt.

Abends schlafen Sie in der Scheune eines Hofes, der völlig

überfüllt ist von Flüchtlingen. Die Wunden eitern. Sie haben Frostbeulen an den Händen, weil die feinen Fingerhandschuhe, die Sie mitgenommen hatten, sofort kaputtgegangen sind. Das Kind hat blutige Füße, anscheinend waren die Schuhe zu klein. Die Bäuerin gibt Ihnen etwas Milch und lässt es zu, dass Sie sich aus ihren schweren Vorhängen Fausthandschuhe nähen. Für das Kind holt sie ein paar viel zu große Stiefel, die ihrem Sohn gehört haben: »Für die Kleine. Wir müssen doch zusammenhalten.« Die Menschen sitzen und singen alte Lieder.

Frühmorgens geht es weiter, und so die nächsten Wochen. Übers Haff müssen Sie auch noch. Mitten auf dem Eis setzen eines Morgens Ihre Wehen ein, doch wie durch ein Wunder fährt im übernächsten Wagen eine Hebamme mit, die eine Spritze mit wehenfördernder Medizin bei sich hat. Sie redet Ihnen gut zu. Sie schreien nicht; die Kleine, die vor Erschöpfung schläft, soll nichts merken von der Geburt. Gegen Mittag kommt Ihr Sohn auf die Welt. Der Wagen rattert, das Eis knirscht, Sie sagen: »Er soll Siegfried heißen.« Der Mann, der Ihren Wagen fährt, reicht Ihnen eine zerknautschte Rose nach hinten, wer weiß, wo er die jetzt wieder herhat, es ist ein Wunder.

Nach vierundzwanzig Tagen und fünfundzwanzig Nächten kommen Sie in Berlin an, wo entfernte Verwandte Sie aufnehmen. Sie schlafen drei Tage und drei Nächte am Stück.

Literatur

Bachofen, Johann Jakob, *Mutterrecht und Urreligion*, Leipzig 1927.

Bibel in gerechter Sprache, hrsg. von Ulrike Bail, Frank Crüsemann, Marlene Crüsemann u. a., Gütersloh 2006.

Bordo, Susan, *Unbearable Weight. Feminism, Western Culture and the Body*, London 1993.

Chu, Victor, *Liebe, Treue und Verrat. Von der Schwierigkeit, sich selbst und dem Partner treu zu sein*, München 1995.

Das häusliche Glück. Vollständiger Haushaltungsunterricht nebst Anleitung zum Kochen, hrsg. von einer Commission des Verbandes »Arbeiterwohl«, Mönchengladbach und Leipzig [11]1882.

Duden, Barbara, *Geschichte unter der Haut. Ein Eisenacher Arzt und seine Patientinnen um 1730*, Stuttgart 1987.

Eckert, Hartwig und Laver, John, *Menschen und ihre Stimmen. Aspekte der vokalen Kommunikation*, Weinheim 1994.

Edmondson, Willis und House, Juliane, *Einführung in die Sprachlehrforschung*, Stuttgart [3]2006.

Faulstich, Peter, *Mein Weg zum Wohlfühlgewicht*, Hannover 2007.

Friday, Nancy, *Die Macht der Schönheit. Von der Wiederentdeckung weiblicher Stärke*, München 1999.

Gladwell, Malcolm, »Annals of Advertising. True Colors«, in: *The New Yorker*, 22. März 1999.

Goodman-Thau, Eveline, *Eine Rabbinerin in Wien*, Wien 2003.
Greiner, Sylvia, *Kulturphänomen Stricken: das Handstricken im sozialgeschichtlichen Kontext*, Grunbach 2002.
Hauschild, Thomas, *Magie und Macht in Italien. Über Frauenzauber, Kirche und Politik*, Gifkendorf 2002.
Jessen, Jens, »Wie man sich in Deutschland kleidet«, in: *Die Zeit* Nr. 6, 29. Januar 2004.
Kaufmann, Jean-Claude, *Der Morgen danach. Wie eine Liebesgeschichte beginnt*, Konstanz 2004.
Kaufmann, Jean-Claude, *Singlefrau und Märchenprinz. Über die Einsamkeit moderner Frauen*, Konstanz 2002.
Kersting, Wolfgang und Langbehn, Claus, *Kritik der Lebenskunst*, Frankfurt a. M. 2007.
Koelbl, Herlinde, *Haare*, Ostfildern 2007.
Lanwerd, Susanne, *Mythos, Mutterrecht und Magie. Zur Geschichte religionswissenschaftlicher Begriffe*, Berlin 1993.
Levine, Robert, *Eine Geographie der Zeit*, München 1998.
Lutz, Helma, *Vom Weltmarkt in den Privathaushalt. Die neuen Dienstmädchen im Zeitalter der Globalosierung*, Opladen 2007.
Menninghaus, Winfried, *Das Versprechen der Schönheit*, Frankfurt a. M. 2007.
Pusch, Luise F., *Das Deutsche als Männersprache*, Frankfurt a. M. [11] 2003.
Schneider, Norbert F., u. a., *Alleinerziehen. Vielfalt und Dynamik einer Lebensform*, München 2001.
Sichtermann, Barbara, *Vorsicht Kind. Eine Arbeitsplatzbeschreibung für Mütter, Väter und andere*, Berlin [13] 1998.

Steinbrenner, Kathrin, »Profilbestimmungen durch emotionale Bewertungen. Ein Werkstattbericht zur Positionierung von Frauenzeitschriften«, in: Andreas Vogel und Christina Holtz-Bacha (Hrsg.), *Zeitschriften und Zeitschriftenforschung*, Wiesbaden 2002, S. 196–218.

Stengel, Ingeburg; Strauch, Theo: *Stimme und Person. Personale Stimmentwicklung, Personale Stimmtherapie*, Stuttgart 1996.

Tazi-Preve, Irene Mariam: *Mutterschaft im Patriarchat. Mutter(feind)schaft in politischer Ordnung und feministischer Theorie – Kritik und Ausweg*, Frankfurt a. M. 2004.

Teckenberg, Wolfgang: *Wer heiratet wen? Sozialstruktur und Partnerwahl*, Opladen 2000.

Vaughan, Diane, *Wenn Liebe keine Zukunft hat. Stationen und Strategien der Trennung*, Hamburg 1992.

Dank

Für lebhafte, inspirierende, aufschlussreiche Gespräche und jede Unterstützung sagen wir Dank an

Götz Bachmann • Thomas Balla • Gerhard und Maritheres Beersiek • Dr. Katja von der Bey, Vorstand der WeiberWirtschaft e.G., Berlin • Agnes Burger • Marc Engelhardt • Barbara Ehrbar • Ferdinand Fremerey • Berit Groß • Sigrid Henning, loops Maschenpower, Berlin • Cody L. Hogan • Anja Jacobsen • Christoph Liell • Elfriede Ligensa • Christian Morkun • Sarah Müggenburg • Mick O'Reilly • Yvi Potucek • Christin Pretzsch • Sabine Prozell, Biologische Beratung, Berlin • Dr. Andrea Schirmacher, Gründerinnenzentrale Berlin • Stefan Schlegel • Elisabeth Schlöder † • Claudia Schneider • Matthias Schöller, Biologische Beratung, Berlin • Martin Z. Schröder, Drucker, Berlin • Pfarrerin Barbara Siegert, Seelsorgerin im Vivantes Auguste-Viktoria-Klinikum, Berlin • Agnes Siemer, SOS-Kinderdorf Moabit • Alice Ströver, Kultur- und medienpolitische Sprecherin der Fraktion Bündnis 90/Die Grünen, Berlin • Bettina Tewinkel • Marlies Tewinkel • Anne Tlach, Hebamme, Berlin • Barbara Ulrich • Stephanie Walker, PANINI Verlags GmbH • Carmen-Rosa Weismann • Regina Weismann • Gunna Wendt • Harriet Wolff • Reinhard Zwerger, Zwerger & Raab GmbH, Hinterzarten